大学生学习心理研究

葛明贵　等著

DAXUESHENG
XUEXI
XINLI
YANJIU

合肥工业大学出版社

图书在版编目(CIP)数据

大学生学习心理研究/葛明贵等著.—合肥:合肥工业大学出版社,2009.11

ISBN 978-7-5650-0132-1

Ⅰ.大… Ⅱ.葛… Ⅲ.大学生—学习心理学—研究 Ⅳ.G442

中国版本图书馆 CIP 数据核字(2009)第 201438 号

大学生学习心理研究

葛明贵 等著　　　　责任编辑 方立松 马成勋

出 版	合肥工业大学出版社	**版 次**	2010 年 3 月第 1 版
地 址	合肥市屯溪路 193 号	**印 次**	2010 年 3 月第 1 次印刷
邮 编	230009	**开 本**	710 毫米×1000 毫米 1/16
电 话	总编室:0551-2903038	**印 张**	17.75
	发行部:0551-2903198	**字 数**	337 千字
网 址	www.hfutpress.com.cn	**印 刷**	合肥工业大学印刷厂
E-mail	press@hfutpress.com.cn	**发 行**	全国新华书店

ISBN 978-7-5650-0132-1　　　　定价:35.00 元

安徽省教育厅2007年度人文社会科学研究立项课题《以社会适应为指向的大学生学习心理研究》的最终成果;安徽师范大学校级创新研究团队《学校心理学研究》系列研究成果之一。

本书出版得到安徽师范大学第三批特优强专业《心理学》建设经费的资助。

前　言

从个体的角度来看，学习是一种手段。学习的最终目的是为了完善自我，适应社会，奉献社会。大学生经过了在校园中的学习，最终还是要融入社会中，适应复杂多变的社会环境并在其中生存。因此，对社会适应素质的培养与健全在青少年时代显得尤为重要。将社会适应能力的培养贯穿于大学生的学习过程，是高校教育必不可少的重要环节，也是社会发展的现实要求。因为学习的过程也是青少年社会化的过程。同时，学习应该更多的满足大学生社会适应的需要。在经济全球化浪潮的冲击下，当今社会变化越来越大，未来的社会竞争与合作需要社会适应素质良好的人才，对大学生以适应社会为指向的学习心理特征的培养与教育不容忽视。

基于以上目的，本研究将社会适应和大学生的学习心理相整合，研究大学生在校学习期间的学习目标指向性和学习过程的计划性，构建以社会适应为目标指向的大学生学习心理的完整的结构体系，为大学生的自主和创新学习提供指导，以达到提高大学生的社会适应能力，优化大学生自身的学习心理素质，完善大学生的健康人格之目的。当然，通过对大学生社会适应素质的研究，了解良好社会适应的结构可以使大学生毕业后能更好地适应社会，达到自身与环境的和谐统一。此研究有一定的参考价值，同时也是构建和谐社会的要求。另外，本研究试图对当前高校教育模式中存在的不利于大学生学习与创新的因素进行分析并提供一定的对策与建议，有利于提高大学生的教育培养质量。

自从承担课题研究以来，我和课题组成员一道，审视了学习心理理论在社会适应方面上的不足，明确提出了以社会适应为指向的大学生学习心理素质结构模型；较为系统地探索了大学生学习心理的相关因素和条件；从研究结果的角度，提出了有利于大学生自主创新学习的教育干预途径和方式方法，基本上达到了研究目的；我们还从推进大学生就业以及健全大学生人格的角度，开展了大学生的情感心理、网络心理以及人际关系的研究。这些研究既丰富了大学生学习心理的范畴，又顾及了当前高校学生学习的实际。

参加本课题研究任务的有：安徽师范大学教育科学学院桑青松教授、周策副教授、郑筱妍副教授、刘伟芳老师，皖西学院解登峰老师，铜陵学院姚琼老师，马鞍山高等师范专科学校吴晓玮老师，马鞍山职业技术学院戴丽老师，合肥师范学院晋玉、苏炫、张华玲老师以及安徽师范大学教育科学学院的一批研究生等。

本书写作大纲由本人草拟，并经过大家多次讨论，最终成型。参与本书撰写工作的有（按照执笔章节排序）：安徽师范大学心理学系葛明贵（第一章）、合肥师范学院张华玲（第二章第一节）、安徽师范大学心理学系张越（第二章第二节）、铜陵职业技术学院黄卫明（第二章第三、四节）、合肥师范学院苏炫（第三章第一节，第十章）、皖西学院教育系解登峰（第三章第二节，第四章）、马鞍山高等师范学校吴晓玮（第三章第三节）、合肥师范学院晋玉（第五章）、马鞍山职业技术学院戴丽（第六章、第十一章）、安徽师范大学心理学系吕杰（第七章）、安徽师范大学心理学系汪艳芳（第八章）、铜陵学院姚琼（第九章）。张华玲、戴丽、姚琼、黄卫明、吴晓玮等参与了前期的组织和讨论工作。书稿完成后，由戴丽通读并校对。最后，全书由本人审读并定稿。

在本书脱稿即将付梓之际，我要衷心地感谢安徽省教育厅人文社会科学研究课题评审专家和领导们，是他们的关爱使课题能够立项；感谢安徽师范大学教育科学学院的领导们，是他们的关爱使研究得以顺利进行；感谢在课题研究过程中给予支持和配合的有关学校的领导、老师和同学们，是他们的关爱使研究得以顺利完成；感谢参与本书写作的各位老师，感谢出版社领导的大力支持，没有他们的付出，本书将不会这么快与读者见面；更要感谢各位专家和读者朋友们，他们的关爱将会让本书日臻完善。

欢迎专家和读者批评指正。

葛明贵于芜湖

安徽师范大学

目　录

第二篇　大学生学习心理的相关调查研究

第一篇

理论模型的建构研究

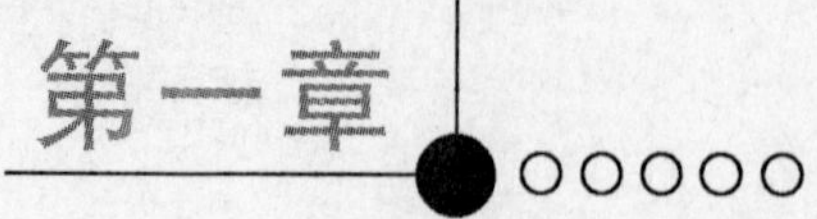

大学学习特点与大学生学习心理

一、大学学习的特点

（一）学习的含义

人类的活动有两种基本的内容和形式：一种是以改变外部事物为主要内容和形式的活动；另一种是以改变自身为主要内容和形式的活动。学习属于第二种活动的范畴，是学习主体通过获取知识和提高能力从而使自身得到发展、完善和提高的过程。从个体来到社会开始，学习就伴随着他。学习与人类的生存发展息息相关。

学习，作为人类联系客观世界和主观世界的认识活动，在漫长的历史进程中扮演了极其重要的角色。从原始社会人们对付各种生活困难，到文明时代战胜各种挑战，处处可见学习的踪影。从根本上说，动物适应环境，靠的是习得行为的变化；人类则主要靠学习引起的行为的变化。大至国家民族的荣辱兴衰，小到个人的成长成才，学习都是至关重要的品质。勤于思考，善于学习的民族，是一个强大的民族；不断进取，热爱学习的个体是一个优秀的人才。

21 世纪是学习化的社会。世界各国、各个民族都提出了学习的要求，将学习的素质纳入人才的必备素质结构中。由于中华民族历史上就有重视学习的优良传统，再加上当今社会对人才的渴求越来越强烈，社会各界、各个领域、各个层次的人员都处在不断“充电”、不断进步的学习氛围之中。“才须学也，非学无以广才”。学习真正成为人的生存与适应的根本手段，具有较强的学习能力和优秀的学习素质是人才必不可少的条件之一。

党的十六大明确指出，为了中华民族的伟大复兴，为了迎接知识经济的挑战，我们必须在全社会营造学习的氛围。有人曾经说“活到老，学到老”。从人类的成长历程来看，学习确实是伴随着每个人终生的。人的成长的过程其实就是学习的过程。通过学习与思考，我们获得知识；通过学习与交往，我们赢得朋友；通过学习与模仿，我们掌握技能；也只有通过学习，我们才能完善自己，让自己成为社会所接纳的一员。

由上可见，人们在一生中将会不断地遇到新问题，不断地遭遇新挑战，需要我们终身学习。现在，强化全民族的创新意识和创新精神培养，加强青少年创新能力和动手实践能力的训练，已经成为我们党和政府实施科教兴国战略的重要组成部分。而这些品质、素质、能力的培养都必须依靠学习和实践。

现代社会科学技术突飞猛进地发展，社会生活紧张有序地进行，知识内容的爆炸式增长，人与人之间的交流从渠道到方式都发生了根本性的变化。仅具备学习的意识想要应对复杂的未来世界，还是远远不够的。因为时代在前进、科学技术在发展，人们需要学习和掌握的知识的数量在不断增长。单从人类知识量的递增速度来看，现在大约每3年就翻一番。有人做过统计，一个化学家即使每周阅读40小时，而且只是浏览世界上一年内发表的有关化学方面的论文和著作还要用48年。而人的有限的学习年限与知识的剧增之间的矛盾，就给教育提出了新的要求。“我们再也不能够刻苦地一劳永逸地获取知识了，而需要终生学习如何去建立一个不断演进的知识体系——学会生存”。①

学会学习，成为21世纪世界各国教育学者最响亮、最一致的呼吁之一。学会学习，也是21世纪各国教育改革围绕的中心目标之一。在关乎年青一代的成长、关乎国家民族的发展等方面，每一个人都被要求要具备学会学习的本领。美国学者托夫勒指出，未来的文盲不再是目不识丁的人，而是没有学会学习的人。

虽然学习是我们最熟悉的字眼，学习活动是我们最有切身体会的认识活动，但是将学习作为一门科学研究的专门对象来加以研究还是新鲜的事。

在以往，有关学习的知识（这里指学会学习的知识）往往是散见于各类报章杂志，稍微系统一点的是在教育学和心理学的知识体系中。我国最早的教育学著作《学记》就是重点论述学习问题的。在西方，文艺复兴时期的伊拉斯曾经写过一本《学习方法论》。

对学习问题采用科学研究式的探讨，始于德国心理学家艾滨浩斯。他最早采用实验方法研究了记忆和遗忘现象，发现了对应的学习规律。其后，心理学家提出了多种学习理论。教育学家则是从教与学的关系中来研究学习过程的特点、方法和机制。尽管如此，把学习作为一门系统的科学，把学习本身作为专门的研究对象的人却不多。很显然，这是不能够适应当代科学技术的迅猛发展和知识结构快速更新的，也是不能够适应人们的学习需要的。

自从20世纪80年代以来，随着科学技术的发展，很多学科呈现知识更新加快、学科知识交叉渗透的趋势，结果是，其一，人们在专门的学习场所所获得的知识再也不能够“一劳永逸”。人们迫切需要掌握如何学习新的知识，迫

---

① 联合国教科文组织．学会生存——教育世界的今天和明天［M］．北京：教育科学出版社，1996：2

切需要掌握新的技能，更新单纯的知识体系以适应新环境的复杂要求。其二，新的边缘交叉学科不断涌现，学科发展呈现欣欣向荣的局面。在这种背景下，如何学习、怎样获得优秀的学习效果、有哪些因素影响学习过程以及如何选择适应自己个性特点的学习方式和学习策略等问题，就成为一些有识之士研究的对象和内容。

在我国专门从学科发展的角度研究学习这种现象的起始时间是 20 世纪 80 年代。1979 年，河南省委党校青年学者谢德民开始研究学习学，并且于1981 年写出 24 万字的《普通学习学》一书初稿，受到有关专家的肯定。1985 年，山西大学林明榕教授提出了建立学习学的构想。1987 年，全国第一届学习科学学术讨论会暨讲习班在南京召开，会议第一次全方位地探讨了学习学的性质、对象等学习科学的基本理论问题。另外，会上还成立了“全国学习学研究会筹备委员会”，由林明榕担任筹备委员会主任。至此，人们将学习作为科学研究的对象加以考量，视学习学为科学的理念逐步建立。专门探讨学习过程和学习方法的、单纯从知识掌握和学习方式角度出发来研究学习的学习学的著作也随之出现。诸如谢德民的《论学习》（人民出版社，1992）、韩忠的《大学学习学引论》（北京工业大学出版社，1992）、林毓琦的《大学学习学》（西安交通大学出版社，1999）、杜智毓的《学海导航》（北京航空航天大学出版社，2000）、教育部高教司的《学会学习》（教育科学出版社，2000）等。

自 20 世纪 80 年代以来，对于学习的科学研究呈现了蓬勃发展的势头。其中，教育学、心理学工作者关于学习策略、学习方法和学业指导的研究尤为突出。

（二）大学生学习的独特性

我们知道，学习是人类进步的阶梯。学生的学习活动是人类认识活动的特殊性的一种，它具有人类一般认识活动的特点，但又具有独特性。首先，它是在教师指导下进行的认识过程；其次，它以接受人类已经形成的历史经验和文化财富为主要形式；再次，它是学生主体掌握、形成和应用学习策略、提高和健全学习心理素质的过程。

进入大学，一切都发生了变化。虽然在大学里的学习与在中小学一样，也是掌握知识，丰富自身，完善和提升人的整体素质的认识活动，它仍然需要感知、记忆、思维和想象的参与；它仍然需要非智力因素的促进。但是，由于大学里学习内容的加深、学习环境的变迁以及学习要求的不同，致使大学生的学习与中小学生所进行的学习在以下几个方面都发生了变化：

一是在学习目标上。大学里的学习目标是在德智体全面发展的前提下，掌握更加精深的专门知识，具备奋发进取的科学研究素质，成为高层次的专门人才。因此，大学生必须努力学习马列主义、毛泽东思想、邓小平理论和三个代表重要思想，以先进的政治理论武装自己，努力践行科学发展观；必须了解和掌握本专业广博的基础知识，形成宽厚而坚实的、丰富的专业素养；必须具有从事本专业科学研究的较高的水平。而中小学则是打基础的阶段，学习活动应当尽可能地符合青少年身心发展的特点。具体地说，中小学生的学习是为了形成良好的学习行为习惯，培养一定的思想道德品质，初步获得基本的知识、技能和技巧，锻炼自己的体魄，健全自身的整体素质。因此，中小学教育更为强调的是素质教育，是学生的整体素质的从启蒙到提升与发展的长期过程。

二是在学习内容上。大学生的学习内容更加强调精深和广博，在广博的基础上求专长；在专业学习的基础上求拓展和创新。大学生在校学习的往往是某一门专业的学科知识，同时兼顾其他内容的知识。围绕某一门专业知识学习，可以有多种参考书；对一个问题的解释，可以有多种不同的理论和观点。而中小学生要学习内容则比较注重全面性和基础性，他们往往要学习很多知识点，而且学习的内容一般都是有定论的和稳定的知识体系，只要求在学习过程中力求去不断发现和适当培养自己的兴趣爱好。所以，有人曾经描述过，从学习的知识内容来讲，最轻松单纯的是大学生，最辛苦全面的是中小学生。

三是在学习方式上。大学生的学习方式以自学为主，往往教师是领进门，做启发性的指导和答疑解惑；有大量的时间要大学生自己去支配和决策：什么时间应该学习什么，应该花费多长时间学习课堂知识，又应当用多长时间自己去查阅资料、补充笔记和课余思考，诸如此类。一般而言，大学生往往要在四年中学习 30 多门理论课程。在实施学分制的学校，大学生还可以根据自己的学习能力和时间安排，自主确定学习的内容和课程。而中小学生的学习方式则更加强调在教师的指导下，按部就班地、循序渐进地学习相关知识内容，学习的被动性和依赖性较强。正由于这样，很多大学新生入学后都必然会出现一个心理不适应期。在这样一个时期，他们会产生许多困惑和疑虑。诸如“大学里到底应该如何学习?”，“为什么大学老师不按照书本讲课?”，“考试中的问题怎么在书本上找不到?”。

四是在教学管理上。中小学教学更加强调整齐划一，严格按照既定的教学计划进行教学；为了维护整齐划一，必然要强化教学管理，无论是对教师，还是对学生而言，都有具体而细致的规定。其结果，就必然会出现“千校一面，万人一貌”的无特色教育局面（当然，这种局面随着素质教育的不断推进，将逐步得以改善）。而在高等学校，大学生在学习上需要的是高度的自觉性和计划性。按照专业培养目标，大学生可以根据自己的兴趣爱好，发挥自己的创造性。大学里的规章制度和学习纪律只是给大学生提供一个方向和指示，更加重要的是学习的效率。因此，高等学校的教学管理是围绕质量来安排的，是一种质量管理而非强调整齐划一的刻板的管理。当然，强调大学生的学习自主性，并不是许可大学生的“为所欲为”，不受纪律约束。在大学，基本的教学管理秩序还是要得以保障的。

五是在社会实践上。虽然现在的基础教育也强调研究性学习，各个学校也都根据自己的条件在争创特色，在组织中小学生开展实践性活动环节上狠下工夫，但是总的来说社会实践还是偏少。但是，在高等学校里，除了课堂学习之外，有很大的自由空间属于大学生自己，这就为他们开展和从事社会实践活动提供了时间和客观保障。况且在高等学校各种讲座、论坛、丰富多彩的文体活动，足以让大学生去接触社会，提升素质。

只有了解在大学里的学习特点，大学生才能尽早平稳度过“心理不应期”，才能树立起新的学习观，才能真正在大学里达到发展与健全自己的素质的目标。

21 世纪是知识经济的时代，过去那种“上一次大学，吃一辈子老本”的时代已经一去不复返了。有人曾经尖锐地指出，大学生从学校所学的知识，等到走上工作岗位时已经有 60% 过时了。因此，在大学里的学习，不仅仅是知识技能的掌握，更加重要的是学会学习的本领。作为个人成长的需要，大学生务必要了解如何学习，如何才能有效地学习，怎样做到高效地学习，这样当他们走上工作岗位时就不会给人“动手能力差、不会学习和研究”的印象。

果戈理的名著《死魂灵》中有一个叫做比德尔西加的青年，他不甘于自己的下人地位而发奋读书，甚至到了嗜书如命的地步。但是，他不知道学习方法，对书也没有选择。一会儿读小说，一会儿读化学，只要能够找得到的书，他都阅读。结果是，头脑中杂乱无章的东西并没有改变他的命运。因此，法国哲学家笛卡儿说：“最有价值的知识是方法的知识。”

大学生的学习阶段一定要补上这一课。否则，仍然会被处于急速发展的时代与知识剧增的信息化社会所淘汰。

二、大学生学习心理

（一）学习心理研究的演变

学习不是一个消极接受知识的过程，而是学习主体已有的心理结构、知识结构与新知识之间的相互作用、相互联系的过程。奥苏伯尔的意义学习理论认为，学生学习的过程是原有的认知结构与所学的内容发生联系，从而加深对所学内容如概念、命题的内涵意义和外延意义的理解，并形成新的认知结构，再去影响、作用更新的学习内容。一些学者正是根据这种认知心理学理论提出了“学习迁移规律”即学习的过程就是知识迁移、移动的过程，就是将学习者大脑中原有的知识“迁移”过来去影响作用新获取的知识，或对新知识进行加工制作，重新组合。

从心理学的角度来看，研究学习就必须了解学习者的学习心理。学习心理学的研究是对学习过程和阶段的研究，对学习者心理素质结构的探索，对影响学习效果的内外部条件的分析，更是对学习本身的内涵与特征的研究。对学习心理的研究，在心理学历史上是一个不断演变的过程。

早期的研究者将学习看做是行为的改变，往往注重从客观上、效果上认定学习的发生。随着研究的深入，当代心理学认为学习是主体心理素质结构的优化与外在行为方式的重整。20 世纪上半叶，心理学家依据动物学习的研究，提出“学习就是反应的强化”的学习隐喻。这种观点认为，学习就是掌握知识的过程。他们把人们对知识的掌握速度、牢固程度以及精确程度等外在行为表现特征视作学习发生的表征。因此，学习是各种环境因素作用的结果。学习者只需要对不同的环境做出适当的反应。学习者的知识经验、动机、兴趣、个性等内部心理因素可以完全被排除在外。

由于受到行为主义心理学的影响，虽然格式塔心理学提出了“学习是对理解的探索”这个正确的学习隐喻，但是没有引起重视。

20 世纪 70 年代，认知心理学提出“学习是知识的获得”的学习隐喻；他们强调要让学习的材料变得有意义，同时要考虑学习者对自己以及学习环境的知觉。依据认知心理学的看法，学习是一种内部心理现象，可以从心理结构的形成、信息加工阶段等方面进行研究。学习者内在心理结构如何，他们加工信息的方式即如何注意、激活、转换、编码、储存和提取信息，决定了他们学什么，什么时候学，怎样学，以及如何应用等等。

20 世纪 80 年代以来，建构主义心理学家提出了“学习是建构、参与和协商的结果”的隐喻。

首先，学习是知识的建构，知识是由认知主体积极建构的，建构是通过新旧经验的互动实现的。以往的学习理论一般重在从同化的一面来解释学习的过程，强调以原有的知识为基础来理解和记忆新知识，而对原有知识经验因为新知识而发生的顺应则重视不够，即忽视了新旧经验之间的相互作用。他们往往把同化等同于理解或意义的获得，好像学习者理解了新知识，也就是接受了新知识，也就能够把新知识同化到了自己的认知结构中。然而建构主义者认为，知识的建构不仅仅在于“同化”，更重要的是在于“顺应”，个体的认知结构是在“同化”和“顺应”的完美结合的过程中逐步建构起来的。具体地说，每个学习者不仅仅以自己原有的经验系统为基础对新的信息进行编码，建构自己的理解，而且原有知识又因为新经验的进入而发生调整和改变，所以学习并不是简单的信息量的积累，它同时包含由于新旧经验的冲突而引起的观念转变和结构重组。只有这样，知识的建构才显得深刻。这种互动的结果，使学习者在获得了知识的同时也增强了学习素质。

其次，学习是知识的社会协商。在社会建构主义者看来，社会文化环境不仅是个体发展的一个必要条件，而且也是个体发展的实际方向，儿童与其养育者、儿童与同伴之间的共同活动是儿童发展的社会源泉。个体的学习与发展过程，实际上是社会共享的活动向内化转化的过程。个体的学习、认知活动是在一定的社会文化环境中得以实现的，是在一定的观念（或者说传统）的指导下进行的，必然的会有一个交流、反思、改进、协调的过程，从而，社会共同体对于个体的学习活动会有重要的影响（很大程度上是一个规范化的过程）。这样，经由个体的建构活动产生的"个体意义"，事实上也包含了对于相应的"社会（文化）意义"的理解和继承。因此，学习就不应仅仅被看成个体与外在世界相互作用的过程，而是包括个体、群体（社会环境）和外在世界这样三个要素的共同作用，学习的结果是社会交际和磋商的产物。只有当个人建构的、独特的主观意义和理论与社会和物理世界"相适应"时，个体才有可能得到发展。个体学习才是有价值的。

基于这样的理解，建构主义者往往很重视对合作学习、言语交流、学习环境的深入研究，认为教师的最基本职责就是努力通过社会的互动去引导学生的学习活动，在教师与学生之间以及学生与学生之间实现真正的交流和沟通，并创造出有利于学生学习的学习环境。学习者也不仅仅是一个"作为个体的学生"，而是一个"处于一定社会环境中的个体"。因此，学习者在学习过程中，一定要面向社会、以适应社会为指向、以社会适应为目标。

再次，就学习的交互性来说，建构主义学习理论强调建构知识的过程是通过学习者与外界和他人的交互作用而实现的，同时也强调，学习者的各种表征知识的能力也只有在相互作用中才能形成和发展。因而，学习又是一个动态的、相互合作的过程，不仅需要外界和他人的参与，更加需要学习者能力、人格以及创新素质的参与。依据建构主义知识观，知识并非是对客观世界的准确表征，知识只是一种解释、一种假设；知识并不是问题的最终答案。所以，学习者在学习过程中，千万不能迷信书本、迷信教师。在新旧知识经验发生冲突时，学习者应以怀疑的、发现的、探索的精神主动去搜集并分析有关的信息和资料，对所学习的问题提出各种假设并努力加以验证；学习者应当把当前学习内容所反映的事物尽量和自己已经知道的事物相联系，并对这种联系加以认真思考。只有这样，知识的建构才能够深刻，而且具有科学性。因此，在现代社会，人们评价人才的标准，衡量学习者的素质，研究学习心理等，都十分强调创新学习，强调学习方式的变革对个体素质健全和组织气氛的影响作用。创新学习，自然也就成为有识之士的共同主张。

通过上述简单的回顾，我们意识到：大学生的学习绝不仅仅要强调知识的死记硬背。大学生的学习应当是全方位的，应当是以未来社会发展的要求为出发点，应当突出灵活运用，应当是以创新学习为核心的社会指向学习。

（二）大学生的学习观

在21世纪，国家与国家之间的竞争表现为人才的竞争、人才素质的竞争。无论是人才还是人才的素质，都不是天生的。成为人才要靠学习，具备人才的素质要靠修养。鉴于人类社会的生存与发展成为当代两个大的主题，关于如何应对多元化、全球化政治经济的挑战，怎样健全未来社会发展所需要的整体素质，真正提高人类的生存质量和发展潜力就成为世界各国教育界共同的话题。著名的罗马俱乐部在其代表作《学无止境》一书中，深刻地指出人类社会未来的希望寄托在“学会学习”品质上。只有真正掌握学习方法，学会学习，才能适应未来社会发展的要求，才能在未来的社会竞争中占得先机。也就是说，人类如何学习、如何科学地学习是与如何生存一样重要的事情。

大学生作为高层次的专门人才，作为未来社会主义建设的接班人，就必须适应这样的形势和要求，强化学习素质的培养锻炼。要具备学会学习的品质，需要健全自己的学习心理素质。因为学习是一种需要心理活动参与其中并发挥作用的特殊的认识活动。从某种意义上讲，高等师范院校的大学生不仅自身的心理素质要完善，能够主动地学会学习，掌握学习的技巧和理解学习的要领，还要能够将学会学习的知识传授给他人，帮助他人学会学习。另外，大学生不仅要学会学习，更应该学会创造，用创造学习的成果来证明自己的价值所在；用创新学习的过程来为国家的科技创新体系的建设添砖加瓦。

有专家认为，社会进入学习化的时代，人才的素质结构已经很少是固定不变的了。大学生应该努力培养自己的综合素质，健全自己的心理品质，积极迎接知识经济的挑战。我们应不断了解社会发展和未来对自己的素质要求，加强自己的创新精神和能力的培养，努力使自己成为合格的高级专门人才。

根据社会的发展和时代的要求，大学生应当采用新的学习观来指导自己的学习过程和学习行为。所谓学习观，就是人们对学习的看法，是从事学习活动的指导思想。一个人的学习观包括他学什么和怎样学的问题。我们认为，当代大学生必须树立面向未来的学习观。它包括以下学习观念：

正确处理精与博的关系，在初步了解本专业基础知识的基础上学习更为精深的专业知识。长期以来，我国的高等教育采用的是前苏联的模式。即高等教育要培养专业人才，忽视大学生基础知识和社会适应品质的锻炼。因此，大学生走出校门后只能够在自己所学专业领域内就业，一旦离开了本专业就无所适从。随着社会的进步，科学技术的发展，人在一生中可能会不断地转换工作岗位，需要不断地进修和学习。现在，我国高等教育界比较赞同的是精和博的有机统一。一方面，各个专业的界限逐渐模糊，产生了许多交叉和边缘学科；另外一方面，随着社会竞争的不断加剧，知识更新和老化的速度也逐渐加快。所以，大学生应当加强各方面素质的培养，使自己能够适应不断变化的社会环境。具体地说，就是要形成宽厚的知识基础。文科的学生必须加强自然科学知识的学习，而理科的学生则需要加强人文社会科学的修养，促进学科之间的融合，成为基础理论扎实，知识面宽，适应能力强的合格人才。

正确处理德与才的关系，学习知识与学会做人同样重要，从某种意义上讲，学习的最终目的仍然是为了成为一个先进的现代人。成才首先要成人的学习观念应当被大学生所牢记。西方发达国家在经济和科技高速发展的同时，道德沦丧、高科技犯罪等现象日益严重的惨痛教训提醒我们，大学最大的成就莫过于大学生能够在人格上、道德上得以完善。正如江泽民同志在庆祝北京大学建校100 周年大会上的讲话中对大学生的期望所言：求知与修养相结合，是中华民族的优秀文化传统。没有好的思想品德，也不可能把学到的知识真正奉献给祖国和人民，也就难以大有作为。青年时期注重思想修养，陶冶情操，努力树立正确的世界观、人生观、价值观，对自己一生的奋斗和成就将会产生长远而巨大的作用。①

正确处理学与创的关系，大学生要从未来发展的角度认识学习与创造的关系，绝对不要死读书。长期以来，中国的教育受到批评和责难最多的就是我们的学生缺乏创造性。中小学生死读书，大学生仍然是死读书，甚至研究生也很少有创造性的成果。这种现象已经引起有识之士的普遍关注。因此，大学生如何在学习过程中，在掌握基本知识的基础上加强学习方法和思维方法的锻炼，提升自己的创造素质，这是非常重要的。不仅要学会记忆，更要学会思考。俄罗斯著名作家列夫托尔斯泰曾经一针见血地指出："如果学生在学校里学习的结果使自己什么也不会创造，那么他的一生将永远是模仿和抄袭。"②

三、以社会适应为指向的大学生学习心理结构

（一）社会适应的本质

"适者生存"是自然界的普遍规律，一切有机体都必须适应他们的环境，才能生存、繁衍和发展。人类不仅具有生物属性，而且还具有社会属性。因此，人类不仅要关注自然环境，适应自然；还要了解社会的变迁，做到适应社会。

① 江泽民．在北京大学建校 100 周年大会上的讲话

② 教育部高等教育司．学会学习［M］．北京：教育科学出版社，1999：30

近年来，随着社会历史的不断发展，新的观念和新的方法的不断出现，有关社会适应的问题已越来越受到人们的重视。

其实，早在20世纪30年代，美国就开始了儿童青少年的社会适应能力的研究，并制定了科学的标准和有关量表。① 但是，随着研究的深入，对有关社会适应的本质、特征以及过程的认识也产生了分歧。对社会适应的概念至今也没有统一的界定。我国的情况也是如此，人们对什么是社会适应、社会适应的标准与特征、社会适应的层次与价值等也存在种种不一致的认识。

我们认为，社会适应是一个连续不断地重建平衡过程。

1. 生理上的适应本意就是追求平衡

适应（adaptation）是来源于生物学的一个名词，用来表示能增加有机体生存机会的那些身体上和行为上的改变。在传统进化论中，适应是指物种在与无数个体的长期生存竞争中，积累并保留有利于生存、繁衍的生理结构与功能的遗传特性，从而提高物种生存机会的漫长进化过程及有利结果。从过程的角度看，适应即环境提出某项生存“难题”，物种通过改变遗传性状予以解答。由于任何物种在生理结构与功能上均不可能同环境达成完美的契合，因此适应无所谓终点。从结果的角度看，物种的适应是物种特性与环境二者之间关系的和谐平衡表征。当环境变迁，物种的适应状态必然发生改变，这是一个动态过程。合成进化论就将适应定义为产生、并维持有利于个体和群体生存的有机体-环境关系的过程及其结果。由此，适应不仅意味着种群遗传性状的改变，同时还意味着个体机能与行为的调整。适应总是发生在环境的挑战与有机体反应的过程中，适应的途径与表现都不是单一的，而是多层次、多方面的。因此它成为有机体改善环境、及其与环境关系的最有利途径。适应生理上的本意就是追求平衡，使物种得以生存。

传统进化论的适应观对心理分析、特质论人格心理学等方面的研究产生了深刻影响。因此心理学家也从适应的本意出发，对适应在心理学上的意义进行了界定。心理学家大体上都认为，适应就是个体对外界环境所作出的有目的的反应。如人眼睛对光等物理刺激变化的适应，人的社会行为的变化适应等。适应涉及个体通过改变自身结构或调整自身功能，对应激源所产生的反应功能，是个体对所处的环境作出判断、发挥积极能动作用，并在可能的情况下改变某些客观条件。因而适应是一个积极能动的过程。

适应是皮亚杰（Jean Piaget）认知发展学说的重要概念之一。他力图在生物学与发生认识论之间架起一座桥梁。他认为，适应就是生命由简单形态向复杂形态不断创造的过程，也是有机体与环境间实现各种不同形态的、向前推进

① 郑毅、陈学诗．北京市儿童社会适应能力及影响因素的研究［M］．中国健康教育，2001：17（7）：392-396

的平衡过程。皮亚杰认为，适应的本质在于取得机体与环境的平衡(equilibrium)。如果机体与环境失去平衡，就需要改变行为以重建平衡。这种不断的平衡-不平衡-平衡-……的过程，就是适应的过程，也就是心理发展的本质和原因。[①] 心理学家艾夫考认为，适应是个人与环境的互动关系。个体在与环境的相互作用的过程中通过不断调整自我身心状态，使身心与现实环境保持一致，从而达到认识环境、改造环境、发展自我的目的。适应首先是个体在与环境的相互作用中构筑良好心理机制的过程。个体从物质层面来看，最基本的需求是生存需求，即为了获得丰富的生活资料，必须凭借社会环境，通过劳动作用于自然环境，以取得自己所需要的生活资料。适应也是指个人与环境关系的一种状态，即个人与环境间的一种和谐、协调、相宜、相适的状态，这是一种相对平衡的状态。由于社会在发展，环境在不断地变化，个人的心理也在变化，所以适应就成了动态平衡过程，或者是环境的变化要求个人的心理随之进行相应的改变，或者是个人的心理改变需要做出新的调整以适应相对稳定的环境。

适应这一概念也贯穿弗洛伊德（Sigmund Freud）所创立的精神分析学说。在心理分析学说中，适应被认为在本质上是有机体自身平衡调节生理机能的特殊表现形式。

2. 心理学更加强调适应是个体社会化的过程

在心理学概念中，适应用来表示个体对环境变化做出的反应。个体不仅是一个生物的人，更是一个社会的人。因此，适应对人类来说，主要是社会适应。由朱智贤教授主编的《心理学大词典》中对社会适应的解释是：个体逐步接受现存社会的生活方式、道德规范和行为准则的过程。它对个人生活有重要意义。[②] 王康在《社会心理学辞典》中提及社会适应（Social adaptation）即是个人和群体调整自己的行为使其适应所处社会环境的过程。[③]

良好的社会适应性需要人们具有面对生活的积极心理状态，也需要人们在不同社会层次和角色行为之间的相互转化以及对社会生活的变化与发展的不断适应。陈建文在他的博士论文中提出如下观点，社会适应表现为个体对社会生活环境的适应，它既是个体通过掌握各种社会规范，形成适应社会的行为模式的社会化过程，也是个体满足自身需要发挥自身潜能，树立自我形象的个性化过程。社会适应状态的本质在于和谐和平衡。

还有学者认为，社会适应是指“社会或文化倾向的转变，即人的认识、行

---

① 林崇德．发展心理学［M］．北京：人民教育出版社，1995：53

② 朱智贤．心理学大词典［M］．北京：北京师范大学出版社，1998：572

③ 王康．社会心理学辞典［M］．济南：山东人民出版社，1988：277

为方式和价值观因为社会环境的变化而发生相应的变化。"[①] 这里，实质上是将社会适应过程与个体的社会化过程相联系。从局部或具体的事件看，社会适应是个体社会行为的自我调节过程；而从个体发展的全过程看，社会适应实际上就是个体实现社会化的过程。[②]

社会适应能力是人们在社会适应过程中表现出来的能力。社会适应能力是指个人独立处理日常生活与承担社会责任的能力达到他的年龄和所处社会文化条件所期望的程度。[③]

社会适应能力的形成过程，是自然人的社会化过程。人的社会化进程从婴幼儿期就已开始，是一个逐步实现的过程。除了一些先天的因素外，主要是环境和教育的作用。社会适应能力是心理素质的核心组成部分之一，也是社会对人才基本素质的要求之一。此种能力的大小与智力并不完全平行。[④] 社会适应能力是一种社会实践能力，其特征不仅包括个体改变自己以适应环境，也包括个体改变环境使之适合自身的需要。培养社会适应能力是现代社会的需要。社会适应能力包括认识社会、对待社会和自我完善三大方面，各方面又包含若干要素。其中人际交往、协作能力、竞争能力等因素对能力发展影响较明显。

社会适应能力是人的心理、知识、才能等方面有维度、有层次的综合体现。各种特征相互联系、相互促进，是不可分割的整体。但其影响程度是不同的。

3. 公众的社会适应观是综合素质的体现过程

随着社会的发展，社会适应已成为哲学、社会学、人类学、心理学、教育学等领域共同关心的问题。社会适应问题源于人们的日常生活，并影响人们的身心健康和全面发展，已成为公众关心的问题。有研究采用个别访谈法和内容分析法调查公众的社会适应观。通过调查资料，将公众社会适应观分为关于社会适应性的看法和关于社会适应评价标准的看法两个方面。首先，关于社会适应性的看法包括对社会适应的素质维度和对社会适应的评价维度两方面。社会适应是综合素质的体现，它包括多种素质是一个整体。社会适应是一种行为表现，外在行为模式的内在心理结构。评价社会适应的尺度，可以从内在和外在两个方面出发，从自身与他人评价相结合出发，从发展的角度来分析。其次，在内容分析中，不同的评判者是否能够将相同的分析单元归入相同的特质范畴，

---

① 许峰．关于人的适应性培养的社会心理分析［J］．教育研究与实验，2000（6）：36-40。

② 朱智贤．心理学大词典．北京：北京师范大学出版社，1998：257

③ Lambert N. Diagnostic and Technical Manual of AAMDABS（School Edition）. CTB/Mc Graw-Hill, 1981：2-341

④ 张华．培养青少年健全人格增强社会适应能力［J］．辽宁教育学院学报，2001，18（1）：62-63。

这从很大程度上反映了老百姓对于社会适应的一致看法。研究发现，人们口头常用的“会做人”，“会为人处世”，“安分守己”等语言，都被归入了大家对社会适应的看法。从对安师大95名大学生进行调查的情况来看，大致得到了相同的结果。经过统计，95名大学生中，45.76%认为社会适应是一种能力；34.55%认为是对社会的适应；69.57%认为是一系列积极的行为方式；53.85%认为是个人与社会和谐，25%认为是综合能力的体现。

综上所述，我们认为，社会适应是一个连续不断地重建平衡过程。

社会适应是个体不断调整自己的行为，使其保持与所处社会环境及自我相适应的动态重建平衡过程。社会适应是对社会生活环境的适应，包括为了生存而使自己的行为符合社会要求的适应和努力改变环境以使自己能够获得更好发展的适应。由于环境的复杂性、当今社会的多元化以及个人成长的影响，每个人的社会适应是一个不断变化的动态过程。

社会适应是一个不断变化的连续体，完全适应和完全不适应是这个连续体的两端，大部分人处在这个连续体的中间部位并在不断发展和进步的社会中不断调整自己，使自己身心保持平衡，达到最大的社会适应。当社会发展或个人发展了，就会打破原来的平衡。个体又会通过调整自己或改变环境达到新的平衡，平衡——平衡打破——建立新平衡……个体的社会适应就是这样一个连续不断地重建平衡过程。

（二）以社会适应为指向的大学生学习

社会适应对个人生活有重要意义。一个人如能对自己进行正确定位，并积极调整，扮演好自己的角色，就会与社会、环境和自我适应良好，与社会和谐相处，身心健康、全面发展。如果个体长期对社会刺激不能适应，不能在规范允许的范围内作出反应，就会与周围的一切格格不入，容易引起心理障碍。

社会适应能力是在社会实践活动中不断得到培养的。对社会的适应是动态发展的，不可能一劳永逸。人们只有依靠调整自我、充实自我的行为来适应社会。

从社会化的角度看，社会适应的内容应当包括以下几项：第一，对社会生活环境的适应，包括对不同生活条件与方式的适应；第二，对各种社会角色的适应，包括对各种角色意识的形成以及对不同角色行为规范的掌握；第三，对社会活动的适应，包括对各种活动规则的掌握和活动能力的形成，如学习、交往、工作、休闲等能力的形成与发展。联合国教科文组织提出的关于现代教育的四大支柱（即四项培养目标：学会做事、学会求知、学会与人共处、学会生存）所反映的都是社会适应方面的基本要求。①

在当今学习型社会中，学会学习尤其重要，学习是自我发展的需要，也是适应社会的需要。要想跟上时代变革的步伐，需要不断地用新知识、新思想、新观念充实自己，需要主动灵活地调整自己，需要勇敢地挑战自己，需要培养自己的创新能力。只有学习型的人，才能更好地适应社会。

大学生的社会适应问题，是指大学生对大学生活以及社会生活的适应性问题，它的核心是提高大学生随外界环境条件的改变而改变自身的特性和学习、生活方式的能力。大学生的社会适应主要有这样几个方面：职业选择的社会适应、人际关系的社会适应、社会角色的社会适应和社会责任的社会适应。

大学生的社会适应是个体社会化的过程，也是其心理健康的一个重要指标。同时，大学生的社会适应还是学习的结果与体现。因此对大学生社会适应问题的研究，尤其是以社会适应为学习的取向的学习心理学的研究有重要的意义。国内在这方面的相关研究，已取得了一定的成果。如对大学生社会适应能力及教育研究、关于大学生社会适应问题的社会心理学分析等。很多研究者从各个不同的方面研究了大学生的学习心理，尤其是对学习的兴趣、动机、方法、策略、态度等非智力因素的研究，也取得了一定的成果。在对这些研究的考察中，我们可以看到大学生的学习心理和社会适应的相关。如“谈青年大学生社会适应能力的自我培养”一文中提到学习是大学生活的中心内容和任务，是大学生自我发展的需要，也是社会适应的需要，并指出创新能力在社会适应中的重要性。另外一些研究也指出良好的社会适应能力对大学生的学习心理健康有着不可忽视的作用。在对当代大学生学习特点的研究中，研究者均把社会的影响因素考虑在内。

在竞争激烈的社会转型期，大学生的社会适应能力高低与在校期间的学习素质是否健全有密切的联系。大学生的学习心理研究和社会适应研究相结合，通过理论与实践的整合，尤其是加强大学生社会适应学习的实证研究，已经成为当前心理学研究的重要课题。

因此，未来关于大学生的学习心理的研究，将会更多的倾向于与时代发展、社会要求相结合。也就是说，以社会适应为指向的大学生学习心理学研究将会成为一个趋势。

（三）以社会适应为指向的大学生学习心理结构

从学习者的身心素质来看，制约大学生学习质量的一个重要方面就是学习

① 贾晓波．心理适应的本质与机制［J］．天津师范大学学报（社会科学版），2001，154（1）：19–23

者的素质高低。当然，学习者的素质高低与所学习的内容要求又是紧密联系的。长期以来，中小学教育比较重视的是学生记忆能力的考察和训练，对学生而言，一味地追求高分数是最直接的目标。这时，学习者的素质高低取决于学生的记忆能力的高低。后来，教育者又比较重视学习能力的熏陶和开发，而忽视学生非智力因素的培养和优化。这时在构建学习者的学习素质时比较看重智商的高低。现代教育科学与心理科学的研究成果表明：学习是学习者智力与非智力因素协调发展共同努力的结果。在某种意义上来说，非智力因素的作用可能更加重要。因此，我们构建了智力与非智力因素协同活动的学习心理模型。

在构建以社会适应为指向的大学生学习心理素质结构的内容体系时，学习心理模型自然是我们必须加以考虑和作为基础的。学习素质是决定学习效果和制约学习过程难易的重要心理品质。从最一般的意义上讲，影响学习的因素有主观与客观两个方面。客观因素包括学习条件的优劣、学习环境的丰富与否、学习资源的利用率高低等等。从现实状况来说，社会提供给大学生的学习条件无疑是优越的。大学生有精通本专业的老师指导帮助，能获取丰富资源，有充足的学习时间；这些都可以保证大学生的学习能够在比较单纯的、不受影响的学习环境中取得成效。

影响大学生学习效果的主要主观因素，可以从以下几个方面分析。这些内容，基本上就是大学生学习和成长的抓手。

学习策略：这是近年来教育心理学尤其是学习心理学的热点研究课题。想以此来指代影响大学生学习的智力因素特点，包括大学生的智力差异、学习方式方法差异以及创新学习能力差异等等。大学生具有什么水平的学习策略？不同背景的大学生学习策略的差异何在？大学生的创新精神和动手实践能力能否满足社会与岗位对他们的要求？诸如此类在大学生学习过程中表现出来的心理特点，就是研究的一个重要方面。我们试图通过对大学生学习现状的分析，告诉大学生：面对什么样的知识类型，应当调用什么样的学习策略。根据不同的学习目标要求，应当掌握和使用怎样的学习策略。换句话说，大学生要掌握什么样的学习策略才能适应大学阶段的学习，这是我们想知道的。

学习品质：这是对影响学习活动的非智力因素特征的概括与总结。近年来，在中小学学习心理学研究领域，取得的成果比较多。完整的学习品质结构，我们认为有三个层次、五大因素群组成。在这里，只想从学习目标的制定、学习动机的激发、学习态度的养成以及学习情绪的稳定和学习意志的砥砺、学习归因的方式等几个方面，了解大学生在学习过程中的行为表现和心理特征。同时，也从这样几个维度来建构大学生良好的学习品质特征要求，确立大学生良好学习、有效学习的评价指标体系。为大学生走上社会、提高社会适应能力，更好地适应社会奠定学习心理条件基础。

以上是我们对影响大学生学习生活的心理条件的一种观点，它属于二分法。当然，大学生的学习应当具备的心理素质结构，还可以从以下三个侧面来分析，即三分法：

常规学习的心理素质（课堂学习）：虽然大学生更加强调的是专业学习，但是课堂学习这种形式却仍然是大学生学习的主渠道。作为一种常规的学习形式，与中小学生一样，大学生也是把它作为重要的获取知识的途径的。我们认为，课堂学习的各个环节，都离不开学习者的主动参与。因此，学习者的良好的心理素质就显得非常重要。从近期的研究成果来看，在课堂学习过程中，掌握一些实用有效的、富有心理学色彩的学习方法策略，强化学习动机，激发学习兴趣，保持稳定的学习情绪及良好的注意状态，做到持之以恒等，有助于提高大学生课堂学习的效果。

自主学习的心理素质（创新学习）：毋庸置疑，自主创新学习是大学生最常见的学习方式。它对于大学生的成才、对创新意识与创新精神的培养，具有十分重要的价值。大学生的学习绝对不能等同于中小学生，其学习的目的是为了超越，学习的功能在于创造新知和改造社会，谋取社会的发展与进步。因此，强调大学生自主学习心理素质的培养，构建大学生自主创新学习能力培养的全方位立体化模式十分必要。事实上，大学生自主学习的心理素质，就是为实现创新学习而服务的。

素质拓展与学习（课外学习）：我们的教育不是培养只会死读书的“书橱”，而是要提高全民族的科学文化素质。若要实施素质教育，则不仅仅是中小学基础教育的任务。高等学校同样也必须加强大学生的素质教育。怎样在课外活动中，健全大学生的整体素质，提升大学生的社会适应能力，培养大学生通过课外活动学习的意识，就是在高校贯彻素质教育思想的应有之举。要真正实现大学生整体素质的健全发展，发挥各种因素的教育作用，正如教育家陶行知先生所言：处处是教育的场所，时时是教育的时机。大学生所接触、所经历的各种活动，都是具有教育意义的，都具有学习价值，关键在于大学生是否具备这样的学习心理素质。

狭义上理解学习素质其实就是学习心理素质，也就是影响学习的主观条件，即个体学习能力与学习品质的有机结合。

学习能力是制约学习过程的难易程度的个体心理品质。较强的学习能力表现为可以使学习过程缩短，掌握知识的速度加快，理解和应用知识的范围扩大。在现代社会，随着科学技术的发展社会的进步，人的智力水平也在不断提升。人的学习能力虽然有高低之分，但它不会影响人对基本的知识技能的掌握，只是在掌握程度上有差异，况且智力对人事业发展的影响仅仅是所有影响源中的一个方面，更加重要的是人的学习品质的优劣。

学习品质是决定学习行为倾向性与独特性，影响学习成功的一些非智力因素的综合。优秀的学习品质给学习提供了强大的动力，指引着学习行为向人们预期的方向发展。大量的心理学研究已经证明，非智力因素特征对学习和活动成就的影响相对于智力因素来说，更加重要一些。远大的学习理想、较高的学习自信心、好奇求索的怀疑品质、专心勤奋的沉稳特征等优良的学习品质，配合科学有效的学习方法，能够对大学生的学习起到立竿见影的效果；能够促进大学生整体素质的完善。

综上所述，制约大学生学习的心理特征就构成了大学生学习心理素质结构。见下图1-1和图1-2。

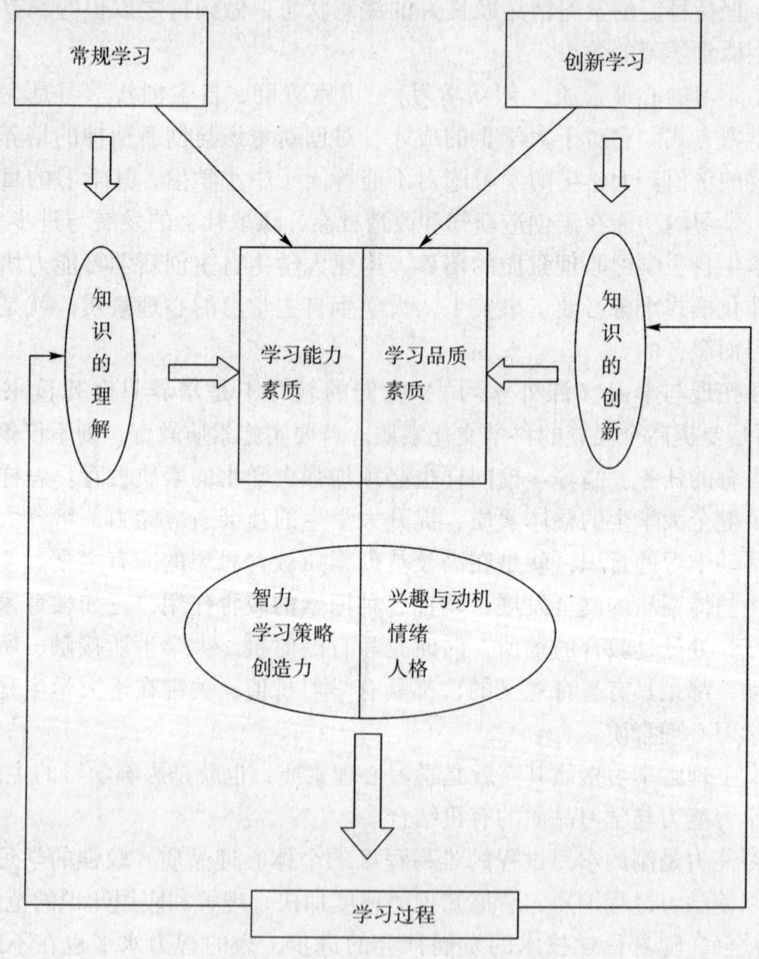

图1-1　影响学习的因素

当然，不能够片面地认为心理素质是包医百病的“灵丹妙药”，就像我们不能够片面地认识“只要工夫深，铁杵磨成针”一样。加强大学生学习心理的研究和探索，就是要树立全面协调的整体观点。只有智力因素与非智力因素和谐统一的发展，在人身上达到一致，他才能在学习过程中获取高的学习效果。

在本书中，涉及的学习心理，它的含义就包含以上内容。如图 1－2 所示。

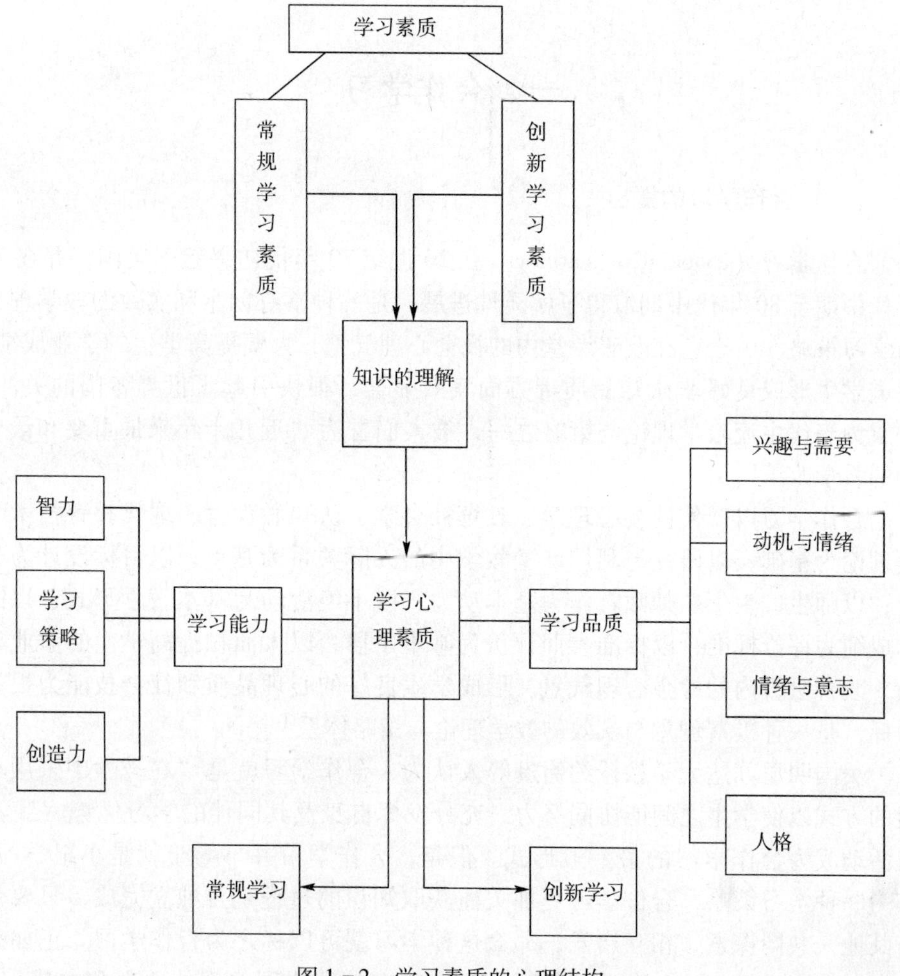

图 1－2　学习素质的心理结构

社会适应学习的策略

一、合作学习

（一）合作学习的提出

合作学习（cooperative learning）在20世纪70年代初兴起于美国，并在70年代中期至80年代中期取得了实质性进展，是一种富有创意和实效的教学理论与学习策略。由于它在改善课堂内的社会心理气氛，大幅提高学生的学业成绩，促进学生形成良好非认知品质等方面实效显著，很快引起了世界各国的关注，并成为当代主流教学理论与策略之一，被人们誉为“近几十年来最重要和最成功的教学改革”。

合作学习以现代社会心理学、教育社会学、认知心理学、现代教育技术学等理论为基础；以研究与利用课堂教学中的人际关系为基点；以目标设计为先导；以师生、生生、师师合作为基本动力；以小组活动为基本教学形式；以团体成绩为评价标准；以标准参照评价为基本手段；以大面积提高学生的学业成绩，改善班级内的社会心理气氛，形成学生良好的心理品质和社会技能为根本目标，是一种极富创意与实效的教学理论与策略体系①。

美国明尼苏达大学教授约翰逊等人认为，合作学习就是“在教学中采用小组的方式以使学生之间能协同努力，充分发挥自身及其同伴的学习优势。②”小组活动成为合作学习的最一般形式。但是，合作学习并不等于就是小组学习。作为一种学习策略，合作学习更加关注获取知识的过程是否独立完成，只要是与其他人共同探索，相互启发，那么这种学习就可以称之为合作学习。正如杰克布斯等人认为，“合作学习是帮助学生最有效地协同努力的原理和方法。③”

---

① 王坦．论合作学习的基本理念［J］．教育研究，2002，(2)：68-72

② Johnson，D. W.，Johnson，R. T. （1999）．Learning together and alone：Cooperative and individualistic learning (5th，Ed)，Any and Bacon.

③ Geroge，M. J.，Micked，A. P.，Loh，W. L. （2001）．The teacher' s Sourcebook for cooperative learning：practical teachniques，Basic principles，and Frequently asked questions，Corwin press.

杰克布斯等人强调，合作的功能并不仅只限于小组，合作学习的价值远在小组之上，对此，约翰逊等人也表示赞同。

从宏观上说，大学生的合作学习更加不同。它不仅是一种教学方式、学习方法和人际交往的过程，还是一种生活态度、工作精神和职业规范。在大学里，由于知识学习的复杂性以及学习生活的多元化，合作的精神和团队意识日益显得必要。从微观上说，大学生的合作学习是指在一个小的群体中，大学生为了共同的积极目标，协同合作、共同努力、积极互动和相互促进。

（二）合作学习的基本要素

目前，在中小学教育教学实践中运用的合作学习方法或策略种类繁多。班级、小组是最常见的团队，也是合作学习的依靠。当然，大学生中有关合作学习的研究较少。

约翰逊兄弟（Johnson，D. W. & Johnson，R. T.）认为，对于任何形式的合作学习来说，有五个要素是不可缺少的：

积极互赖（Positive Independence），合作学习要求，学生们应当知道他们不仅为自己的学习负责，而且要为其所在小组的其他同伴的学习负责；

面对面地促进性相互作用（Face-To-Face-Promotive Interaction），小组成员真正合作，通过资源共享，互相支持、帮助、鼓励、喝彩而促进彼此的成功；

个人责任（Individual Accountability），个人责任是指每个学生都必须承担一定的学习任务，并掌握所分配的仼务，获得更大的个人能力；

社会技能（Social Skills），教师必须教会学生一些社交技能，以进行高质量的合作，小组的动力都是建立在这样一个假定上，即社交技能是一个小组有效性的关键所在；

小组加工（Group Processing），也有学者称之为“小组自评”。合作小组必须定期的评价共同活动的情况，保持小组活动的有效性①。

因此，合作学习实质上为大学生提供了一个新的学习和获取知识的手段，以及鼓励大学生施展才能的环境。高校教育工作者如果能够精心营造良好的合作学习情境，就能让大学生在认知上、生理上、感情上和心理上积极主动地投入到学习中去，大学生就会更加努力学习且效果会更好。

（三）合作学习对大学生社会适应能力培养的重要性

大学生教育教学的实践证明，大学生较中小学生具有更明确的学习目标、知识经验更为丰富、自觉能力更强、更加注重教学参与性，这些特点与合作性

---

① Johnson，D. W.，Johnson，R. T.，Holubec，E. J. （1993）. Cooperation in the Classroom （6thed.）. Edina，MN：Interaction Book Company.

学习所强调的自主性、互动性、合作性、创造性等要求恰好吻合。在大学生的学习过程中，结合大学生身心发展的特点及大学教育教学的特点，指导大学生掌握合作学习策略，广泛开展合作性学习，对大学生社会适应能力的培养具有重要的意义。

1. 合作精神是现代社会发展的需求

随着科学技术的迅猛发展和经济的全球化，社会的竞争越来越激烈，我们已经走进了知识经济时代。在这个时期，知识量激增，社会分工越来越细密。在这种情况下，任何专家、学者想不依靠他人，独立完成大型的科学研究已经不再可能。一个人的精力是有限的，因此人们的依存关系更为密切。现代社会的高水平竞争也常常以集体形式进行，它要求竞争者要有合作精神，善于与人合作，形成更强的竞争力。因此，合作是个人和集体成功的重要基础。国家最高科学技术奖获得者王选院士，在国家授奖大会、北京大学奖励大会及中央电视台国家科技奖论坛等许多场合的讲话中都谈到了团队精神即合作精神对科学研究的重要性。国内教育界最先积极关注和明确倡导“知识经济”新观念的知名人士杨福家院士也提出：“在知识经济的大背景下，要训练学生与人共事，要讲究合作精神。只会孤军作战的人已不适应今天的形势。”①

进入互联网随意打开一个人才招聘广告，都会发现，合作精神已被列在用人单位对人才的基本要求之中，甚至是首要条件。几乎所有的跨国公司都以自己的方式，高度重视合作精神：联邦快递亚太区副总裁陈嘉良先生说：“合作精神至关重要，只有握紧的拳头出手才有力”。② 惠普总裁卡莉说：“没有合作精神，我们将无法创新和前进。”

大学生将会成为社会所需要的高素质人才，然而，在现实生活中，我们经常能发现一些集体观念淡薄、缺乏合作的意识与能力、不适应集体生活的大学生。因此，培养大学生的合作精神是社会发展的要求、时代的呼唤。作为一种价值观的合作学习，注重的是大学生合作品质的培养、合作精神的养成。

2. 合作学习有利于维护竞争者的心理健康

心理健康是个体社会适应能力的重要内容。国内外众多学者对心理健康的含义都作过不同方面的论述，但都无一例外地都提到了它对社会适应的重要意义。心理学家英格利士（H. B. English）认为心理健康是一种持续的心理状态，当事者在那种状况下能作良好的适应，具有生命活力，不仅能免于心理疾病，而且能充分发挥身心的潜能。精神病学家梅尼格尔（Karl Menniger）认为心理健康就是指人们对于环境以及相互之间所具有的高效率及快乐的适应情况。社

① 二十一世纪国际教育发展的大趋势．http：www. Gmdaily. com. cn _ zhuanti jinian 2000vistarw16. htm

② 从玉华，张坤．与跨国公司人力资源经理面对面-团队的故事［N］．中国青年报，2001，12：1

会工作者波孟（W. W. Boehm）认为心理健康就是合乎某一水准的社会行为：一方面能为社会所接受，另一方面能为自身带来快乐。

现代社会存在着竞争，竞争必然导致紧张，给竞争者带来压力。如果能与竞争者保持良好的合作关系，既竞争又合作，有利于降低竞争者的心理压力，维护竞争者的心理健康，从而最终有利于其社会适应能力的提高。

合作学习过程是一个既有竞争又有合作的过程。合作学习中的竞争不是根本目的，竞争的目的主要是在合作中促进人们互相关心、相互帮助，开发智力、共同探索进取，从而最终促进社会的进步和发展。这是社会主义社会道德规范的要求，能有效促进社会主义和谐社会的建立。

（四）在合作学习中培养大学生的社会适应能力

1. 在合作学习活动中体验集体和个人的作用，培养大学生社会责任感

社会实践生活中，个人常常为了取得好成绩而与他人展开竞争；一个集体为了取得好成绩而与别的集体展开竞争。合作则是一种集体行为，是集体齐心协作的活动，通过合作活动，是为了使这个集体能更好地与别的集体展开竞争或为达到一个共同目标而互相交流。因此，竞争与合作两者互相包含，都意味着在同一集体中个体与个体之间的相互作用、相互影响。同一团体的成员在为了一个共同目的，或为了能显示个人之间差别的目标而努力时，相互之间可能会产生竞争；几个团体在为了达到一个共同的目标而奋斗时，也可能会产生竞争，这时小组内成员间则需要高度的合作。在合作学习过程中，每个个体都能充分体验到集体的力量以及其他人的重要作用，这是有利于个体的社会责任感的培养的。

由于合作学习活动的竞争性特点，对于培养学生勇敢进取的品质，对于激发个人成就动机，对于提高学习效率以及树立远大志向，形成健全的人格等，都有着非常积极的作用。在同学之间的学习竞赛中，可以获得对自己学习能力的实际评估，从而增强进一步学习和提高的信心。竞争还可以使集体的生活变得更富有生气，避免或减轻单调感，增强学习乐趣，调动学习积极性与主动性。

然而，我们应更为注重大学生合作精神的养成。学校教育的终极目标是为社会培养人，大学教育追求的应该是确保每一个大学生在离开学校时能自然地融入社会，成为合格的社会人才。只有具备合作意识、拥有合作精神、能锻炼自己合作能力的人，才能在社会生活的各个方面适应环境。

2. 在合作学习活动中学会接纳、尊重、关心、愉悦接纳他人，培养大学生合作技能

应该意识到，真正的合作意味着彼此接纳欣赏、互相取长补短和共同携手进步。这是合作的本质，同时也是合作的最高境界。要让大学生在学习活动中真正理解合作的意义，关爱与尊重其他同学，学会发自内心的欣赏别人、悦纳别人，正确处理“对手”与“朋友”之间的关系，建立和谐的人际关系。同时，学会尊重、关心和愉悦接纳他人，形成现代社会所必需的合作与竞争意识以及对自我、群体和社会的责任感，养成良好的道德和集体主义、社会主义、爱国主义精神。

首先，通过异质学习团体中的合作学习，我们应该教会学生接纳别人。作为社会人，每一个人都要和不同的人一起相处、相互交流。今天是学习伙伴，明天则可能是朋友、同事。在合作学习机制下，学生必须协同努力、相互交流。在合作中，尽管每个人的才智有高下、兴趣有差异，但聪明人有糊涂的时候，而才智欠缺的人也有过人之处。学生会从学习实践中逐渐体会到，接纳别人也是在“推销”自己。

其次，在接纳别人的同时，还应该学会愉悦接纳别人、欣赏别人。在一个异质学习团体中，仅有接纳是不够的，相互悦纳、彼此欣赏才是合作成功的基础。

再次，通过合作学习，掌握合作技能，学会与人沟通。今天，我们生活在一个全球化程度日益增强的时代，在这样的情况下，在校期间就学会与人沟通、与人交流就显得尤为重要。合作学习把交流、沟通技能的学习与专业知识的学习有机地融为一体。

3. *在合作学习中培养大学生的终身学习能力——学会学习*

会不会、有没有“终身学习”能力是大学生能不能适应社会的一个重要指标。大学生走出校园后在实践中会发现，在学校所掌握的知识有些是与社会脱节的。因此，要有的放矢地学会调节自己，对自己进行“充电”。学习以前没有学过的知识，增强适应社会的后劲，是现代人应具备的基本素质和能力。

终身学习能力是知识经济时代的要求，也是一个人未来事业发展的客观要求。学生在经历知识形成的过程中，获得知识、技能、情感、态度、价值观的体验，形成良好的个性品质，这其中更多强调的是大学生的学习方式，更多依赖的是大学生的学习能力。大学生在合作学习过程中，能主动地提出问题、自由地展开讨论和交流、敢于尝试、学会倾听和进行自我反思。这样一个学习的情境，可以使每位大学生都能在有限的合作时空里全员参与，在互动中互帮互学，不仅能有助于增强大学生的合作意识，更重要的是还能有效地提升大学生终身学习的能力。

4. *在合作学习中培养大学生的创新能力*

培养大学生的创新能力是素质教育的一个核心任务，也是大学生适应社会的基本要求之一。合作学习的模式在一定程度上也是培养大学生创新能力的有效尝试。应当说，大学生的合作学习情境是宽松、愉悦的。在这样的学习环境中，他们有很大的自由度和合作空间。大学生在轻松、愉快、平等和谐的气氛中，每个人都保持着良好的心境和浓厚的兴趣，他们积极地贡献自己的思维成果，充分发挥自己的智慧、才能。创新的潜力得到挖掘、创新的经验得以丰富。

因此，合作学习为大学生提供了更为丰富的创新素材、创新氛围和创新空间，合作性的互教互学，能够充分发展他们的潜能，提高创新能力、语言表达及逻辑推理能力，从而培养适应社会发展的高素质的创新型人才。

二、创新学习

（一）创新学习的提出

创新，英文为 Innovation，意为生产后创造出新的东西并由此引发相关领域的变革和发展。“创新”作为一个经济学的概念，最早是由美籍奥地利经济学家熊比特在其 1934 年出版的论著《经济发展理论》中提出来的。① “创新”在《现代汉语词典》中的解释是“抛开旧的，创立新的”。随着社会经济的发展，尤其是 20 世纪后期人类在科技领域的一系列突破性进展，以及与之相伴随的生活方式的重大变革，创新的内涵也在不断延伸扩大。

创新学习，就是要求学生在学习知识的过程中，不拘泥书本，不迷信权威，不墨守成规，以已有的知识为基础，结合学习的实践和对未来的设想，独立思考，大胆探索，别出心裁，探索新思路、新问题、新设计、新途径、新方法的学习活动。

创新学习是在素质教育的理论指导下，以民主合作的教学关系为基础，充分激励学生的问题意识并通过教学系统诸多要素的优化组合，实现学生整体素质共同提高的学习。

研究揭示：创新学习的主要特征体现在学习过程的主体化，学习形式的合作化，学习内容的方法化，学习活动的实践化，学习思维的新颖化等方面；在学习实践中，学生的创新学习方略可用图 2－1 来表示：（龚春燕，2003）

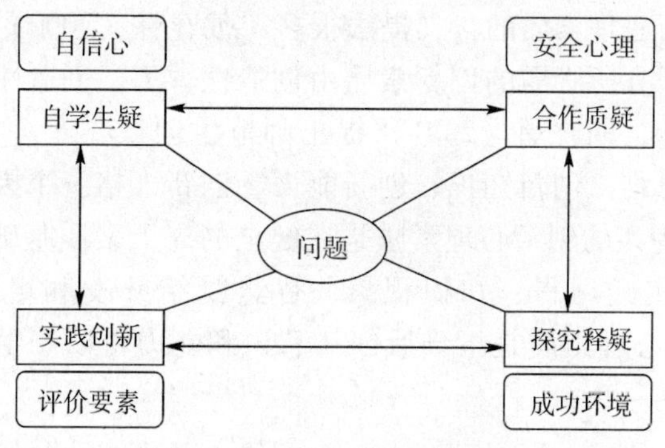

图 2－1　创新学习示意图

① 冯培，贺淑曼等．创新素养与人才发展［M］．北京：世界图书出版公司，2001：19

（二）创新学习与创新心理素质

处于青年中期的大学生群体，渴望为国家和社会贡献自己的聪明才智，但他们缺乏创造学理论的系统指导，因而难以大显身手；更为遗憾的是大学生对创新意识和创新能力的自我认识还十分薄弱，他们认为创造只属于像牛顿、爱因斯坦、爱迪生等这些科学巨匠，根本不敢奢望自己也能发明创造。

创新心理素质偏低是目前大学生普遍存在的问题。大学生创新心理素质的研究是适应当前高校创新型、应用型人才培养研究的现实需要。研究发现，大学生创新心理素质薄弱，主要源于他们创新学习的缺失。这种缺失主要表现为学习的独立性不强、自信心不足、成就动机较低、创新意识缺乏等。

国外对创新心理素质的研究是从对人才培养的角度来的，最早的研究是从1869年高尔顿（F. Galton）出版的《遗传与天才》开始的。到20世纪60、70年代，随着美国心理学家吉尔福特（J. P. Guiford）的《创造性才能》和《创造力与创新思维新论》两本著作的问世，创造性人才研究逐渐成为一个热门课题。

对于“创新人才”国外并没有与之相应的提法，而是采用“Creative mind”“Creative man”“Creative thinking”等外延较狭窄的概念。虽然国外学者没有“创新人才”的提法，也没有所谓创新心理素质之说；但他们所提出的教育培养目标中，无一不表现出人才要具有“创新”内涵。也就是说，要具备创新心理素质。1991年，美国发表的《国家教育目标报告》指出：高校“应培养大量的具有高批判性思维能力、有效交流、会解决问题的大学生”。[①] 在英国高校（尤其是牛津大学和剑桥大学），培养目标深受19世纪教育家纽曼的大学理念的影响，将“探测、挖掘和开发学生的潜在能力，及个人的创造精神”作为大学教育的指导思想。牛津大学前副校长沃尔特·莫伯利（Walter Moberly）爵士曾经指出：“‘牛津’的主要目标一直是培养有教养的绅士这种精英人才”。[②]

国内关于创新心理素质的含义提法很多：戴春林（2000）认为，从事创新活动、完成创新任务所必需的创新素质由创造性智力、创造性人格和创造性内部动机构成。杨玲，胡晓勇（2001）提出师范生创新心理素质包括以下内容：创新意识、创新思维、创新知识、创新能力、创新人格五个因素。汤福球，史春华（2001）认为人的创新心理素质是在健全的先天素质基础上，通过良好的后天社会教化、实践习得、知识积累、智慧凝结开发和培养出来的。黄润（2003）提出创新心理素质是指日后创新意识和能力得以产生和发展的源初性

① Lisa, Tsui. (1999). Courses and Instruction Affecting Critical Thinking. Research in Higher Education, 2: 18

② Josdph, A. S. (1999). The Decline of the Previlige: the Modernization of Oxford University. San Francisco: Stanford University Press, 44

的个性品质，如“好奇心”、“求知欲”、“认识的独立性”、“自由思考”、“怀疑态度”等等。邹茜（2004）提出人的创新心理素质是一个内涵十分丰富的概念，它是指人的一种综合素质，具体包括三个方面的素质：一是创新意识包括创新认识和创新意向是决定人之行为的内在原动力。二是创新智能素质，包括创新思维和创新能力，其核心是创新思维。三是创新行为素质，它是在直接改造创新客体的活动过程中所表现出来的素质。

目前国内外关于创新心理素质的理解大多是从创新心理素质的组成因素角度来界定的。我们认为，创新心理素质可以定义为：在先天遗传的基础上，通过后天学习和实践所形成的创新知识、创新能力和创新人格的有机综合体。

（三）大学生创新心理素质研究

1. 创新心理素质结构的理论研究

培养创新型人才是创新型国家建设对高校提出的要求，是在新时代条件下高校的根本任务，也是高校对于国家创新体系义不容辞的责任。高校要培养创新型人才，首先要了解什么是创新型人才，创新型人才需要具有什么样的心理素质。解决了这些问题，有利于高校更全面有效的创建创新型人才的培养模式，促进创新型人才培养目标的实现。创新心理素质的研究也为我们进一步了解创新学习的机制与原理提供了新的研究视角，我们可以从个体层面探讨如何高效地推进创新学习的实施、开展与有效推广。

俞国良教授认为①，创新人才主要具有创新精神和创新意识、创新思维和创新人格、创新能力和实践能力等三个方面的特征。创新素质是智力和非智力因素高度统一的结晶。有研究者从这个角度出发把创新素质的基本结构分为三个层面：创新人格、创新思维和创新能力。创新人格属于非智力素质范畴，意指人的创新意识和创新精神，它是创新素质的“内在自然倾向性”，是创新发展的基础和动力，人的创新活动水平直接依赖于创新人格的发展水平。创新人格的培养是创新素质教育的重点。创新思维属于智力素质范畴，它是在专业知识、创新知识、人文知识等长期学习运用过程中形成的，以思维的流畅性、新颖性和独特性为特征的一种思维风格和思维取向，是整个创新活动的核心。创新能力是创新活动的心智能力和个性素质的总和，是创新人格和创新思维的具体外化，是创新活动的实际操作指标。创新能力的形成过程是创新素质发展的关键，我们说一个人具有创新力，就是指他在内在的创新人格和创新思维的基础上产生了实际的创新能力。

王极盛教授认为，创新意识、创新能力和竞争心态是创新心理素质的三个

---

① 俞国良．直面基础教育的创新教育研究［N］．光明日报，2001. 11. 29

重要组成部分，它们的水平的高低可在相当大的程度上决定着个体创新心理素质的高低。创新意识是创新活动的内部心理倾向，表现在好奇心、求知欲、怀疑感、创新需求等方面，它是创新心理素质形成的必要前提。创新能力是创新活动中所达到的能力水平，表现为创造性的观察能力、思维能力和实践能力；创新能力是创新心理素质的核心。竞争心是不甘落后积极进取的内在动力，是创新个性的表现方面之一。拥有强烈的竞争意识是创新人才在社会竞争中不断前进的重要因素。创新意识是形成创新能力的前提，可支配和强化创新能力；竞争心态可激发创新意识，促使创新能力更好的发挥和运用；创新能力反过来又能增强创新意识和竞争心态，三者相互联系相互影响。

我们认为，创新心理素质包括创新意识、创新能力以及创新人格等三大要素。在创新活动中，创新心理素质的作用和价值无法由其他因素代替。创新意识是激发和维持个体的创新活动，并使创新活动朝着一定目标前进的内部心理倾向，它对创新活动有激活、指向、维持和调整功能。创新能力是创新活动的操作系统，是指综合运用已掌握的知识，运用创新的方法，善于发现问题和解决问题，积极主动地进行创新实践活动的能力。创新能力是在一般能力基础上形成的特殊能力，它作为顺利完成创新活动任务的必备条件，是创新素质的核心，是衡量一个人创新素质高低的重要标志。而创新人格是创新活动的动力及调节系统，是指有利于创新活动的稳定的个性和行为特征的综合。此外，这三要素之间也存在密切的联系。在创新型人才身上体现的是一种综合性的素质，显示出人的本质力量的最高表现形式，反映了人的体、脑、心、行、情等多种能力整合而成的一种素质。

2. 大学生创新心理素质的结构研究

(1) 开放式问卷的调查

随机选取安徽师范大学、山东理工大学、广西师范大学二三年级学生共83人（男生36人，女生47人，文科43人、理科40人），采用自编的开放式问卷进行调查，回收率为100%。开放式问卷，包括四个题目：

问题一：您认为创新的含义是什么？

问题二：您认为创新型的大学生应该具备哪些能力？（请至少举出5项）

问题三：您认为创新型的大学生应该具备哪些品质或行为特征？（请至少举出5个）

问题四：您认为目前高校教育教学中影响大学生创新能力的因素有哪些？

调查方式以纸笔或者通过发送Email的形式，回答字数不限，回答内容越多越好。通过对调查结果的统计，合并相同因素，去除非心理性因素，并将学生的语言转换为心理学词汇，最后共获得创新心理因素40个。

对问题一，有的学生从创新的本质方面来回答的，比如“创新就是在掌握现有知识的基础上，深入研究某个或者几个方面，并取得一些前人没有得到的成果”，有的学生是从创新的价值方面来回答的，比如“创新的事物就是对社会有价值的事物”，笔者将其归结为创新认识因素。

对问题二，我们总结出九个影响因素分别是：观察力、记忆力、想象力、思维能力，语言表达能力、交往能力、实践能力、适应能力、迁移能力。并将其作为创新能力结构中的因素。

对问题三，我们总结出 27 个因素，分别是：好奇心、好胜心、冒险性、自主性等。笔者将其归为创新人格结构中。

对最后一个问题的回答比如“愿意进行创新活动”、“对创新活动感兴趣”等，笔者提取出的心理素质因素为创新情感、创新动机、创新兴趣，加之问题一中的创新认识，共同作为创新意识结构中的因素。

（2）半封闭式问卷的调查

在开放式问卷所收集到的创新心理因素的基础上，根据以往研究者对创新心理素质概念及创新心理素质成分的研究，增加了创新知识结构的三个成分：条件性知识、策略性知识和个体性知识。我们编制了大学生创新心理素质的半开半闭式调查问卷。调查了安徽师范大学的心理学专家 5 人，心理学教师 20 人，心理学专业研三的研究生 30 人，心理学专业大学生 80 人。共发放问卷 135 份，回收专家问卷 5 份，教师问卷 18 份，研究生和大学生问卷 103 份，共计 126 份，回收率 93%。其中专家问卷以电子邮件的形式发放，教师问卷以办公室为单位发放，学生问卷则在课堂上测试，当场回收。

调查结果如下表所示，考虑到被测试者对各个成分的赞成率普遍较高，拟取赞成率为 60% 以上的成分，并综合考虑专家、教师和研究生在开放试题中提出的建议，得到大学生创新心理素质的初步结构。

表 2-1　大学生创新心理素质半封闭式问卷调查统计结果

成分	专家（5）		高校教师（18）		大学生（103）	
	赞成人数	赞成率	赞成人数	赞成率	赞成人数	赞成率
创新知识结构						
条件性知识	4	80%	11	61%	72	70%
策略性知识	3	60%	12	66%	70	68%
个体性知识	3	60%	10	55%	75	72%
创新意识结构						
创新认识	5	100%	17	94%	100	97%
创新情感	5	100%	16	88%	102	99%

（续表）

成分	专家（5）		高校教师（18）		大学生（103）	
	赞成人数	赞成率	赞成人数	赞成率	赞成人数	赞成率
创新动机	5	100%	16	88%	101	98%
创新兴趣	4	80%	15	83%	88	85%
创新能力结构						
观察力	5	100%	15	83%	100	97%
记忆力	5	100%	16	88%	99	96%
想象力	5	100%	17	94%	98	95%
思维能力	5	100%	18	100%	102	99%
语言表达能力	3	60%	10	55%	62	60%
交往能力	4	80%	15	83%	89	84%
实践能力	5	100%	17	94%	102	99%
适应能力	4	80%	14	77%	95	92%
迁移能力	4	80%	16	88%	99	96%
创新人格结构						
好奇心	5	100%	15	83%	88	85%
好胜心	5	100%	16	88%	89	86%
求知欲	5	100%	15	83%	86	83%
责任心	4	80%	13	72%	80	78%
挑战性	5	100%	15	83%	91	88%
冒险性	5	100%	15	83%	93	90%
合作	4	80%	12	66%	98	95%
反叛	4	80%	13	72%	78	76%
诚实	3	60%	11	61%	76	74%
细心	3	60%	13	72%	70	68%
守纪	3	60%	10	55%	74	72%
自信	4	80%	13	72%	75	73%
勇敢	4	80%	13	72%	79	77%
质疑	4	80%	14	77%	80	78%

（续表）

成分	专家（5）		高校教师（18）		大学生（103）	
	赞成人数	赞成率	赞成人数	赞成率	赞成人数	赞成率
热情	3	60%	12	66%	76	74%
幽默感	3	60%	12	66%	80	78%
道德感	3	60%	11	61%	85	83%
自主感	4	80%	13	72%	83	81%
独立性	4	80%	13	72%	80	78%
内向	4	80%	12	66%	70	68%
坚强	4	80%	11	61%	75	73%
沉稳	4	80%	14	77%	76	74%
自制	4	80%	11	61%	78	76%
果断	4	80%	11	61%	77	75%
理想	4	80%	14	77%	73	71%
耐心	4	80%	12	66%	75	73%
勤奋	4	80%	13	72%	92	89%

表2-1的统计数据显示，创新意识结构中的各个成分赞成率都比较高，在80%以上；创新能力结构中的语言表达能力成分，专家、教师、大学生三者的赞成率都分别为60%、55%、60%，其余成分都高于80%；创新人格结构中，专家对于热情、幽默、道德感、诚实、细心、守纪六个因素的赞成率较低，均为60%，教师对于诚实、守纪、坚强、果断、自制、道德感的赞成率也较低，低于65%；学生问卷中对创新人格结构中的成分赞成率都在65%以上。在开放式题目中，专家和老师提出的建议有：创新知识不属于创新心理素质中的因素，知识是能力的基础，可将其列为创新能力中的一个成分；创新意识结构中创新情感包含创新兴趣，可将创新兴趣合并到创新情感中。

根据半开半闭式问卷的调查统计结果和专家的建议，进行了如下的修改：①舍弃了赞成率低于60%的1个成分：语言表达能力。②删除创新知识结构维度，将创新知识作为创新能力中的一个成分。③创新兴趣与创新情感合并。④从层次上对成分加以概括和归类。经修改和调整，得到大学生创新心理素质的结构模型。

（3）前预测问卷的编制和调查

理论结构模型的成分在很大程度上还是特质成分，延伸到项目层次还有一定距离，因此有必要根据人格结构的层次模型，对特质成分进一步细化，规定从哪些方面、哪些行为领域去编制题项。

如上所述，大学生创新心理素质结构成分主要包括创新意识、创新能力、创新人格等三大层次，每个层次又包含一些子层次结构。在题项设计上，我们进一步细化，比如，创新认识成分从对创新本质的认识和对创新价值的认识两个方面设计题项；创新情感成分从正向情感和负向情感两个方面设计题项；创新动机可从内部动机和外部动机方面设计题项；思维能力又可从思维的逻辑性、发散性、敏捷性、变通性四个方面设计题项。

题项的来源有以下三种途径：一是选取现今公认的、成熟量表中的相同或相似特质的题项；二是选取优秀硕士论文中有关创新方面的量表中的相关题项；三是自编题项。自编题项的编制程序如下：首先，收集题目，运用主题词技术，根据开放式问卷中大学生回答的内容中收集题目；其次，筛选题项，根据题项的典型性和代表性确定恰当的符合大学生的语句作为测试题项；最后，请 8 名研三的心理学研究生对照定义对每一个项目进行审定并斟酌删改。

大学生创新心理素质预测问卷共包括 74 个项目，其中创新意识分问卷 14 个项目；创新能力分问卷 29 个项目；创新人格分问卷 31 个项目。问卷项目的顺序随机编排。采用 Likert 式五点计分法，分为“非常不符合”，“比较不符合”，“不确定”，“比较符合”，“非常符合”五个等级，分别计为 1 分、2 分、3 分、4 分和 5 分。

预测问卷的调查对象为安徽师范大学大二的学生共 140 名。其中，男生 68 人，女生 72 人；文科专业 76 人，理科专业 64 人。共发放问卷 140 份，回收有效问卷 127 份，有效回收率 90.71%。

在调查过程中以班级为单位集体施测，问卷当场回收。研究者为主试，要求被试充分理解问卷项目后务必按照自己的真实情况答题，没有时间限制。数据用 SPSS15.0 录入和处理。

对回收的问卷进行真实性和完整性的检查，按照以下标准保留问卷题项：

① 问卷未答题项目超过 10 道的予以剔除；

② 同一答案选择项目数超过 10 题的予以剔除；

③ 作答有明显反应倾向的予以剔除（如条目答案都选择一个或答案以某种规律呈现）；

④ 运用 C-R 检验法，对高分组和低分组的被试进行独立样本 t-检验，删除差异未达到 0.05 水平显著的项目。见表 2-2 ~ 表 2-4，项目与总分的结果见表 2-5。

⑤ 采用相关法计算各题项与各份问卷总分的相关，未达到 0.00 的显著性相关的也予以删除。见下表 2-5.

经过上述标准的考察，共删除7个项目（1、8、14、29、37、41、46需要予以删除）。

剩余67个项目，其中创新意识问卷11个项目，创新能力问卷26个项目，创新人格问卷30个项目。

我们试图运用此问卷作为预测问卷，通过对更大范围被试施测及分析，来获得创新心理素质的结构。

表2-2　创新意识分问卷独立样本 t 检验

项目	t	p	项目	t	p
项目1	1.604	0.111	项目8	2.718	0.007
项目2	7.239	0.000	项目9	8.690	0.000
项目3	5.864	0.000	项目10	5.751	0.000
项目4	7.532	0.000	项目11	7.443	0.000
项目5	8.572	0.000	项目12	7.262	0.000
项目6	8.584	0.000	项目13	9.233	0.000
项目7	7.767	0.000	项目14	2.099	0.038

表2-3　创新能力分问卷独立样本 t 检验

项目	t	p	项目	t	p
项目15	6.679	0.000	项目30	3.443	0.001
项目16	5.803	0.000	项目31	8.770	0.000
项目17	5.268	0.000	项目32	8.864	0.000
项目18	4.879	0.000	项目33	7.977	0.000
项目19	7.712	0.000	项目34	6.108	0.000
项目20	6.252	0.000	项目35	6.245	0.000
项目21	5.589	0.000	项目36	6.493	0.000
项目22	5.307	0.000	项目37	1.504	0.135
项目23	7.442	0.000	项目38	7.881	0.000
项目24	6.577	0.000	项目39	5.800	0.000
项目25	4.512	0.000	项目40	4.139	0.000
项目26	5.828	0.000	项目41	1.783	0.077
项目27	3.767	0.000	项目42	7.887	0.000
项目28	7.934	0.000	项目43	11.188	0.000
项目29	3.668	0.000			

表2-4 创新人格分问卷独立样本 t 检验

项目	t	p	项目	t	p
项目44	5.781	0.000	项目60	8.576	0.000
项目45	8.312	0.000	项目61	6.980	0.000
项目46	1.924	0.056	项目62	7.481	0.000
项目47	4.351	0.000	项目63	8.687	0.000
项目48	5.016	0.000	项目64	9.692	0.000
项目49	4.976	0.000	项目65	4.314	0.000
项目50	5.724	0.000	项目66	5.919	0.000
项目51	2.655	0.009	项目67	8.795	0.000
项目52	7.522	0.000	项目68	8.049	0.000
项目53	4.673	0.000	项目69	6.892	0.000
项目54	7.898	0.000	项目70	7.926	0.000
项目55	5.021	0.000	项目71	3.745	0.000
项目56	6.636	0.000	项目72	9.282	0.000
项目57	2.701	0.008	项目73	9.928	0.000
项目58	7.064	0.000	项目74	7.470	0.000
项目59	4.509	0.000			

表2-5 项目与总分的相关

项目	r	p	项目	r	p
项目1	-0.065	0.321	项目38	0.495**	0.000
项目2	0.311**	0.000	项目39	0.416**	0.000
项目3	0.370**	0.000	项目40	0.282**	0.000
项目4	0.293**	0.000	项目41	-0.033	0.608
项目5	0.322**	0.000	项目42	0.541**	0.000
项目6	0.307**	0.000	项目43	0.604**	0.000
项目7	0.355**	0.000	项目44	0.428**	0.000
项目8	0.038**	0.564	项目45	0.530**	0.000
项目9	0.310**	0.000	项目46	0.137*	0.034

（续表）

项目	r	p	项目	r	p
项目 10	0. 221 * *	0. 001	项目 47	0. 319 * *	0. 000
项目 11	0. 392 * *	0. 000	项目 48	0. 325 * *	0. 000
项目 12	0. 340 * *	0. 000	项目 49	0. 311 * *	0. 000
项目 13	0. 482 * *	0. 000	项目 50	0. 349 * *	0. 000
项目 14	-0. 026	0. 687	项目 51	0. 236 * *	0. 000
项目 15	0. 338 * *	0. 000	项目 52	0. 547 * *	0. 000
项目 16	0. 403 * *	0. 000	项目 53	0. 338 * *	0. 000
项目 17	0. 261 * *	0. 000	项目 54	0. 508 * *	0. 000
项目 18	0. 291 * *	0. 000	项目 55	0. 216 * *	0. 001
项目 19	0. 443 * *	0. 000	项目 56	0. 447 * *	0. 001
项目 20	0. 364 * *	0. 000	项目 57	0. 215 * *	0. 001
项目 21	0. 336 * *	0. 000	项目 58	0. 372 * *	0. 000
项目 22	0. 369 * *	0. 000	项目 59	0. 296 * *	0. 000
项目 23	0. 379 * *	0. 000	项目 60	0. 442 * *	0. 000
项目 24	0. 376 * *	0. 000	项目 61	0. 477 * *	0. 000
项目 25	0. 325 * *	0. 000	项目 62	0. 521 * *	0. 000
项目 26	0. 376 * *	0. 000	项目 63	0. 492 * *	0. 000
项目 27	0. 300 * *	0. 000	项目 64	0. 493 * *	0. 000
项目 28	0. 322 * *	0. 000	项目 65	0. 336 * *	0. 000
项目 29	0. 180 *	0. 05	项目 66	0. 498 * *	0. 000
项目 30	0. 329 * *	0. 000	项目 67	0. 512 * *	0. 000
项目 31	0. 427 * *	0. 000	项目 68	0. 505 * *	0. 000
项目 32	0. 485 * *	0. 000	项目 69	0. 432 * *	0. 000
项目 33	0. 434 * *	0. 000	项目 70	0. 468 * *	0. 000
项目 34	0. 456 * *	0. 000	项目 71	0. 259 * *	0. 000
项目 35	0. 371 * *	0. 000	项目 72	0. 502 * *	0. 000
项目 36	0. 423 * *	0. 000	项目 73	0. 570 * *	0. 000
项目 37	-0. 040	0. 545	项目 74	0. 375 * *	0. 000

(4) 预测问卷的调查

大学生创新心理素质预测问卷共包括 67 个项目，随机编排问卷项目的顺序。采用 SPSS 13.0 和 LISREL 8.70 软件对所得数据进行统计分析处理。

选取安徽师范大学、安徽工程科技学院、芜湖职业技术学院、安徽省中医药高专、合肥师范学院五所学校大学生进行施测，共发放问卷 600 份，回收有效问卷 543 份，有效回收率 90.5%，被试情况见下表。

表 2-6 预测被试的基本情况

	性别		年级			专业			
	男	女	大一	大二	大三	文科	理科	工科	医学
人数	289	254	177	235	131	125	145	163	110
比例%	53.2%	46.8%	32.6%	43.3%	24.1%	23.0%	26.7%	30.0%	20.3%

按统计学的要求，进行探索性因素分析与验证性因素分析的数据应该是同一研究总体中近乎相等的两个数据样本。因此，我们将获得的数据分成两部分。计算 67 个项目的总分，将数据按照高低顺序排列，把 $2n-1$ 个数据记为第一组，第 $2n$ 个数据记为第二组（且 n 为自然数），把 543 名被试的数据平均分为两组。随机选择一组做探索性因素分析，被试人数 271，另一组做验证性因素分析，被试人数为 272。

我们对问卷全部项目进行因素分析。首先进行因素分析的可行性检验，三个分问卷的可行性检验结果见表 2-7。

表 2-7 KMO 测度和 Bartlett 球体检验

		F_1	F_2	F_3
KMO 系数		0.789	0.882	0.865
Bartlett 球体检验	χ^2	1081.508	2698.85	2960.021
	自由度	55	253	300
	显著水平	0.000	0.000	0.000

由表 2-7 可知，三个分问卷获取的样本的 KMO 值分别为 0.789、0.882、0.865，根据有关学者的观点，KMO 值小于 0.60 时不可用，大于 0.80 时表示存在较好的因素分析的可能性。且与之关联的显著性水平小（值为 0.000,）差异极其显著，说明总体相关矩阵不大可能是单位阵，因而适合做因子分析。本研究的因素分析利用主成分分析法（principal components）抽取共同因素，再以最大方差（Varimax）进行因素旋转，以使每个项目尽可能少的因子上有较高的负载，对项目在因子上小于 0.4 的符合进行抑制不显示，获得最简单的因子模型。

为了进一步确定理论构想及问卷的结构，需要对问卷的题目再次进行筛选，符合条件的筛选掉。标准如下：①项目负荷值小于 0.40 的题目，即 $a<0.40$；②共同度小于 0.20（$h_2<0.20$）的题目；③“概括”负荷（substantial loading）小于 0.50（$a_2/h_2<0.50$）；④每个项目最大的两个“概括”负荷之差小于 0.20 的题目，即（a_1-a_2）/$h_2<0.20$）；⑤被剔除的因素的题目。

结果，对项目做主成分分析并通过方差极大法正交旋转后，创新意识分问卷里，按特征值大于 1 的法则，共提取出 3 个因子，累计解释 52.053% 的方差贡献率。创新能力分问卷里，按特征值大于 1 的法则，共提取出 6 个因子，累计解释 48.323% 的方差贡献率。因子 6 上只有两个项目（项目 30 和项目 31），层面所涵盖的题项内容太少，需要删除。项目 35 在两个因子上的载荷大于 0.45，需要删除。创新人格分问卷里，按特征值大于 1 的法则，共提取出 7 个因子，累计解释 49.135% 的方差贡献率。项目 50、58 在两个因子上的载荷大于 0.45，需要删除。因子 6 上只有两个项目 40、41，因子 7 上只有 1 个项目 46，需要删除。

根据以上程序和标准，删除项目 30、31、35、40、41、46、50、58，对所得的有效题项进行主成分因素分析（PC）和最大正交方差旋转法（Varimax）求出最终的因素负荷矩阵（见表 2-8～2-10）

表 2-8　创新意识分问卷因素符合矩阵

项目	因子 1	因子 2	因子 3	共同性
项目 4	0.701			0.499
项目 10	0.693			0.506
项目 6	0.654			0.571
项目 2	0.623			0.499
项目 11	0.554			0.515
项目 7		0.769		0.622
项目 9		0.744		0.604
项目 5		0.588		0.38
项目 1			0.724	0.563
项目 8			0.646	0.504
项目 3			0.637	0.464
特征值	2.261	1.859	1.606	
累计贡献率（%）	20.553	37.452	52.053	

表2-9 创新能力分问卷因素符合矩阵

项目	因子1	因子2	因子3	因子4	因子5	共同性
项目28	0.745					0.595
项目29	0.65					0.479
项目27	0.605					0.481
项目25	0.515					0.47
项目32	0.475					0.362
项目14		0.695				0.543
项目18		0.599				0.443
项目13		0.593				0.475
项目15		0.588				0.38
项目12		0.587				0.445
项目19		0.414				0.32
项目20			0.754			0.638
项目21			0.668			0.546
项目16			0.548			0.438
项目17			0.478			0.379
项目36				0.735		0.592
项目34				0.713		0.554
项目37				0.547		0.529
项目33				0.456		0.491
项目23					0.76	0.596
项目24					0.701	0.535
项目26					0.47	0.333
项目22					0.43	0.333
特征值	2.559	2.488	2.142	1.967	1.802	
累计贡献率（%）	11.126	21.942	31.257	39.81	47.644	

表2-10　创新人格分问卷因素符合矩阵

项目	因子1	因子2	因子3	因子4	因子5	共同性
项目39	0.699					0.603
项目61	0.674					0.533
项目60	0.638					0.543
项目47	0.55					0.38
项目67	0.545					0.392
项目59	0.538					0.408
项目45		0.648				0.396
项目54		0.566				0.335
项目57		0.563				0.453
项目66		0.504				0.533
项目53		0.439				0.527
项目63		0.431				0.506
项目56			0.649			0.51
项目55			0.588			0.448
项目62			0.574			0.439
项目65			0.434			0.417
项目44				0.767		0.636
项目43				0.608		0.484
项目52				0.547		0.326
项目51				0.404		0.289
项目38					0.618	0.433
项目48					0.575	0.535
项目64					0.491	0.391
项目42					0.464	0.419
项目49					0.458	0.476
特征值	3.071	2.485	2.102	2.04	1.706	
累计贡献率（%）	12.282	22.223	30.63	38.789	45.613	

经过两次因素分析和修改，共删除了8个项目，还剩59个项目。其中创新意识分问卷共有11个项目，包括三个因子，与我们设想的三个维度结构相吻合。创新能力分问卷共有23个项目，包括五个因子，与我们设想的四个维度结构有一点差距，我们将根据因素分析结果将其改为5个因子结构。创新人格分问卷共有25个项目，包括5个因子，这与我们的设想也存在一些差异，但这种差异不是实质性的。我们最终将依据因素分析的结果对这些因子进行命名。对最新修订的59个项目的问卷进行验证性因素分析（CFA），三个分量表的各项

指标见表 2-11。

表 2-11 各分问卷的验证性因素分析拟合指数

分问卷	χ^2	df	χ^2/df	GFI	AGFI	NFI	NNFI	CFI	IFI	RMSEA
意识	140.72	41	3.43	0.95	0.93	0.94	0.92	0.94	0.94	0.067
能力	447.65	220	2.03	0.93	0.92	0.93	0.96	0.97	0.97	0.042
人格	628.30	265	2.37	0.92	0.90	0.92	0.94	0.95	0.95	0.050

三个问卷中的 RMSEA 最大的为 0.067，最小的为 0.042，都小于 0.08；三个分问卷的 χ^2/df 都在 3 左右；三个分问卷的 GFI、AGFI、NFI、NNFI、CFI、IFI 指标都在 0.90-0.97 之间，都大于 0.90。综合考各项指标，可以认为三个分问卷的假设模型与观测数据拟合程度良好。

三个分问卷的验证性因素分析模型见图 2-2~2-4。一般认为，问卷里项目的因素负荷系数大于 0.40，就认为达到了统计显著。图中可以看出，创新意识项目负荷系数为 0.40 到 0.75，创新能力项目负荷系数为 0.40 到 0.66，创新人格除项目 11、16、21、22 的负荷系数低于 0.40 外，其余各项目负荷均高于 0.40。

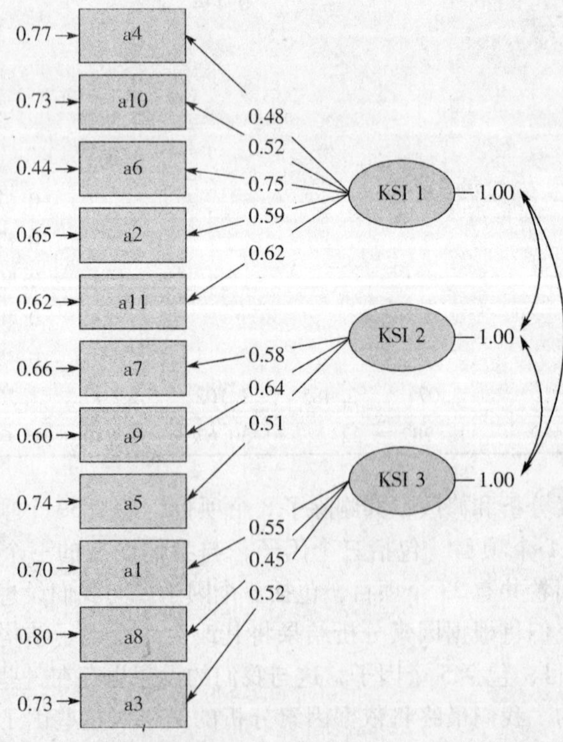

图 2-2 创新意识分问卷的验证性因素分析模型

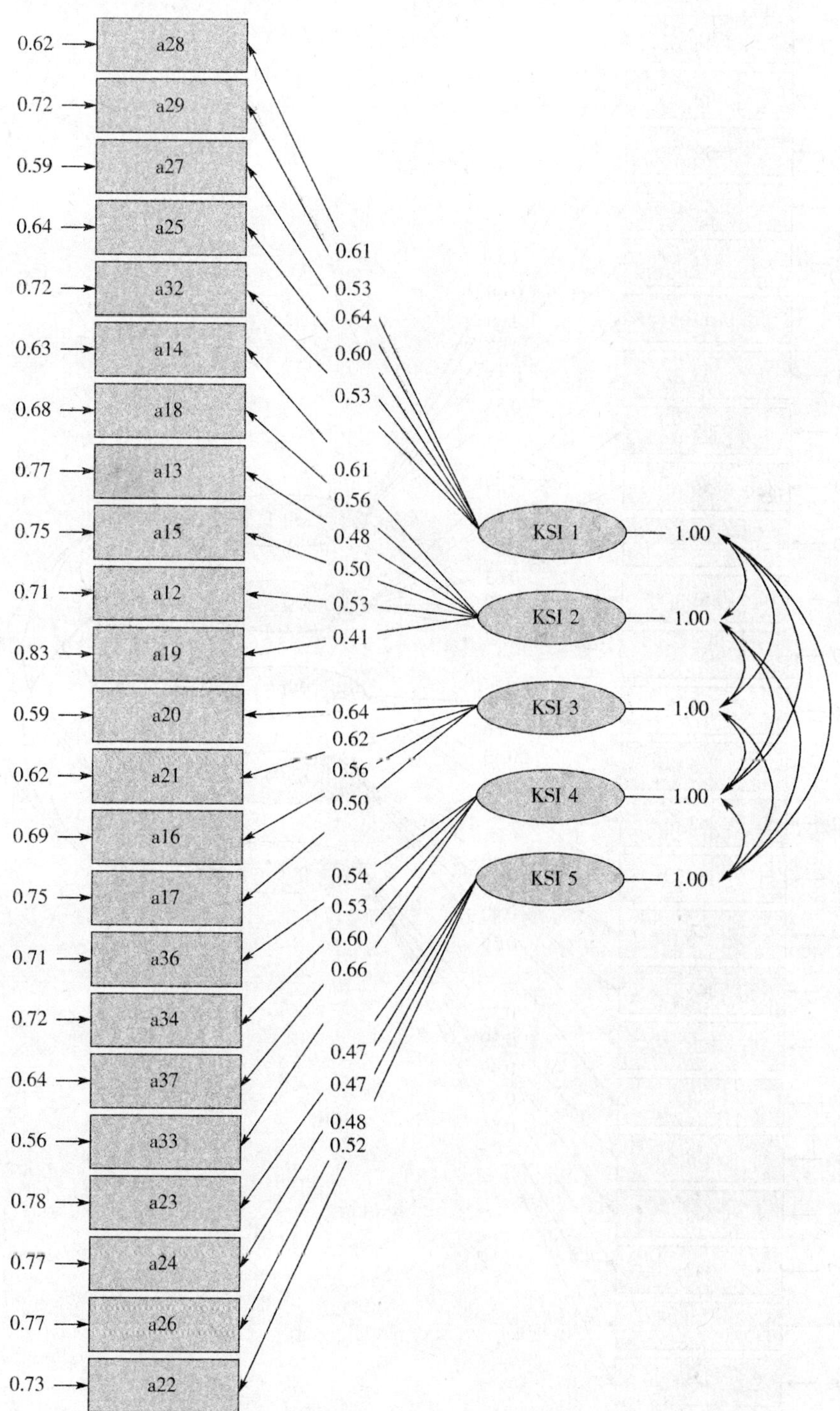

图 2－3　创新能力分问卷的验证性因素分析模型

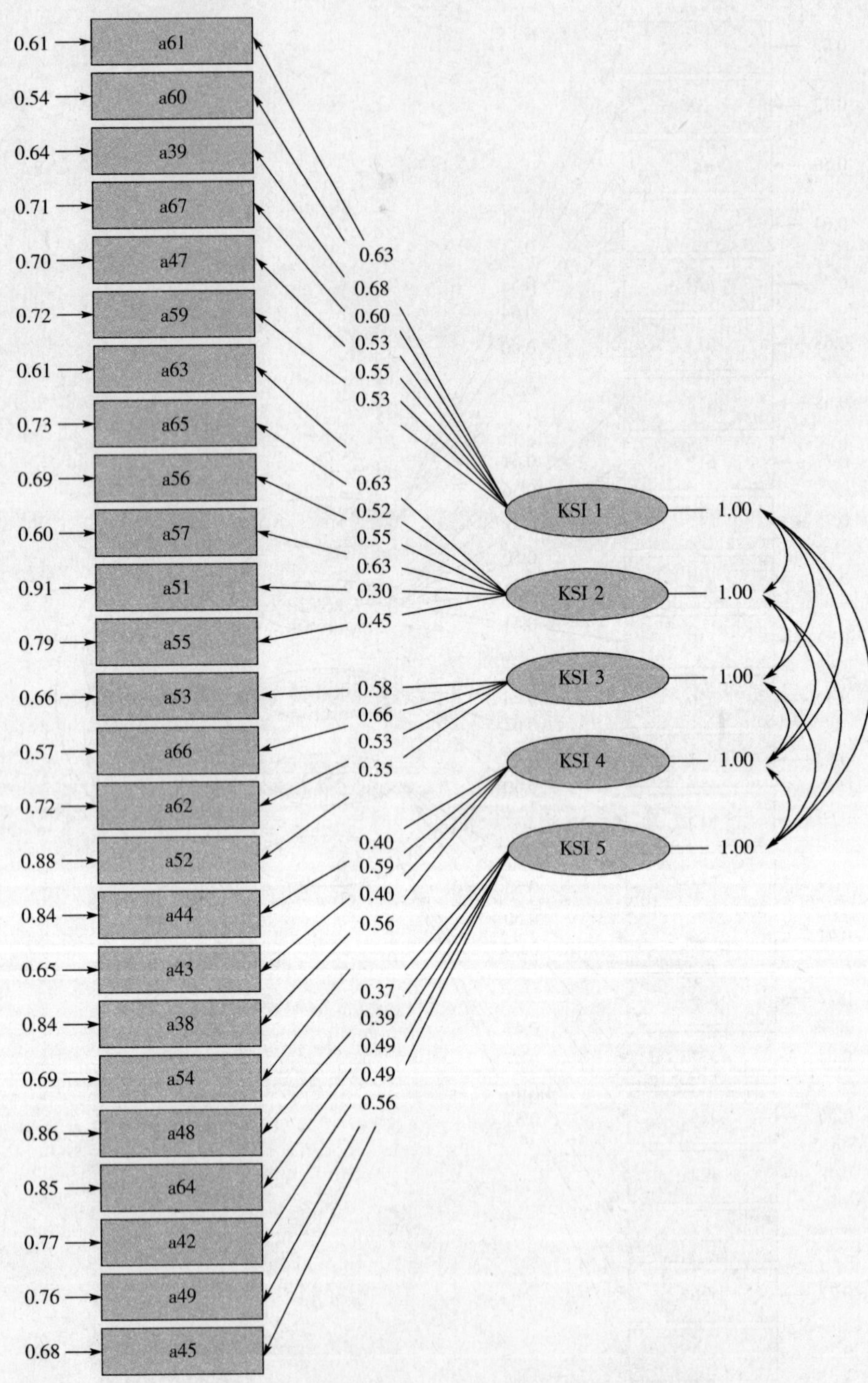

图 2-4　创新人格分问卷的验证性因素分析模型

信、效度分析显示本问卷具有较高的可信性和准确性。大学生创新心理素质问卷三个分问卷及各因子的内部一致性系数都在0.753至0.918之间，分半信度在0.685～0.835之间，各因素的分半信度都达到了极显著水平。

表2－12 各因子的内部一致性信度、分半信度

	创新意识	创新能力	创新人格	总问卷
Alpha 系数	0.753	0.858	0.857	0.918
Guttman 系数	0.685	0.777	0.835	0.812

（5）大学生创新心理素质问卷的因素命名

问卷的因素命名主要遵循以下原则：一是参照理论模型的构想命名，即看该因素的题项主要来自理论模型的哪个维度，哪个维度的贡献题项多，就以哪个构想维度命名；二是参照题项因素的负荷值命名，即一般根据负荷值较高的题项所隐含的意义命名。

① 创新意识分问卷

创新意识分问卷包括11个项目，共聚成三个因子。

因子1包括项目2、4、6、10、11。主要反映的是学生对创新含义的理解：如项目2，“创新有利于大学生活跃思维，拓展知识面，优化知识结构”；项目10，“创新是社会变革对高层次人才的基本要求”。可以将改因子命名为：创新意识。

因子2包括项目5、7、9。主要反映大学生进行创新活动中所产生的情绪体验：如，项目7，“自然界的变化常常引起我的惊奇和疑问”；项目9，“我对创造活动非常感兴趣，并愿意创造”。因此可以命名为：创新情感。

因子3包括项目1、3、8。主要反映学生进行创新活动的动力：如项目4，“好奇心是推动我做许多事情的动力”；项目11，“其他人给予我的认可极大地激励着我”。因此可以命名为：创新动机。

② 创新能力分问卷

创新能力分问卷包括23个项目，共聚成五个因子。

因子1包括项目25、27、28、29、30。主要反映学生学习过程中运用创新的学习方法和学习策略解决问题的能力：如项目25，“我能根据需要把原有掌握的知识重新组合，使之更为系统，合理，准确”；项目32，“做出一道较难的题目后我习惯于考虑是否有更好的解题方法”。因此可以将该因子命名为：创新学习能力。

因子2包括项目12、13、14、15、18、19。主要反映学生进行创新活动所具备的基础能力，包括观察力、记忆力、想象力等：如项目15，“我有比较活跃的想象力”；项目12，“我很容易发现相似事物中的不同之处”。因此将该因子命名为：一般能力。

因子3包括16、17、20、21。主要反映学生独特的思维能力，如项目20，“我对所掌握的知识能够举一反三进行知识运用”；项目21，“遇到难题时，我能够触类旁通，运用别的方法解决问题”，因此将该因子命名为：创新思维能力。

因子4包括项目31、32、33、34。主要反映学生将所学的知识应用与实践中的能力：如项目31，“我喜欢将书中学到东西运用在现实生活中”；项目32，“我经常能用所学的知识解决生活中的实际问题”。因此将该因子命名为：实践能力。

因子5包括项目22、23、24、26。主要进行创新活动剧本的知识系统，在创新活动中是与创新能力结合在一起，共同发挥作用的，因此我们将其归结为创新能力的一个因子。如项目23，“要进行创新活动需要具备方法性的知识”；项目24，“任何知识都可以灵活应用，进行自我创新”。该因子命名为：创新知识。

③ 创新人格分问卷

创新人格分问卷包括25个项目，按照前人研究的创新人格形容词表，将与创新人格有关的形容词编制成相应的题目，共聚成五个因子。

因子1包括项目36、41、51、52、53、59。主要反映学生坚强好胜的人格特征，如项目53，“考试成绩不理想时，我不会灰心，而是更加努力争取下次考出好的成绩”；项目36，“当发现同学比我强时，我会更加努力”。因此将该因子命名为：坚强好胜。

因子2包括项目40、46、47、50、55、58。主要反映学生自我控制勤奋好学的人格特征，如项目40，“我能够将自己的生活和学习安排得很合理”；项目47，“学习中我经常会提出一些问题并上网查资料去解决”。因此我们将该因子命名为：自制勤奋。

因子3包括项目48、49、54、57。主要反映学生做事沉稳有耐心等人格特征：如项目49，“同学或朋友误会我了，我能心平气和，很冷静的向他们解释清楚”；项目48，“不管事情多么复杂我都能耐心完成”。因此将该因子命名为：沉稳耐心。

因子4包括项目38、39、44、45。主要反映学生的诚实责任心强等人格特征：项目39，“我不喜欢撒谎，即使善意的谎言有时也会令人受到伤害”；项目38，“每次没有认真完成学习任务时，我都会暗暗自责”。因此将该因子命名为：诚实责任。

因子5包括项目35、37、42、43、56。主要反映学生的敢于冒险和挑战的人格特征：如项目35，“我长大后，想做一些别人从没想过的事情；项目42，“我喜欢尝试难度较大的工作，即使达不到预定的结果也没关系”。我们将该因子命名为：冒险挑战。

3. 大学生创新心理素质的结构模型

借鉴已有的研究成果，并结合我们对大学生的调查研究结果，我们认为，制约大学生创新学习水平的主要内在心理品质——大学生创新心理素质，其结构大体上由三个部分组成，即创新认识、创新能力以及创新人格，它们是一个相互促进、相互制约的关系。如图2-5所示。

只有提升大学生的创新心理素质水平，才能提高大学生创新学习的积极性和主动性，才能更好地促进高校教育教学质量的发展。

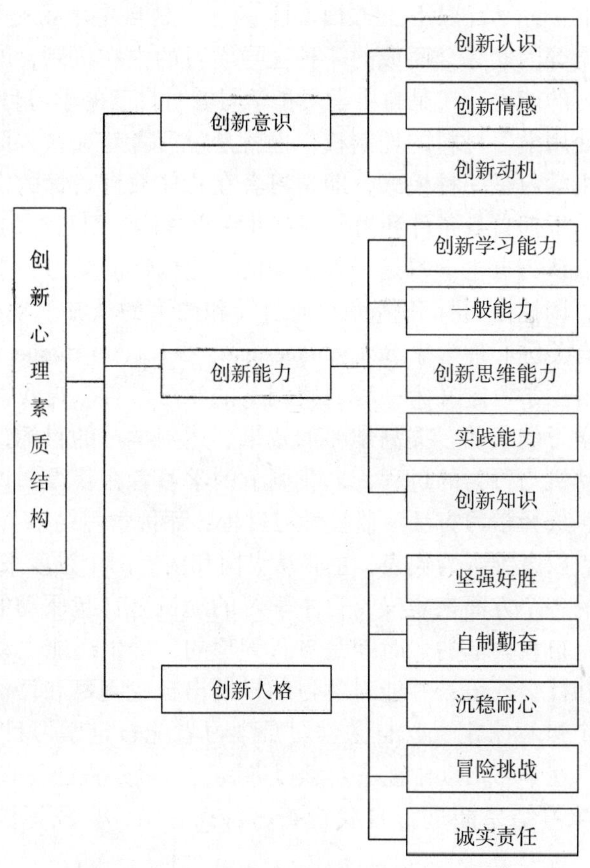

图2-5　大学生创新心理素质的结构模型

三、自主学习

（一）自主学习的含义

自主学习通常是指主动、自觉、独立的学习，它与被动、机械、接受式的学习相对。自主学习不仅有利于学生提高学习成绩，而且是个体终身学习和毕生发展的基础。

学术界对自主学习概念的理解，大致可以分为以下三类：

第一种观点认为自主学习是一种学习模式或学习方式。如余文森等认为自主学习是指学生自己主宰自己的学习，是与他主学习相对立的一种学习方式①。程晓堂②认为自主学习有以下三方面的含义：一是自主学习是学习者的态度、能力和学习策略等因素综合而成的一种主导学习的内在机制，就是学习者指导和控制自己学习的能力；二是自主学习指学习者对自己的学习目标、学习内容、学习方法以及使用学习材料的控制权，也就是学习者对这些方面的自由选择的程度；三是自主学习是一种模式，即学习者在总体教育目标的宏观调控下，在教师的指导下，根据自身条件和需要制订并完成具体学习目标的模式。

第二种观点认为自主学习是一种主动的、建构性的学习，学生自己确定学习目标，监视、调控由目标和情境特征引导和约束的认知、动机和行为③。持相近观点的还有美国心理学家 B. J. Zimmerman，Sebastian Bonner，Robert Kovach 等人。他们把自主学习定义为一种自我调节的学习过程。自我调节学习是指学习者为了保证学习的成功、提高学习的效果、达到学习的目标，主动地运用与调控元认知、动机与行为的过程，自我调节的学习者在获得知识过程中能自己确定学习目标、选择学习方法、监控学习过程、评价学习结果④。

第三种观点以庞维国为代表，主张从纵向和横向两个维度来定义自主学习。从横向即学习的各个方面来定义，自主学习的动机是自我驱动的、内容是自我选择的、策略是自我调节的、时间是自我管理的，学生还能主动营造有利于学习的物质环境和社会环境，并能对学习结果做出自我判断和评价的学习；从纵向即学习的整个过程来定义，自主学习是学习者能自定学习目标、学习计划、做好学习准备，在学习活动中能够对学习进展、学习方法自我监控、自我反馈、自我调节，对学习结果能进行自我检查、自我总结、自我评价和自我补救的

---

① 余文森．略谈主体性与自主学习［J］．教育探索，2001（12）：32-33
② 程晓堂．论自主学习［J］．学科教育，1999，（9）：32-39
③ 庞维国．自主学习学与教的原理和策略［M］．上海：华东师范大学出版社，2003：4
④ 姚梅林，徐守森．自我调节学习［M］．北京：中国轻工业出版社，2002：27

学习。

上述对自主学习的表述不同，但其本质含义是一致的。自主学习可以理解为由学生自己决定学习内容、学习方法、学习强度、学习结果评价的学习方式；也可以理解为学生能够指导、控制、调节自己学习行为的能力与习惯。

（二）自主学习的特征

由于人们对自主学习理论的立场和所下的定义不同，对自主学习的特征描述也存在差异。Alderman[①] 认为，自主学习者具备如下特征：对自己的学业成败能够做出合乎逻辑的归因，具有学习的自我负责精神；强烈的学业自信心；相信努力会不断带来成功；会设置有效的学习目标；考虑未来；拥有充足的学习策略，能够监视、控制、调节自己的学习过程；能够有效地管理和使用自己的学习时间与资源。Pintrich 认为，自主学习者具有四个方面的特征：对他人提供给自己的信息做出更加积极的反应，在学习的过程中主动地创设学习策略、目标和意义；能够正视由个体差异、情境、生理给自己带来的局限，监控和调节自己的学习行为；能够根据目标和标准来评估自己的学习效果，必要时会对学习目标和标准进行调整；能够利用自我调节过程来调节外部情境和自身特征所产生的影响，以便于提高学业成绩，改善学习表现[②]。庞维国教授认为，自主学习具有能动性、独立性、有效性、相对性四个特征[③]。

结合实践研究，我们认为自主学习具有以下特征：

第一，主体性。自主学习贯彻"以学习者为中心"的教育思想，强调赋予学生自主学习的权利；强调教师在自主学习中不再是知识的传授者，而是教学内容、教学过程、教学活动的组织者、参与者。

第二，能动性。自主学习有别于各种形式的他主学习，自主学习是把学习建立在人的能动性上，它是以尊重、信任、发挥人的能动性和主动性为前提的。

第三，独立性。独立性是相对于依赖性而言的。自主学习把学习建立在人的独立性方面，要求学生摆脱对教师的依赖，独立开展学习活动，自行解决现有发展区域和最近发展区域的问题。

第四，创新性。创新性体现为学习者能独立、自主、开放性地学习，学习实践中勤于思考、多向思维，注意吸纳和借鉴他人经验，融合自身已有知识，超越以往经验，创造性地解决问题。

---

① Alderman, M. (1999). Developing student self-regulatory capabilities. In Alderman M. Motivational for

② Pintrich, P. R. (2000). The role of goal orientation in self-regulated learning. In M Boekaerts, Pintrich P R, M

③ 庞维国. 论学生的自主学习［J］. 华东师范大学学报（教育科学版），2001（2）：78-83

（三）自主学习的理论渊源

以斯金纳为代表的操作主义学派认为，自主学习本质上是一种操作性行为，它是基于外部奖赏或惩罚而做出的一种应答性反应。自主学习包含三个子过程：自我监控，自我指导，自我强化。自我监控是指学生针对自己的学习过程所进行的一种观察、审视和评价；自我指导是指学生采取那些致使学习趋向学习结果的行为，包括制定学习计划、选择适当的学习方法、组织学习环境等；自我强化是指学生根据学习结果对自己做出奖赏或惩罚，以利于积极的学习得以维持或促进的过程。

20 世纪 80 年代以后，一些人本主义心理学家对自主学习的内在心理机制作了系统、深入的分析。McCombs 认为自主学习是个体自我系统发展的必然结果，自主学习受自我系统的结构和过程的制约。影响自主学习的过程包括计划、设置目标、选择学习策略、自我监控和自我评价等，这些自我过程的发展水平直接影响自主学习过程的质量。自主学习一般遵循三个步骤：设置目标，制定计划和选择学习策略，行为执行和评价①。

自主学习的信息加工理论是以加拿大心理学家 S. H. Winne 为代表的一些研究者提出的，该理论用信息加工的控制论来解释自主学习。它认为自主学习要依赖于一种循环反馈回路，个体获得的信息首先要根据预设的标准进行测验。如果匹配不充分，就要对信息进行改变或转换，然后再进行检测，这样反复进行直到信息符合检验的标准。如果达到标准，就以信息输出的形式退出。

以班杜拉为代表的社会学习理论从行为、环境、个体的内在因素三者之间的交互作用来解释自主学习。该理论认为，自主学习本质上是学生基于学习行为的预期，计划与行为现实之间的对比和评价来对学习进行调节和控制的过程。自主学习包括三个具体的过程：自我观察，自我判断，自我反应。自我观察是指学生对自己的学习行为的观察和了解，自我判断是将观察到的学习结果与学习标准相比较而做出的判断和评价，自我反应是基于对学习的自我判断和评价而产生的内心体验或行为表现。

自主学习的意志理论是由德国心理学家 J. Kuhl 和美国心理学家 L. Corno 等提出的。这一理论认为学生的自主学习实际上是一种意志控制过程，强调学习者作为主体的一面，是行为活动的执行者。Corno 将自主学习过程分为：内隐的自我控制过程（包括：认知监控、情绪监控与动机监控）和外显的自我控制过

① McCombs，B. L. （1989）. Self－regulated learning and academic achievement：a phenomenological view.

程（包括学习环境中的事物控制与任务控制）[①]。

以维果斯基为代表的维列鲁学派认为，自主学习本质上是一种言语的自我指导过程，是个体利用内部言语主动调节自己学习的过程。他们把儿童的言语发展分为外部言语、自我中心的言语、内部言语三个由低到高的阶段。并指出，就儿童的学习活动来说，在外部言语阶段主要是由外界的社会成员的言语来指导和控制，在自我中心言语阶段主要靠他们对自己的出声言语即自我中心的言语来调节，而在内部言语阶段，学习主要由他们的不出声的内部言语来指导和控制，因此自主学习实际上是儿童言语内化的结果。

以弗拉维尔为代表的认知建构主义学派认为，自主学习实际上是元认知监控的学习，是学生根据自己的学习能力、学习任务的要求，积极主动地调整学习策略和努力程度的过程。自主学习要求个体对为什么学习、能否学习、学习什么、如何学习等问题有自觉的意识和反应。

（四）自主学习的相关研究

1. 自我效能感在自主学习中的作用

社会认知理论认为自我效能感是影响学生自主学习的一个重要变量。自我效能感的变化决定了学习者以后学习行为的动机水平和行为目标的改变。大量实验研究证实，学习者的自我效能感与学习策略的运用，学业成绩及对策略运用的自我监控都有着密切的联系。效能感高的学生比效能感低的学生更多地使用学习策略，对学习的结果有更多的监控。如 Pintrinch 和 De Groot 研究表明，学习效能感高的学生比学习效能感低的学生更多地使用自主学习策略，具有更大的任务坚持性[②]；“学业自我效能感通过影响学生的目标等级，直接或间接地影响学生的成绩”[③]；Multon 等对一项研究做了元分析，考查了自我效能与学业成绩之间的关系。结果发现，自我效能感与学业成绩之间的相关系数为 0.38，表明有 14% 的学业成绩的变异可以归因于自我效能感[④]。另有一些研究也表明，训练学生使用自主学习策略会提高他们的自我效能感、学习动机水平和学习行为效率。如 Schunk 通过指导小学生自我记录和自我判断，发现他们的学业成绩和自我效能感方面都有提高。Schunk 和 Rice 对学生进行策略言语表达的训练中

---

① Corno. L. （1986）. The metacognitive components of self-regulated learning. Contemporary Educational Psychology,

② Pintrich, P. R., D, Groot E. （1990）. Motivational and self - regulated learning components of classroom academic

③ Zimmerman, B. J., Risemberg, R. （1997）. Self-regulatory dimensions of academic learning and motivation. In: Phye

④ Multon, K. D., Brown, D. S., Lent, R. W. （1991）. Relation of self-efficacy beliefs to academic outcomes: A

也发现了同样的结果[①]。

2. 学习目标在自主学习中的作用

自主学习本质上是一种自我调节的学习，即个体主动选择、调节、控制自己的学习的过程。要对学习进行自我调节，就必须有用于引导行为的参照点。因此，目标被看成自主学习的核心构成成分[②]。Dweck[③] 将人的学习目标分为两类：一类学习目标是追求提高自己能力和理解水平，称之为“学习取向的目标”或掌握目标；一类学习目标是为了证实自己能力水平和获得成就感，称之为“成就取向的目标”或成就目标。

研究发现，具有不同的学习目标会影响学生学习任务的选择、完成任务的坚持性和付出努力的程度。Elliot 和 Dweck（1988）研究证实，具有掌握目标的学生更倾向于选择挑战性的任务，而具有成就目标的学生喜欢选择即使学不到新技能，但能证实自己能力的任务。Ames 和 Acher（1988）也发现具有掌握目标的学生能更多地运用有效的学习策略、进行努力归因，并对学习具有积极的情感。学习目标也影响学习者如何进行学习，研究表明具有掌握目标的学生比拥有成就目标的学生更倾向于使用深加工策略，并为之付出更大的认知努力。如 Meec 等人（1988）研究证实，掌握目标的学生比成就目标的学生更多地使用自我调节学习策略，与学业效能感，学习动机和学习态度水平成正相关。

3. 归因倾向在自主学习中的作用

归因理论认为，学生把学业的成功与失败归因于能力、努力、任务难度、运气等因素，并提出归因的可控性、内外部、稳定性三个维度[④]。学生所采取的归因方式会影响其对未来成功的期望、情绪反应、任务选择、努力程度、坚持性以及学业成绩。研究表明，个体的归因对其自主学习有重要的影响。一般说来，如果个体把自己的学习成功归因于能力，把学习失败归因于努力不够，这样就更容易激发自主学习；如果个体把自己的学业成功归因于外部不可控的因素，把学业失败归因于自身能力不足，就会影响其学习的主动性[⑤]。那些把学习失败归因于稳定的内部原因的学生，在学习过程中会表现出消极、焦虑、

① Schunk, D. H. (1985). Participationa in goal setting: Effects on Self-regulated and skill of learning disabled

② Scultz, P. L. (1997). Educational goals, strategies use and the academic performance of high school students. High

③ Dweck, C. S. (1986). Motivational processes affecting learning. American Psychology, 41: 1040-1048

④ Weiner. (1979). A theory of motivation for some classroom experiences. Journal of Educational Psychology, 71: 3-25

⑤ Borkowski, J. G., Carr, M., Rellinger, E. (1990). Self-regulated cognition: Interdependence of metacognition, attribution

低自尊。自主学习者倾向于把自己的学业失败归因于可以弥补或纠正的原因，把自己的成功归因于自己的努力。

4. 意志控制水平在自主学习中的作用

意志控制是以 Corno 为代表的意志学派极为强调的一种自主学习品质。他们认为，在学习过程中，学生难免会遇到这样或那样的学习困难和干扰，如一时难以理解的问题、身心的疲惫、情绪的烦恼等，这时候就需要学生用意志努力来控制自己，坚持学习。正是有了较强的意志控制力，自主学习的学生才能够顽强地克服学习中的困难、排除外界干扰，实现学习目标。

5. 情绪因素在自主学习中的作用

情绪因素（或喜悦或焦虑等）也能影响学生的自主学习。最重要的情绪因素是考试焦虑，许多研究都表明考试焦虑与学生自主学习策略的有效运用成负相关。Hill 和 Wigfield（1984）的研究证实，高焦虑情绪的学生比低焦虑情绪的学生更少使用自主学习策略，有更低的任务坚持性。

四、生态学习

（一）生态学习观的视角

生态学习观从整体性、适应性和多元性的角度来审视学习，认为学习是作为信息探测者的学习者通过积极主动的活动，借助有目的反思实践，对其情境（物质及社会环境）所能提供的给养进行调适的过程①。在一种超越二元论的、寻求整体、适应和复杂性思维的生态意识指导下的生态学习观中，作为主体的学习者不是消极地受制于环境中的物理刺激，而是有意地与环境交互作用；是携着一定的生命印记的、“有情有义”的知识意义的积极建构者；是个体与共同体在学习过程中的相互贡献、相互成长。学习者作为有意图的信息探测者，在与学习环境的动态交互中汲取“给养”。学习是对环境的感知和作用于环境的行为之间互动的结果，但行为只是学习的必要条件而非充要条件，对有意识的行为的反思对意义的建构是必要的。

传统的学习者是被动的知识接受者，学习是复制的、复述的、接受的、指令性的，而生态学习观视角下的学习者是有意图的信息探测者，是主动的、相互交流的、善于反思的、情境性的学习者。他们自行设定明晰的学习目标，决定学习重点，具有自我调节和监控其行为的能力，能够与学习环境进行富有建设性的交互，自主自觉地追求学习成就，执著地朝既定认知目标努力。

---

① 郑葳，王大为．生态学习观：一种审视学习的新视角［J］．心理科学，2006（4）：913-915

生态心理学的创始人吉布森（J. J. Gibson）指出，有机体与环境是一种“相互作用的互惠关系”。她提出了“给养”和“效能”两个概念，将环境对有机体行为的影响称为“给养”，把个体采取行动的能力称为“效能”，两者是互相界定、相互决定对方内涵的概念。个体与环境相互依赖，这种双向关系就决定了“既非个体亦非情境，而是两者间的交互构成了分析的单元”①。作为学习生态系统中的主体，学习者的学习实践不可能脱离特定的具体学习情境，他们在真实的情境中与他人、环境进行着交往、互动，并不断地试图搞清这些交往的含义，学习者的身与心、感知与行动是完全整合的。学习者能积极作用于环境，譬如：在芬兰，驾驶者学会了靠右行驶的交通规则，并在实践中将它自动化。但是，如果到了伦敦，他必须调整自已先前学到的规则，学习靠左行驶的规则，去适应新的情境。在新的情境中，他察觉到了差异，能够有意识地改变或调整自己的行动②。

郑太年（2003）曾指出：从生态心理学的观点出发，不同的环境给养了不同的行动能力和行动方式，从而形成了不同的文化。在个体层面上，个人的外在环境（社会文化条件）也影响着自己的认知和学习。相关的研究全面揭示了儿童在学习过程中受到的其原来所处文化环境的影响③。

（二）生态学习观的标志性主张——学习共同体

Lave 和 Wenger（1991）提出“实践共同体”的概念，并把它定义为“一群追求共同事业，一起从事着通过协商的实践活动，分享着共同信念和理解的个体的集合”④。“实践共同体”在教学实践中的应用就是“学习共同体”(learning community)。学习共同体是指诸多个体的集合，这些个体长时间地共享共同确定的实践、信息，有着共同的愿望，追求一个共同的事业⑤。身处富有生命力的学习共同体环境中，在工具、资源、其他学习者或教师的支持或教导下，学习者充分感知、交互和反思，他或她不仅建构和理解了知识的意义，而且也逐渐形成了自己在群体中的身份，逐步养成了健康的主体性。

“多元共存”是人类最文明、最具有现代意味的合作关系和生存及生活方

① Driscoll, M. (2000). psychology for learning instruction (2nd edition). Boston: Allyn and Bacon, 244

② Laura, H. (2001). Children in Their Learning Environments: Theoretical Perspectives. Unit of Educational

③ 郑太年．论学习的社会性［J］．全球教育展望，2003，(8)：35-39

④ Lave, J., Wenger, E. (1991). Situated learning: Legitimate Peripheral Participation, Cambridge University Press

⑤ Brown, J. S., Collins, A., Duguid, P. (1989). Situated cognition and the culture of learning. Educational Researcher, 18 (1): 32-42

式。作为多元、异质的学习主体，民主、平等地生活在一个学习共同体中，通过活动而相互关联。生态学习观强调话语共同体的建立，尊重每一个学习活动参与者的专家身份，通过鼓励其对话、交流而促进意义的生成。学习共同体中的每一个人都储存并保留了整个系统的文化或记忆的一部分，这样在对话、交流、社会协商中才有意义的形成。在面对复杂的学习任务时，善于运用各种资源，或通过寻求外部支持来克服困难、完成任务。在这一过程中，共同体的知识和专长的获得与个体的知识和专长的获得是休戚相关的、共荣共生的关系。

"学习共同体"的建立，不仅可成为学习者学习和成长的天地，也是教师作为教育专家共同学习成长的地方，并且还可以作为家长和市民支持、参加学校改革，共同学习成长的重要场所。

Dufor 和 Eaker 认为①学习共同体建立在支撑学校、指引组织成员的四大基石或支柱上：使命、愿景、价值观、目标。

裴新宁②（2001）提出学习者共同体的活动大体上由六个部分组成：教学是基于真实性任务；学生的发展是建立在小组活动中相互依赖的基础上；学生——学生，教师——学生争论与协商各自的理解；教师与学生公开地与班级所有共同体分享见解；学生与课外专家合作；共同承担学与教的责任。

学习共同体往往具有以下几个方面的特征：

第一，共同的使命、愿景和价值观。学习共同体必须有共同的理念和价值观，这是一个基本前提。当明确了共同目标以后，学习者会根据自己的实际情况计划、安排自己的学习行为；同时，学习者与指导者、学习者之间的交流方向性就更加明确了。

第二，实践取向。学习者共同体是行动导向的。学习者要把抱负变成行动，把愿景变为现实。他们会发现学习总是在实践过程中发生的，认为参与和经验是最有效的老师，同时把失败也看做是整个学习过程的一部分——学习的机会，然后更为明智的重新开始学习。

第三，持续发展。学习者共同体的一个核心思想就是不满足现状、持续不断的寻找新的学习机会。学习者认为使命和愿景是永远不能完全实现的理想，但是必须一直朝着这个理想努力。学习共同体是要不断成长的，学习者的学习是终生的。

---

① Dufor，R.，Eaker，R. Professional Learning Communities at Work：Best Practices for Enhancing Student

② 聂向荣，李钢等译．有效的学习型学校——提高学生成就的最佳实践［M］．北京：中国轻工业出版社，2005：43-78

（三）生态学习观的最终目标——培养自主学习者

1. 构建学习共同体，营造自主学习者成长的外层环境

“终身学习”相对于“终身教育”而言，更为重视学习者自身进取和努力的方面，更强调学习者在没有教师指导下的学习。因此，它需要的是学习者的自主学习。

学习共同体为学习者成长为自主学习者提供了广泛的、可资利用的社会资源。有利于培养自主学习者的学习共同体的构建，一般可以从以下几方面来考虑：

第一，明确使命与愿景。愿景是学习共同体中共同的行动目标，是共同体创建和维持的导向。共同体创建之初，就应该使每一位成员明确自己奋斗的方向，认识到自己所肩负的责任。这样的学习共同体，需要的是各个成员围绕愿景与使命，发挥自己的主观能动性，去完成自己所肩负的责任。

第二，合法的边缘性参与。在学习共同体中，学习实质上是一个文化适应与获得特定的共同体成员身份的过程。Lave 和 Wenger（1991）把这种过程称之为“合法的边缘性参与”。从本质上看，“合法的边缘性参与”这一术语描述了一个新手成长为某一共同体核心成员的历程。学习者要想从新手成长为学习共同体的核心成员，就必须参与到共同体真实的活动中去，并在成长的每一阶段都要细心观察指导者的示范，观察和模仿共同体内其他成员的行为，逐渐地开始按照共同体的标准来行事（Brown *et al*, 1989）并努力进行实践。随着时间的流逝，学习者逐渐掌握了专家的知识与技能，学会寻求资源支持，并在对共同体进行文化适应的过程中得到发展与磨炼，逐步解决面临的难题（Brown & Duguid, 1996），最终成长为熟手乃至专家。

第三，促进积极的感知、交互。伴随着学习者的成长，他们开始越来越关注学习共同体，逐步了解和熟悉其他成员，认清自我，认识他人，积极主动地接受其他成员的信息，从共同体其他成员那里承袭目标、意义、经验与规范。与此同时，学习者也会对其他成员的信息做出反应，为其他成员提供帮助。还出现一些情感交流和积极互动。

第四，强化协商、合作。在共同体的形成过程中，有时会出现各种意外情况，如与指导者的沟通不良或学习者之间不友好的态度，共同体内部会发生冲突，凝聚力减弱。这时就需要进行协商，以增强共同体的凝聚力，保持共同体内部的积极互动，在合作中获得成长。

2. 设置有差别的课程，促进学习者的自主多元发展

在 Betts（2004）提出的三级课程理念的模型中，最有利于培养自主学习者

的课程就是针对学习者有差别的课程（Learner-Differentiated curriculum）[①]。这样课程可以根据学生的兴趣、能力和性格来调整；在重视学习者认知发展的同时，强调学习者的情感与社会性发展；有差别的课程无论是对教师还是学习者而言，都是一次令人兴奋的旅程，为学习者对自己的学习负责提供了机会。有差别的课程，可以促进学习者积极探索和深度学习。

第一，探索过程（Explorations）。在探索过程中，学习者有机会寻求那些对他们而言是新的观念、问题和主题。在不断的探索过程中允许学习者独立地或在同一个学习共同体中学习。

第二，调查研究过程（Investigations）。当几个探索过程成功实施后，将有助于调查研究过程的实施，调查研究过程提供了各种各样的可能性和更多的深度学习。在这个过程中学习者将会发现自己最为感兴趣的领域，逐渐形成了对意义的构建。

第三，深度学习（In-depth Studies）。学习的最高境界就是深度学习，也是终身学习的目标之一。学习者对自己最为感兴趣的领域成功地进行了探索和研究，学习者所发展起来的各种技能、观念和态度能成功地运用在学习实践中，学习者在学习进程中自我选择、自我发展、自我完善、自我评估，教师（Mentors）就成为学习过程的促进者了。

3. 培育自我调节能力，提升自主学习者的内在素质

所谓自我调节是指学习者系统地引导自己的思维、情感和行为，使它们指向目标实现的一种过程（Schunk & Zimmerman，1994，1998，2000）。在自我调节学习中，学习者总是积极地投身于学习，而不是被动地接受信息。自我调节还具有循环的特性，个人、行为和环境三因素相互作用，在学习过程中不断变化，并且受到监控[②]。已有大量的研究证明学习者的自我调节能力与学习者的学业成绩相关（Zimmerman. B. J. 1990）。纵观班杜拉的行为自我调节论、麦考姆斯的自主学习模型、巴特勒和温内的自主学习模型、齐莫曼的自主学习模型，给我们带来如下启示：可以从内在动机、认知策略和元认知三个方面来进行学习者自我调节能力的培育。

首先，激发学习者的内在动机。

自我调节与动机紧密相连（Schunk，1998）。被激励着去实现某一目标的人们，也就是动机水平较高的个体，在学习过程中会主动寻求各种自我调节活动，因为他们相信这些活动对自己是有帮助的（例如，组织复述材料、监控学习进

① Betts，G.（2004）. Fostering Autonomous Learners through Levels of Differentiation. Roeper Review，4：190-191

② Schunk，D. H.，Zimmerman，B. J.（1998）. Self-regulated learning：From Teaching to Self-Reflective Practice. New York：The Guilford Press，2-5

展和调整策略等）。反过来，自我调节活动又促进了学习，而且对能力提高的感知又维持着动机以及对实现新的目标的自我调节（Schunk，1994）。自主学习的动机一般是内在的、自我激发的，而对这种动机具有催化作用的因素很多，其中包括自我效能感、结果预期、学习的价值意识、学习兴趣、归因倾向、合适的目标定向等。已经有大量的研究揭示了各种动机因素对自我调节学习的影响①，当这些内在性动机因素组合达到最优化程度，就会自我激励（Self-motivation）去学习。

其次，发展学习者的认知策略。

拥有充足的认知策略并且能够熟练地运用这些策略是自我调节学习不可缺少的条件（Alderman，1999）。认知策略系统中包含的是关于各种认知策略是什么，在什么条件下使用、如何使用的知识（条件性知识）。在自主学习的过程中，学习者要根据任务条件从认知策略系统中选择相应的认知策略，如果没有合适的策略可用，还要创设一些策略，并在这一过程中执行这些策略。当认知策略在学科领域的情景中、在实际的学习任务中进行教授时，学生能更好地获得这些策略。在不同的学科教学中，教师教授的认知策略也应该有所偏重。例如在语文课上，教师应该重点教授学生阅读和写作的策略；在数学课上，应该重点教授学生分析、归纳、推理策略；在历史课上，应该重点教授学生知识的编码、记忆策略等（Ellis *et al.*，1991）。

最后，训练学习者的元认知技能。

元认知是指关于认知过程的知识、信念以及对这些过程的监视和控制（Flavell，1987）。元认知与自我调节的关系密切。学习者主要通过个体自己来完成对学习的计划、监控和调节，因此元认知是学习者自我调节能力发展的不可或缺的条件（Alderman，1999）。加西亚（Garcia，1994）认为，关于任务、策略等方面的元认知知识是静态的，对自我调节学习的直接影响不大，而关于自身能力的信念对自我调节学习具有直接的推动作用。相比较而言，元认知过程对自我调节学习的决定作用更为显著。在学习过程中，教师要鼓励学生对新习得的策略进行持久的练习，并给予清晰的反馈。同时，也可以引导学生集体讨论如何有效地使用新的学习策略，引导学生评价学习结果与策略使用之间的关系，帮助学生分析新策略的使用与学习成绩之间的关系，鼓励学生克服困难，进一步更新旧的、不合适的策略。（Schunk，1996；Zimmerman，1995）

---

① 庞维国．自主学习：学与教的原理和策略［M］．上海：华东师范大学出版社，2003：82-83

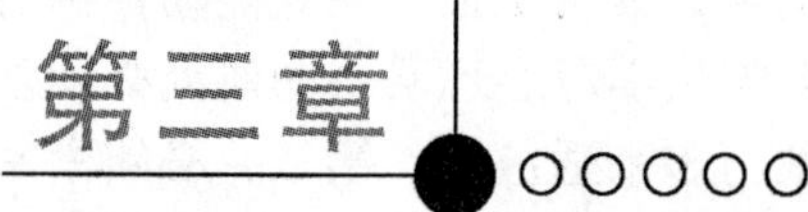

大学生学习心理的研究现状

一、大学生学习心理的研究领域

（一）大学生学习心理素质结构的研究

“学习心理素质”是在心理健康教育和素质教育研究基础上提出的一个新概念。目前国内研究者大多采用“学习素质”一词，我们认为“学习心理素质”更能体现其作为学习者内在品质的特性。学习心理素质是在先天遗传素质的基础上，在后天环境和教育的作用下形成并发展起来的直接或间接影响学习者学习活动的心理品质的总和。学习心理素质的结构就是指学习心理素质内部成分的构成系统。分析大学生学习心理素质的结构，能为大学生学习心理的研究奠定理论基础，为大学生学习心理素质的培养提供指导。

目前，有不少研究者提出了大学生学习心理素质的可能结构。例如，刘兆吉从心理活动作用的角度提出，大学生的学习心理结构主要由学习动力、学习智力、学习能力和学习自我评定力组成；林毓琦认为高校学生的高级学习素质由对学习的情感、观念、知识、策略、品格、方法、控制等七个要素组成；刘岗提出，大学生的学习心理素质结构包含八个方面：①人际交往素质；②自我的结构；③心理活动的动力系统；④性格；⑤认知风格；⑥情绪调控能力；⑦应对风格；⑧适应。

研究者对大学生学习心理素质结构成分的分析尽管存在差异，但都涉及认知、个性和适应性这三个基本维度。林毓琦提出的学习的知识、方法属于认知维度；刘兆吉提到的学习动力、学习动机属于个性心理维度；刘岗提出的适应因素属于适应性维度。总体而言，多数研究者的观点未能凸显高校学习特点，较少考虑大学生学习心理发展的实际。

我们认为，学习心理素质结构属于心理素质在学习过程中的体现。构建大学生学习心理素质结构应着重三个方面。第一，必须紧密联系高校学习特点。由于高校教育教学的目的、性质、途径、内容、方法等与中小学教育有很大的不同，因而大学生的学习与中小学生学习相比也呈现出一些新的特点，表现为，大学生的学习具有更强的专业发展和职业定向性，具有更强的主观能动性和自我选择性，具有更强的自我探究性等。所以大学生学习心理素质的研究必须基于和体现高校学习特点。要突出学习的创造性与未来适应性。第二，必须紧密联系大学生的个性发展实际。大学生的个性心理的发展已经相对成熟，学习方式方法以及策略也相对比较稳定和个性化。这些因素会对其学习活动产生动力和调节作用，所以大学生学习心理素质的研究要充分考虑大学生的个性差异才更具合理性和现实性。要将非智力个性因素对学习过程与结果的影响考虑进学习心理素质结构之中。第三，要反映时代、社会的发展对人才素质尤其是学习素质的要求。大学生是时代的精英，是未来社会发展的主力军。他的素质的优劣，将直接影响其服务社会、贡献大小。因此，大学生学习心理素质的研究要与时代、社会对人才素质的基本要求相结合，以提升大学生社会适应性为指向。也就是要构建一个以社会适应为指向的大学生学习心理素质结构模式。

（二）大学生学习心理差异的研究

1. 学习动机差异的研究

关于大学生的学习动机在年级上的差异，黄希庭认为：大学生的直接性的学习动机随着年级的升高而削减；社会责任感的学习动机随年级的升高而增强；职业化的学习动机随年级的升高而巩固、发展。另外，还有人提出大学生学习动机的多变性会随年级升高而减少，学习动机的稳定性则日益增强。男、女生的学习动机水平也不同。杨渝川发现，男生较重视权力地位，女生则关心人际关系。刘淳松的调查结果也显示出这个特点。男生的个人成就动机水平显著高于女生，而女生的社会取向、害怕失败和小群体取向动机水平则显著高于男生。刘淳松调查了大学生学习动机的学科差异，发现在文科、理科、音体美三大学科类学生中，音体美学生的求知进取和社会取向动机水平显著高于文、理科学生。

2. 学习策略差异的研究

大学生学习策略的总体水平并没有随着年级的升高而相应地提高，但高年级学生的学习策略水平总体上比低年级要高一些，且不同年级大学生使用学习策略的特点也不完全一致。在元认知策略和情感策略上，一年级学生优于其他年级，而在认知策略和资源管理策略上，三、四年级大学生的水平明显高于一年级大学生。男、女大学生的学习策略整体水平基本一致，无显著差异。但是，女大学生的认知策略和资源管理策略水平显著高于男大学生。文理科大学生的总体学习策略水平不存在显著差异，文科大学生的认知策略和资源管理策略水平显著高于理科大学生。

3. 学习适应性差异的研究

学习适应是指主体根据环境及学习的需要，调整自我以达到与学习环境平衡的行为过程。目前大学生的学习适应性状况引起了学者们的关注。葛明贵和徐富明的调查结果都显示，高年级学生的学习适应性要优于低年级。但在性别方面，冯廷勇与葛明贵的调查结果却相反。前者得出男生的学习适应状况整体上好于女生的结论，后者得出女生的学习适应性显著优于男生的结论。可能是由于两位研究者取样和使用的测量工具不同造成的。

目前有关大学生学习心理差异的研究较多，但研究范围狭窄。研究者对学习风格、学习目的等学习心理内容的研究较少，对不同地区、民族、院校等大学生学习心理上的差异也缺乏研究。另外，研究者多采用自编问卷进行调查研究，缺乏专门化、标准化的测量工具，且取样范围狭窄，样本缺乏代表性，因而其研究结论的科学性值得进一步探讨。对于大学生学习心理差异产生的原因，大多数研究者也未能给出确定、明晰的解释，且多是停留在理论探讨上，缺乏验证性研究。

（三）大学生学习心理研究展望

鉴于我国大学生学习心理研究的现状，预期未来我国大学生学习心理的研究将会更多地倾向于与时代发展、社会要求相结合，关注大学生的未来发展，也就是说，以社会适应为指向的大学生学习心理研究将会成为未来研究的一个大趋势。

社会适应是指个人和群体调整自己的行为以适应社会环境的过程。以社会适应为学习取向的学习心理研究是未来研究的一个发展方向。目前，社会适应观念已经逐渐渗透到大学生学习心理的研究中。现在很多研究者都认识到，面对知识经济的挑战，21 世纪大学生必须突破传统的学习模式，树立一种崭新的学习观念。刘道玉提出，新学习观的内容应包括学会做人、学会学习、学会生存三方面。更有研究者强调以自主、创造和终身学习的观念为新学习观的内涵。同时，为满足社会对创新型人才的需求，研究者们积极开展有关大学生创造性学习和自主学习的研究，广泛探讨培养大学生创造性学习能力和自主学习能力的方法和途径。在创造性学习方面，有人提出了促进大学生创造性学习的四项教学原则；有人分析了克服阻碍创新学习的因素，提出促进教改和学改相结合，实现大学生创新学习的深入发展。在自主学习方面，谢家树、朱祖德先后在 Zimmerman 自主学习理论的基础上，结合我国大学生学习的实际情况，编制出了大学生自主学习量表。张丽华使用自编问卷，对四所大学四个年级 800 名本科生进行测试，分析了大学生自主学习的心理结构及发展特点。在大学生自主学习能力培养方面，研究者大都强调了三个方面：学生观念的转变、教育制度和教学方式的改革以及教育氛围的营造。另外，从关于大学生学习方式、学习适应性及学习策略等的研究中，也可以窥见我国大学生学习心理研究的发展方向。许多研究者提出，要转变大学生的学习方式，顺应时代对人才的要求。对大学生学习适应性的关注反映出对大学生社会适应能力培养的重视。

二、大学生学习策略研究的特点与趋势

学习策略研究是教育心理学的一个重要研究领域，是当今备受关注的热点课题之一。心理学家和教育实践工作者均把学生掌握学习策略看做是其学会学习的一个重要标志。20 世纪七八十年代，我国基础教育实践领域曾围绕培养学生学习能力而开展过学法指导的教育实验研究。20 世纪 90 年代以后，在参考国外相关研究的基础上，我国学者开始重视对学习策略进行系统研究，尤其是在大学生学习策略的研究领域，理论研究和实证研究均取得了一些有价值的成果。本节以统计学为工具对我国研究者自 1998 年以来在大学生学习策略领域的研究工作进行回顾，试图发现我国大学生学习策略研究的特点，为今后开展这方面的研究工作提供借鉴与参考。

采用内容分析法，对近十年的大学生学习策略的研究文献加以统计分析，运用 SPSS13.0 统计分析软件进行处理，以频次和百分比为主要统计指标。

文献取样：以中国期刊网（网址：http：//www. cfed. cnki. net）为检索平台，检索 1998 年至 2007 年十年间有关大学生学习策略的研究论文，利用中国期刊网平台下载检索出的 265 篇论文。通过对文章提要的初步整理和分析，剔除非学术论文和重复的论文，最终整理出有关大学生学习策略的研究论文共 253 篇。

分析类目与单元：在参考国内外有关学习策略研究成果的基础上，确定相关分析单元，主要包括研究类型、研究方式、研究涉及的学科等方面。

通过对数据的进一步分析，我们发现近十年我国大学生学习策略研究具有如下特点。

（一）学习策略研究的总体趋势

在分析整理后的 253 篇研究论文中，理论研究论文共计 173 篇（占 68.4%），实证研究论文共计 80 篇（占 31.6%），理论研究和实证研究的比例约为 2∶1。1998～2007 年间有关大学生学习策略的研究论文数量总体上呈上升趋势（见图 3－1），其中 1998～2002 年上升平缓，从 2002 年开始，研究数量呈现快速上升趋势，虽然研究数量在 2005～2006 年间有所下降，但 2006～2007 年间，研究数量又呈现快速上升趋势。纵观近十年来大学生学习策略研究论文数量的总趋势可以看出，针对大学生学习策略的研究正逐渐成为研究者关注的研究领域。

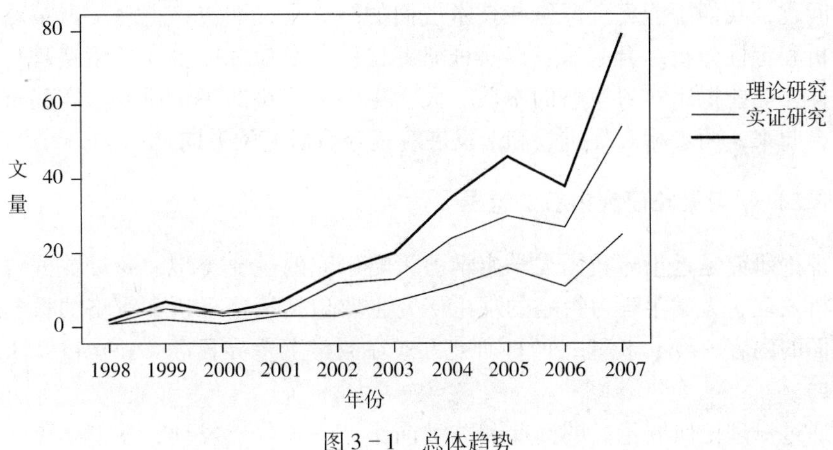

图 3－1　总体趋势

虽然关于大学学习策略的研究呈现上升的总趋势，但通过对图表的进一步分析，我们发现，学习策略的理论研究与实证研究在数量上是不均衡的，经 χ^2 检验，两者差异显著（$\chi^2 = 34.186$，$P<0.001$）。结合表中的数据我们可以看出，近十年来大学生学习策略的理论研究论文数量一直居实证研究之上，历年均维持在 2∶1 的比例水平。

表 3－1　研究类型分布一览表

	1998	1999	2000	2001	2002	2003	2004	2005	2006	2007	小计	占总数%
理论研究	1	5	3	4	12	13	24	30	27	54	173	68.4%
实证研究	1	2	1	3	3	7	11	16	11	25	80	31.6%
小　　计	2	7	4	7	15	20	35	46	38	79	253	100.0%

近十年来我国大学生学习策略研究数量的持续上升趋势表明，这一领域逐渐成为研究者关注的热点。这是符合时代发展要求的，究其原因，随着社会的进步，时代的发展，科学技术的突飞猛进，人们越来越强调学会学习的重要性，如何掌握有效的学习方法，怎样指导学生掌握学习方法，提高学习效率，成为教育与心理学工作者的责任与义务。学者们日益加强对学习策略的研究也是适应教育改革发展的需求的结果。但是，在整体研究数量呈上升趋势的背后，是理论研究与实证研究发展的不平衡性，定性研究明显多于定量研究，反映出我国在学习策略研究领域理论思辨多，实证研究少。学习策略的实证研究应引起我国学者的重视，要提高研究质量，需要增加定量研究，尽可能用实证手段描述学习策略问题，对学习策略进行客观的评述，利用问卷调查和实验等实证研究方法，通过对数据的统计分析，努力探究大学生学习策略的内在规律，使学习策略的研究更客观，更有说服力。但是，由于学习策略的问题并非是单纯的

数量问题，我们不能完全停留在技术层面的结论上，而应该把对学习策略的定量分析和定性分析结合起来，以实证研究检验、发展和完善学习策略理论，只有这样才更能揭示学习策略的本质。大学生学习策略的理论研究与实验求证紧密结合起来，两者相互促进、和谐发展应是今后研究的方向。

（二）学习策略研究内容的差异

理论研究是近十年我国大学生学习策略研究的主要类型，通过数据的进一步分析发现，大学生学习策略的理论研究主要包括策略分析和策略的教学指导两方面的内容，经χ^2检验，两种研究方式在数量上差异显著（$\chi^2=43.751$，$P<0.001$）。

通过对理论研究论文的摘要和关键词作进一步分析发现，在130篇学习策略分析的论文中，主要是对学习策略的内涵、结构，学习策略的影响因素及与其他因素的关系，学习策略的研究综述以及学习策略的意义、价值等方面的论述，这其中关于学习策略的结构、特点以及作用等方面的论述居多，但也有少量的综述性的论文。在43篇有关学习策略教学或指导的研究中，主要是探讨怎样进行学习策略的教学、培训和指导，教给学生如何选择有效的学习策略等，但是这种关于学习策略的教学和指导是仅限于理论分析与逻辑推理层面的。

表3-2 研究方式的差异检验

研究类型	研究方式	n	占总数的%	χ^2值	P值
理论研究	策略分析	130	51.4	$\chi^2=43.751$	$P<0.001$
	策略教学或指导	43	17.0		
	小　计	173	68.4		
实证研究	发展研究	57	22.5	$\chi^2=51.775$	$P<0.001$
	相关研究	11	4.4		
	培养研究	12	4.7		
	小　计	80	31.6		
理论研究与实证研究数量的χ^2检验				$\chi^2=34.186$	$P<0.001$

纵观近十年的大学生学习策略研究，大学生学习策略的理论研究虽在数量上占多数，但显现出重复研究与研究的深度不够等问题，大多只限于理论分析与逻辑推理，研究的思路和深度差距明显，这在一定程度上限制了国内大学生学习策略研究的发展，尝试建立国内大学生学习策略的理论体系应该成为国内大学生学习策略理论研究努力的方向。国内虽有渊远的学习策略思想，但对于学习策略进行系统和专门的研究却明显要落后于国外的同类研究，国外在这方

面的起步较早，成果颇丰，我们应该在借鉴国外研究经验和结合我国研究成果的基础上，逐步建立起国内大学生学习策略的理论体系，建立属于我国的学习策略理论框架及特有的逻辑起点和逻辑结构。

通过对学习策略的实证研究的深入分析后发现，大学生学习策略的实证研究主要有发展研究、培养研究和相关研究，发展研究是实证研究的主要方式。经卡方检验，三种研究方式在数量上的差异显著（$\chi^2=51.775$，$P<0.001$）。

第一，在57篇学习策略的发展研究论文中，大多数是在问卷调查以及访谈的基础上，通过对数据的分析和整理，统计方法以描述统计为主，或描述大学生学习策略的整体状况，或比较说明不同年龄、不同性别、不同学校或班级和不同能力群体使用学习策略的差异特征，从而探讨个体策略获得或运用的发展过程和特点。

第二，在11篇学习策略的相关研究中，主要是对学习策略与相关个体变量以及学业成绩间的关系进行探讨。诸如学习策略和学习成绩关系的研究，学习策略与学习动机关系的研究等，这些研究侧重于对影响学习策略的个体内部因素进行研究，以数据为依据，研究深入且具体。此外需要补充说明的是，通过对发展研究和相关研究的进一步详细分析后发现，在部分发展研究和相关研究中同时涉及学习策略量表的编制、信效度检验等方面的内容。

第三，有关学习策略的培养研究共12篇，主要是对策略教学和培训的效果进行数量化的分析和统计。培养学习者掌握学习策略，探究学习策略训练的效果，对提高大学生学习策略的运用水平，促进大学生的学习能力的发展具有现实的指导意义，从这个层面上来说，策略的培养研究应该是学习策略研究的重点。关于学习策略教学培训的实证研究，国外的研究成果颇丰，我国在这一研究领域的理论探讨较多，策略培训指导的实证研究数量明显缺乏，研究滞后。此外，目前我国在学习策略教学指导方面的系统训练教材缺乏，大多是国外教材的翻版或我国教育实践中学习方法（策略）培训的经验总结，这在一定程度上限制了我国大学生学习策略培训教学的发展及其策略教学训练的效果。加强学习策略教学培训的实证研究，编写我国大学生学习策略训练的教材，应该是今后我国大学生学习策略实证研究努力的方向。

三、学习策略研究学科的不均衡性

从表3－3中可以看出，学习策略研究所涉及的学科范围广泛，但大学英语学科是学习策略研究关注最多的学科（233篇），其次是综合学科策略（13篇）。其他各学科的策略研究虽有所涉及，但无论从绝对数量还是从所占总数的百分比来看，研究者关注较少。对涉及的各学科的研究数量的χ^2检验表明，差异极其显著（$\chi^2=721.577$，$P<0.001$）。此外，通过对各学科策略的实证研究和理论研究数量的χ^2检验显示：英语综合和英语听力的实证研究与理论研究数量差异显著（χ^2值分别为：$\chi^2=25.624$，$P<0.001$；$\chi^2=4.455$，$P<0.05$），其理论研究数量大大超过实证研究；而综合学科和英语词汇策略的理论与实证研究数量则无显著差异（χ^2值分别为：$\chi^2=1.923$，$P>0.05$；$\chi^2=0.231$，$P>0.05$）；其他学科因实证研究的数量为0，则无法进行χ^2检验。结合表中的数据我们可以发现，英语学科的学习策略研究主要侧重于对英语综合策略的研究，其次是英语词汇策略的研究，第三是英语听力策略的研究，其他英语策略的研究数量则相对较少。

综合上述分析，我们发现，学习策略研究所涉及的学科范围广泛，但也存在着发展的不均衡性。英语学科是学习策略研究相对集中的学科，研究数量众多，涉及范围广泛，对其他学科虽有所涉及，但数量较少，且实证研究明显缺乏，有待在学习策略的应用研究方面进一步深入。

表3－3 研究学科的不平衡性

		数量	占总数的%	理论与实证研究数量χ^2检验	P值
综合	学科	13	5.14	$\chi^2=1.923$	$P>0.05$
英语学科	英语综合	170	67.19	$\chi^2=25.624$	$P<0.001$
	英语听力	11	4.35	$\chi^2=4.455$	$P<0.05$
	英语词汇	39	15.42	$\chi^2=0.231$	$P>0.05$
	英语阅读	7	2.77		
	英语写作	3	1.19		
	英语翻译	2	0.79		
	英语语法	1	0.40		
其他语种	日语	1	0.40		
	汉语	1	0.40		
	俄语	1	0.40		
其他学科	体育	2	0.79		
	文学	1	0.40		
	生物	1	0.40		
总计		253	100.0		

注：英语阅读等其他学科的理论与实证研究数量不符合χ^2检验要求，未予检验。

回顾近十年来国内大学生学习策略的研究，成果与问题并存，深化研究课题、拓宽研究思路是今后国内大学生学习策略研究的内在要求。要时刻关注国外学习策略方面的研究动态，在结合我国现有国情的基础上，加强分析和批判，学习和借鉴国外先进的学习策略研究经验，缩短时间，缩小差距，加快大学生学习策略的研究步伐，提高大学生学习策略的研究水平，推动国内大学生学习策略研究的发展。

在今后大学生学习策略的研究工作中，我们需要不断把学习策略分散的、局部的研究，演变为微观、中观和宏观研究并驾齐驱的格局，要在不放弃微观研究的基础上，将思路延伸到不同层次的学习策略，从探讨大学生学习策略概念结构等因素到转变为建构有理论指导的科学的学习策略体系，应该是今后国内大学生学习策略研究的趋向。

第二篇

大学生学习心理的方法学研究

第四章

大学生学习策略量表的编制研究

20 世纪 70 年代，联合国教科文组织在《学会生存——教育世界的今天和明天》的报告中，提出了“向学习化社会前进”的宏伟构想。随后，在《教育——财富蕴藏其中》中，明确提出教育的四大支柱，即“学会认知”、“学会做事”、“学会共同生活”和“学会生存”。这些先进的学习理念的提出，开拓了人们的视野，加深了人们对学习的认识。学习化社会是在全体社会成员的学习需求不断满足，学习目标不断达成，自我和谐发展与贡献社会中建立起来的，具有学习终生化、自主化、网络化和开放性的特征。在未来的学习化社会中，学习是自我价值实现的重要手段。在学习化社会的建构中，有关人类如何有效地学习的研究更显重要。可见，学习策略的研究顺应时代的要求，符合人类自我价值最终实现的需求，有其理论意义和实践价值。

人们对学习策略的关注是随着心理学发展而逐渐扩展的。学习策略充分体现了人类的主动性和创造性。追溯心理学对人类学习策略的探索，可以发现行为主义、认知主义、建构主义等流派的前进的足迹。20 世纪初，在批判经验主义的传统的基础上，行为主义学派学习理论诞生了，认为学习是刺激和反应间建立联结的过程，强调外显行为的“强化”，却忽略了行为主体对问题的理解，也忽略了主体内在固有的认知能力，新行为主义者感知到“S-R”理论的缺陷，从一定程度上进行了改进，如赫尔关注到“内驱力”等因素，托尔曼提出了“认知地图”的变量，班杜拉注重“替代强化”的作用。随着对行为主义学习理论的反思，心理学界逐渐加强对认知因素的重视，像杜威、皮亚杰和维果茨基的学习理论日渐成为心理学领域的主流思想。随着计算机科学、信息理论和技术的发展，心理学家热衷于心理过程的计算机模拟化，发展了认知信息加工学派，注重认知发生、发展的整个过程。认知心理学家们运用信息加工观点不断揭示认知过程的内部机制，注意到策略在认知中的作用。特别是美国心理学家布鲁纳（Bruner，1956）[①] 在“人工概念”实验研究过程中，发现概念形成的过程是一种富有策略性假设考验的过程，这个过程富有人类的智慧，体现了

① 王甦，汪安圣．认知心理学［M］．北京：北京大学出版社，2004：244-245

人类的主动性。并且确定了4种通用的概念形成策略，即同时性扫描策略、继时性扫描策略、保守性聚焦策略和博弈性聚焦策略等，从而提出了“认知策略”概念。随后，心理学在学习领域中对认知策略的研究成为关注的焦点。20世纪末，弗拉维尔对“元认知”的阐述，以及“生成学习”模式的建立，为有关学习策略的研究奠定了丰厚的理论基石。

通过对不同学派学习理论的勾勒，我们发现，从行为主义到信息加工学习理论，再到建构主义学习理论，不同的学习观念会产生出不同的学习策略。学习策略研究的发展是学习心理理论丰富的重要组成成分。因此，有学者①认为，学习策略发展至今已构建成综合性的研究范式，既有实验研究，又有非实验研究；既有通用学习策略研究，又有学科学习策略研究；既有理论的研究，又有应用研究。学习策略的研究与探索将是充满活力的、各种范式共同涉猎的学习心理研究领域。在2006年度中国心理学会发展与教育心理学专业学术年会上，有学者②针对学习策略研究提出了“统一认识”和“规范标尺”的想法，说明在学习策略的研究中，不仅要注重其内在结构的挖掘，还要注重理论和方法的统一。本研究在此宏观的背景下，在建构大学生学习策略的结构的同时，初步编制大学生学习策略调查问卷。

一、学习策略的内涵与测量研究

（一）学习策略的内涵

1. 学习策略与认知策略

美国心理学家布鲁纳（1956）在其人工概念研究过程中发现，被试在实验期间连续作出的反应或决定不是任意或杂乱无章的，而是按照一定的策略来作出选择的。在此基础上，布鲁纳提出了“认知策略”（Cognitive Strategies）的概念。心理学家西蒙和纽厄尔（1958）随之利用计算机有效地模仿了问题解决策略，从而形成“学习策略”（Learning Strategies）概念，引起心理学家，尤其是教育心理学家的极大兴趣。当今，对于认知策略论述影响最大的是美国心理学家加涅。加涅认为，认知主要是指人脑对信息的编码、转换、储存等加工过程，认知策略则是学习者用来调节自己内部注意、记忆、思维等过程的技能，其功能在于使学习者不断反省自己的认知活动。加涅认为认知策略的改进是学习策略改进的原因。他说：“学生在学习过程中，学会如何学习，如何记忆，如何进

① 刘电芝．学习策略研究［M］．北京：人民教育出版社，2001：1-20

② 谭顶良．学习策略研究问卷法的缺陷及其改进设想［C］．中国心理学会心理学会论文摘要集，2006：16

行更多的反省性和分析思维。显然个体不断学会成为自我教学的人，或者甚至成为所谓的独立学习者，其原因是他们逐渐获得了调节自己内部过程的有效策略。”

认知策略的获得导致学习策略的改进，所以认知策略在学习策略中起着核心作用。尽管认知策略的学习有助于学习策略的发展，但二者并不等同，学习策略是比认知策略范围更广的概念。学习策略针对整个学习活动过程，而认知只是学习活动的一个部分或一个方面，学习过程不仅是信息加工的过程，也是表现出学习者个体生理的、情绪的、社会性的特征的过程。因此，学习策略不仅与认知策略有关，还包括情感策略和社会策略等方面。学习策略与认知策略是包含与被包含的关系。

2. 学习策略与元认知策略

元认知是由美国心理学家弗拉维尔（J. H. Flavell）在1976年提出来的。他认为所谓的元认知就是对认知的认知，即个体对自己的认知过程和结果的意识与控制。元认知包括元认知知识，即人们关于认知活动的一般性知识和个体具有的有关自己的知识；元认知体验，指伴随着认知活动的情感体验；元认知监控和调节，指主体对认知活动不断地进行积极自觉的控制和调节的技能。三者是相互联系，相互影响的有机统一整体，而元认知的监控和调节是其中的关键。元认知监控和调节主要表现在四个方面：①学习者在面临学习任务之前和实际的学习活动展开期间，激活和维持注意与情绪状态；②分析学习情境，提出与学习有关的问题和制订学习计划；③在具体学习活动展开期间，监控学习的过程、维持或修正学习的行为；④学习活动结束后评价学习的效果。元认知对整个学习活动起着控制和协调的作用，监视和指导策略的选用和使用。因此，元认知策略就是计划、监控和协调学习活动，监视和指导策略选用的策略。

认知策略与元认知策略是相互联系、相互作用的。在学习活动中，认知策略是提高学习效率必不可少的具体策略性知识，而根据不同材料和情境选择不同的策略性知识的过程的实现正是元认知策略的体现。认知策略与元认知策略又是有区别的。首先，认知策略是元认知策略应用的基础，元认知策略对认知策略的选择、转换和执行具有统帅与导向作用。其次，元认知策略的发展落后于认知策略的发展，但其调控作用对认知策略的发展具有不可忽视的作用。第三，认知策略直接作用于学习活动，元认知策略则通过对整个学习活动包括认知策略与元认知策略发生作用。在学习活动中，元认知策略总是与认知策略一起发生作用的。认知策略直接作用于学习活动，是提高学习效率必不可少的具体策略性知识。而根据不同材料和情境选择不同的策略性知识的过程的实现正是元认知策略的体现。元认知策略通过对整个学习活动，包括策略性知识的调节而发生作用，但如果没有使用认知策略的技能和愿望，元认知策略的计划、监控和协调作用就无从实现。元认知策略与认知策略均是学习策略的一部分，学习策略与元认知策略也是包含与被包含的关系。

对于学习策略与认知策略及元认知策略关系的分析，有助于深刻理解学习策略的内涵。通过以上分析，我们认为学习策略包括认知策略和元认知策略等一切有助于提高学习效率和质量的策略，其中认知策略和元认知策略起着核心作用。

3. *学习策略内涵面面观*

对学习策略内涵的看法，尚无公认的定义，心理学界按各自的标准，归纳总结出许多类型，影响深远的主要有以下两种观点：

史耀芳（2001）① 认为，按“学习策略是认知加工过程，还是认知加工调控过程，还是两者有机结合”的标准，学习策略主要有三种解释：第一种，学习策略是学习的程序、方法及规则；第二种，学习策略是学习的信息加工活动过程；第三种，学习策略是学习监控和学习方法的结合。

刘电芝（2002）② 根据已有文献，从“学习策略是否外显和内隐”，“学习策略是具体的，还是综合的”的标准，归纳出四种观点：第一种，把学习策略看做是内隐的学习规则系统（Duffy，1982）；第二种，把学习策略看做是具体的学习方法或技能（Mayer，1988）；第三种，把学习策略看做是学习的程序与步骤（Rigney，1978）；第四种，把学习策略看做是学生的学习过程（Nisbet，1986）。

两位学者的分类为了解学习策略内涵提供了有价值的理论基础。我们发现，如果对学习策略的分类标准单一，会导致各分类的相互交叉和重叠。借鉴刘电芝和史耀芳的分类标准，依据两种标准进行分类，第一种标准是“是否能看得见”，从表现形态上分为内隐和外显两极；第二种标准是“是否有调控”，从调控程度上分为认知加工和认知调控两极。按照这两种标准，综合已有的学习策略内涵的界定，归纳成以下不同的类型。

（1）内隐——认知加工

学习策略属于内隐的认知加工。如 Duffy（1982）③ 认为，学习策略是内隐的规则系统。黄旭（1990）④ 认为，学习策略指的是个体在特定的学习情境里，用以促进其获得知识或技能的内部的方法之总和。

---

① 史耀芳．二十世纪国内外学习策略研究概述［J］．心理科学，2001（5）：586-590

② 刘电芝，黄希庭．学习策略研究概述［J］．教育研究，2002（2）：78-82

③ Duffy，G．（1982）．Fighting off the Alligatores：What Research in real classroom has to say about reading

④ 黄旭．学习策略的性质，结构与特点［J］．华东师范大学学报（教育科学版），1990（4）：12

(2) 外显——认知加工

学习策略属于外显的认知加工。如 Nisbet 和 Shucksmith (1986)[①] 认为，学习策略是选择、整合、应用学习技巧的一套操作过程。

(3) 内隐——认知调控

学习策略属于内隐的认知调控。如胡斌武 (1995)[②] 对学习策略的定义为，学习者为达到一定的学习目的，在元认知的作用下，根据学习情境的特点，调节和控制学习方法选择与使用乃至调控整个学习活动的内部学习方式或技巧。

(4) 外显——认知调控

学习策略属于外显的认知调控。如梅耶 (Mayer, 1986)[③] "学习策略是指在学习过程中，任何被用来促进学习效能的活动。" 是学习者有目的地影响自我信息加工的活动。邵瑞珍 (1990)[④] "学习者在学习过程中积极操纵信息加工过程，以提高学习效率的任何活动。"

(5) 内隐——认知综合

学习策略属于内隐的认知加工和认知调控。如里格尼 (Rigney, 1978)，学习策略是学生用于获取、保存与提取知识和作业的各种操作的程序。尼斯比特 (Nixbert, 1986) 和丹塞路 (Danseran, 1985)[⑤] 认为，学习是能够促进知识的获得和贮存、以及信息利用的一系列过程。谭顶良 (2006)[⑥] 认为，学习策略是学习者为有效达到学习目标，在认知与元认知的基础上对学习方法和心态的选择与调控。

(6) 外显——认知综合

学习策略属于外显的认知加工和认知调控。如 Sternberg (1983)[⑦] 指出，学习中的策略 (他称为 "智力技能") 是由执行的技能 (executive skills) 和非执行的技能 (no executive skills) 整合而成，其中前者指学习的调控技能，后者指一般的学法技能。他指出，要达到高质量的学习活动，这两种技能都是必不可少的。史耀芳 (1991)[⑧] 研究指出，学习策略是学生在学习过程中，为达到一定的目标，有意识地调控学习环节的操作过程，是认知策略在学生学习活动中

---

① Nisbet, J., Shucksmith, J. (1986). Learning strategies Rout ledge &Keg an Paul plc,: 24-34

② 胡斌武. 学习策略的结构探析 [J]. 西南师范大学学报 (哲社版), 1995 (3): 121-123

③ Weinstein C. E. (1988). Learning and study strategies: Issues in Assessment Instruction and Education. Goetz E T. &Alexander Peds. Academic Press, Inc, 64

④ 邵瑞珍. 学与教的心理学 [M]. 上海华东师范大学出版社, 1990: 101

⑤ 张大均. 教育心理学 [M]. 北京人民教育出版社, 2004: 246-247

⑥ 谭顶良. 学习策略研究问卷法的缺陷及其改进设想 [J]. 南京师大学报 (社会科学版), 2006 (6): 95-100

⑦ Sternberg, R.J. (1983). Criteria for intellectual skills training. Educational Research, 12: 6-12

⑧ 史耀芳. 浅论学习策略 [J]. 心理发展与教育, 1991 (3): 21

的体现形式，它在一定程度上表现为学习方法和技巧。普雷里、威士顿等人（Pressley，1990；Weinstein&Mayer，1986）[①] 认为，“学习策略是引导成功地执行学习任务的认知计划”，它包括选择和组织信息，复述学习材料，提取记忆中的信息，增进理解材料的意义。策略还包括激发和维持积极的学习心态，如克服考试焦虑的方法，提高自我效能感，合理的学习价值观，以及培养积极的学习期望和态度。

（7）综合——认知加工

学习策略属于既是内隐的、又是外显的认知加工。如 Jones，Amiran 和 Katims（1985）[②] 认为，学习策略是被用于编码、分析和提取信息的智力活动或思维步骤。

（8）综合——认知调控

学习策略属于即是内隐的、又是外显的认知调控。如魏声汉（1992）[③] 提出，学习策略就是在元认知的作用下，根据学习情境的各种变量、变量间的关系及其变化，调控学习活动和学习方法的选择与使用的学习方式或过程。

（9）综合——认知综合

许多研究者认为，学习策略既是内隐的又是外显的，既是认知加工过程又是认知调控过程。如 Kail 和 Bisan（1982）认为，学习策略是一系列学习活动过程。刘电芝（1997）[④] 认为，学习策略是指学习者在学习活动中，有效学习的规则、方法、技巧及其调控。它既可是内隐的规则系统，又是外显的程序与步骤。

在两种维度综合分类下，我们发现学习策略的研究者从开始的对立，逐渐趋于融合。现代的多数研究者默认这样的结论：学习策略可能是外显的，如划线法，列提纲等，也可以是内部心理过程，如内隐的思维监控；学习策略可指总的学习程序和思路，也可以指具体的活动或技巧；学习策略既可有意识，也可无意识。

我们认为，学习策略是内在的，学习者外在的学习活动和方式都是在内在认知调控下产生的。学习策略不同于学习方法，学习策略是较为抽象、高级的学习能动性体系，学习方法是具体、特殊的学习技能手段。学习策略是有意识的，虽然高水平的学习者在运用策略时呈现自动化状态，但只是说明高水平学习者在运用学习策略时的心理能量消耗较小，不能认为其处于无意识状态。因此，学习策略是个体有效学习的保障，内在的认知加工和认知调控系统，外在

① 刘电芝，黄希庭．学习策略研究概述［J］．教育研究，2002（2）：78-82

② 史耀芳．学习策略及其培养［J］．江西教育科研，1994（2）：36-38

③ 魏声汉．学习策略初探［J］．教育研究，1992：21-24

④ 刘电芝．学习策略的实质［J］．宁波大学学报（教育科学版）2000（1）：18-19

表现为有效学习的程序、方法、技巧及调控方式等。学习策略虽是内在的，但有相应的外在表现，是可以进行测量的。

（二）学习策略的测量

1. 国外关于学习策略的测量研究

1957 年，伏马特（Vermunt）等人编制了学习方式问卷（Inventory Learning style）①。该问卷主要是用来测查和诊断大学生的学习方式。问卷分为两个部分，共有 120 个题目，Likert 五级作答。第一个部分是关于学习活动方面的内容，有 55 个题目；第二个部分是学习动机和学习观点方面内容，有 65 个题目。伏马特通过因素分析从这 120 个项目中抽取出四个主因素和 16 个子因素。具体为：因素一为学习内容的加工过程，包括深层方法、表层方法和精确方法三个子因素共 27 个项目；因素二为学习监控，包括自我监控、外部监控和缺乏监控三个子因素共 28 个项目；因素三为学习定向，包括资格指导、职业指导、自测指导、个人兴趣和其他共五个子因素 25 个项目；因素四为学习观念，包括知识的吸收、知识的构建、知识的运用、激励教育、合作共五个子因素 40 个项目。

1978 年，温斯坦编制了标准化学习策略量表（LASSI）②，该量表是专门用于测查和诊断学生适用学习方法和学习策略能力的一种测评工具。其主要功能为：(1) 诊断和评价学生现有的学习策略水平，为干预和训练学习策略不良的学生提供依据。(2) 用于测查学生参与学习策略训练前后的水平，并对这类训练计划与课程的有效性作出评估。量表划分为四个维度即信息加工策略、动机信念策略、辅助性策略、元认知策略。包括十个分量表，共有 77 个自陈式项目，正向表述的项目和负向表述的项目各占一半，Likert 五级作答，并在美国建立了全国性常模。十个分量表分别是态度量表、动机量表、时间管理量表、焦虑量表、注意集中量表、信息加工量表、获取主要信息量表、助学策略量表、自我测试量表、考试策略量表。该测验施测方便，计分迅速，量表结构科学合理，测查问题全面，被认为是目前比较理想的一个测查和诊断学生学习方法和学习策略的评估工具。

1987 年，宾特利奇等人（Pintrich *et al.*）编制了学习动机策略问卷（motivated strategies for learning questionnaire，MSLQ），该量表是用于测查学生的自主学习能力的自陈式量表，有大学版和中学版③。大学版有 81 个题目构成，包括

---

① 董奇，周勇，陈红兵．自我监控与智力［M］．杭州：浙江人民出版社，1996：163-165

② Weinstein，C. E.，Husman，J.，Dierking，D. R.（2000）. Self-regulation interventions with a focus on learning

③ Printrich，P. R.，Garcia，T.（1995）. Self-regulated learning in college students：knowledge，strategies and motivation. Perspectives on student motivation，cognition and learning. Hillsdale N J：Erlbaum，113-133

动机和学习策略两部分。动机部分包括内在目标定向、外部目标定向、任务价值信念、控制学习的信念、自我效能信念、情绪成分；学习策略部分包括认知策略、元认知策略、资源管理策略。中学版由44个项目构成，分为动机性信念和自主学习策略两大部分。其中，前者包括自我效能感、内在价值、考试焦虑；后者包括认知学习策略和自我调节。

1991年，得荣（De Jone）和克鲁福（Kluvers）编制的监控策略问卷（Inventory Regulation Strategies）是用来测查和诊断中学生自我监控学习策略使用情况的一种测评工具[①]。该问卷分为两部分，106个项目，Likert五级作答。问卷的第一部分是中学生在学习中必须面对和处理的一些问题，共82个项目，经因素分析抽出9个维度，分别是定向、计划、监控、考试、指导、学习时间估计、评价、寻求帮助和动机。第二部分是中学生日常学习中经常要完成的一些学习活动，比如课文分段，概括主要内容，归纳中心思想等。问卷一共列举了24种学习活动，要求被试根据自己的实际情况做出选择。该问卷的最大特点是所涉及的问题均是中学生日常生活学习中经常遇到和必须处理的问题，从中能客观真实地反映中学生在学习时的监控策略水平。并且该问卷具有较高的内部一致性系数和复测信度系数，使用时比较稳定可靠。

1996年，奥尼尔（O. Neil）等人编制的元认知测量问卷，主要是测查学生的元认知能力[②]。该问卷分为计划、监视、认知策略、自我意识四个分量表，每个分量表包含五个题目，共有二十个题目，Likert四级作答。问卷具有较高的信度，构建效度也较高。

2. 国内关于学习策略的测量研究

我国有关学习策略的思想源远流长，但实证研究较为年轻，随着改革开放和对学习科学的重视，我国心理学工作者逐渐关注有关学习策略的研究。

（1）有关学习策略量表的编制

董奇、周勇（1994）编制的中小学生学习自我监控量表，由70个项目组成[③]。分为计划性、准备性、意识性、方法性、执行性、反馈性、补救性、总结性等八个维度，其中方法性维度又分为一般方法、预习、听课及理解、课后练习、复习五个亚维度。

汪玲、郭德俊和方平等人（2002）编制的元认知问卷[④]，由105个项目组成，分为元认知知识、元认知体验、元认知技能三个基本维度。元认知知识包

---

① 董奇，周勇，陈红兵．自我监控与智力［M］．杭州：浙江人民出版社，1996：165-168

② 吴兰花．自我监控学习的概念和维度［J］．青岛职业技术学院学报，2004（1）：51-53

③ 董奇，周勇．10-16岁儿童自我监控学习能力的成分、发展及作用的研究［J］．心理科学，1995，18（2）：78-93

④ 汪玲，郭德俊，方平．元认知要素研究［J］．心理发展与教育，2002（1）：44-49

括学习者知识、关于任务的知识、关于策略的知识；元认知体验包括初期体验、中期体验、后期体验；元认知技能包括计划、监测、调整。

刘电芝（2005）等编制的小学数学学习策略量表中①，分为数学元认知策略和数学认知策略，元认知策略包括计划策略、监控调节策略、评价反思和策略意识；认知策略包括概念策略、计算策略、解题策略和几何策略。

赵俊峰，杨易等人（2005）的大学生学习策略问卷中②，分为元认知策略、情感策略、认知策略和资源管理策略。

张林、张向葵（2006）的中学生学习策略量表中③，分为认知策略、元认知策略和资源管理策略三大策略群。认知策略含有复述策略、精加工策略和组织策略；元认知策略包括计划策略、监控策略和调节策略；资源管理策略包括时间管理策略、环境管理策略、努力管理策略和支持寻求策略。

曹立人、陈艳（2006）的高中生学习策略中④可用一个三层次结构的图式表征，最概括的顶层为主导性和辅助性两大策略群；中间层次为学习态度调整、学习行为管理、学习方法运用、学习环境适应、课外活动调控等五大策略亚群；基层次为良好的学习心态，积极合理规划学习生活，预习和复习总结，营造学习的人际环境，劳逸结合、丰富课余生活等19项策略子群。

（2）存在的问题与发展方向

以上研究者分别从学习活动进程，认知活动成分因素，学习心理过程和学习的层次的多种角度进行问卷和量表的编制。从一定程度上反映了我国学生学习策略的运用特点和本质特征。并且我国策略的研究已向新的领域和具体的领域出发，逐渐趋向于结合学习策略运用的特定情境，如 张志杰、黄希庭等人(2001，2005，2006)⑤ 对时间管理策略的研究，张林、周国韬等人（2003）对自我监控策略的深入研究等⑥，但也有许多有待我们解决的问题。第一，学习策略研究的问卷测量缺乏统一的构架。虽然我国的研究成果较丰硕，不缺乏理论探讨和实证研究，但研究报告中所运用的工具不一，调查问卷的构架不一，由此，所得研究结果的可比性有待进一步的商榷。第二，学习策略的研究缺乏系统深入的研究。我国学习策略研究多集中在重点高等院校的研究范围，研究

① 刘电芝，黄希庭．小学生数学学习策略的运用与发展的特点［J］．心理科学 2005，28（2）：272-276

② 赵俊峰，杨易，师保国．大学生学习策略的发展特点［J］．心理发展与教育，2005（4）：79-82

③ 张林，张向奎．中学生学习策略的结构与使用特点［J］．心理科学，2006，29（1）：98-102

④ 曹立人，陈艳．高中生学习策略调查研究［J］．心理科学，2006，29（4）：954-956

⑤ 张志杰，黄希庭，崔丽弦．大学生时间管理倾向与学习满意度的递增效度的分析［J］．西南师范大学学报（人文社会科学版），2004，30（4）：42-45

⑥ 周国韬，张林．中学生学习策略量表编制的研究［J］．心理学探新，2002，22（3）：48-52

主体单一，研究的深度不够，因而局限了其理论结果的推广性，学习策略研究有待紧密结合特定的运用情境进行系统深入地研究。

二、大学生学习策略量表的编制

（一）研究的构想

大学生的学习是学生学习的一种特殊方式。学习内容专业化，学习方式自主化，学习考核形式多样化。后两种变化是前一种变化的引申，前一种变化决定了后两种变化。大学生学习内容不同于中小学生，中小学学习内容是相对简单的、结构良好的、相对稳定的知识，而大学学习内容呈现主观化、复杂性、不稳定性、结构不良性等特点。面对相对复杂的知识学习，大学学习凸显出自主性和探索性等特点。时至今日，信息化社会的到来，信息渠道多样化，信息内容丰富化，信息更新快速化，大学生要在社会文化和科技发展中发挥引领和导向作用，就需要学会学习，学会学习已成为当今大学生素质发展的重中之重，而学习策略是学会学习的核心。学习策略的测评和指导工作已成为高等教育的迫切需要。因此，结合当代大学生学习环境的变化，揭示大学生学习策略的构成维度与使用特点，已成为当今研究大学生学习心理学的重中之重。本研究试图在编制大学生学习策略调查问卷的基础上，深入分析当今大学生学习策略的特点，为当前高等学校素质教育改革提供有价值的理论指导。

学习策略体现了学习者心理发展的主动性，体现了人与环境的相互作用过程。大学生经过中小学阶段的学习，具备一定的学习主动性，在认知等各方面处于较稳定的发展时期，自我意识发展水平相对较高，大学生能够比较客观地认识自我在学习策略方面的表现。运用访谈和调查法能够反映出大学生学习策略的实际状况。

纵观有关学习策略的研究，我们认为学习策略是一个多层次多维度的心理结构，学习策略是个体在有效学习的条件下，所产生的思维技能，外在表现为有效学习的程序、方法、技巧及调控方式等。学习策略虽是内隐的认知调控，但能够通过外在表现进行测量。结合前人构建学习策略结构的视角，从学习策略的作用和学习信息加工过程综合角度，初步构建出大学生学习策略的结构。大学生学习策略由基础策略和支持性策略两大维度构成，基础策略主要是认知策略（包括复述策略、精细加工策略、组织策略），支持性策略包括元认知策略（包括计划策略、监视策略、调节策略），资源管理策略（包括时间管理、学习环境管理、努力管理、人际关系调适等），动机性信念策略（自我效能感、学习价值、学习态度、学习坚持性等）。

各结构要素的含义如下：

认知策略：学生用于获得、保存和提取各种不同的知识的思维技能。包括在学习活动开始时的选择性注意的策略和复述策略，学习活动过程中的组织策略和精加工策略，以及学习活动后的复习策略和提取策略。组织策略是在新知识的内部建立联系，并使之形成一个有机整体。精加工策略就是把一个合适的提取线索与需要回忆的内容相联系起来的策略。

元认知策略：根据 Flavell 的观点①，元认知策略包括学习者对学习策略的认识和学习策略使用过程的监控。具体来说，包括学习活动前的计划策略，学习活动中的监视策略和学习活动后的调节策略。

资源管理策略：学习者对学习时间的安排，学习环境的设立，努力的投入学习，以及人际关系调适等进行优化的策略。

动机性信念策略：学习者对自我效能感，学习价值的调控策略，以及包括对学习态度和学习坚持性的管理策略。

（二）访谈调查

1. 研究目的

拟采用结构式访谈方法，以大学生为调查对象，搜集大学生的优良学习策略。并依据该研究结果作为研究的出发点和初步范围，从而为大学生学习策略的研究打下坚实的基础。

2. 研究方法

（1）被试

随机选取大学一年级、二年级、三年级学生。（如表 4-1 所示）

表 4-1 被试基本情况

性 别	一年级	二年级	三年级
男	4	17	5
女	4	17	5

（2）研究程序

采用个别访谈法。首先设计访谈提纲，然后分别在各年级抽取被试 2 名（男女各 1 名）进行预试。根据预试结果，对访谈提纲进行修改和补充，形成如下的正式访谈提纲。

①你对大学学习感觉如何？（若答不好，可以从第 6 题开始。）②产生好的

① 陈琦，刘儒德. 教育心理学［M］北京：高等教育出版社，2005：318-320

学习效果，是什么原因呢？③你能举出你的有效的学习策略吗？④你的这些策略有哪些是必需的，有哪些是经常用，有哪些偶尔用呢，有哪些几乎不用？⑤你能列举出有些你没有使用的，但感觉很有用的学习策略？⑥你认为是什么原因影响你的学习？⑦你有没有办法解决这些影响因素呢？

正式施测前，主试应掌握访谈法的基本要领和注意事项。然后正式施测，笔录后请被试检查是否符合被试原意。

（3）数据处理

全部访谈完成以后，数据处理的方法是：先对结构访谈中的笔录进行逐字逐句的阅读。然后制定记分手册。记分手册的制定步骤如下：

① 对被试的回答记录进行编码。阅读被试的回答记录，列出所有的表达方式，对这些表达方式进行编码。

② 划分维度。对编码结果加以分类、概括和归纳，参照前面初步构想的维度概括出 51 种表述类型，并重新划分成 4 种维度：a. 认知策略；b. 资源管理策略；c. 自我调控策略；d. 创造性策略。

③ 计算评分者信度。根据以上记分手册，先由专家对手册内容进行评分，信度为 0.87，再随机抽取的 16 名被试（每年级男女各半）的回答进行评分，计算出信度为 0.80，证明本记分手册具有较好的内容效度。

④ 正式评分。根据以上记分手册，对全部访谈材料进行记分，根据被试回答使用程度（常用、经常用、偶尔用、几乎不用、不用）进行 5 等级记分，分别记“5、4、3、2、1”分。

⑤ 数据分析。采用 SPSS13.0 软件进行数据分析。

3. 结果与分析

（1）各年级大学生在学习策略 4 个维度上的得分及其差异分析

表 4－2 各年级在学习策略各维度得分情况

维 度	一年级	二年级	三年级
认知策略	24.75±1.532	24.76±0.918	28.10±1.853
资源管理策略	34.88±2.669	37.03±1.552	40.90±2.345
自我调控策略	77.38±4.334	76.97±2.215	84.30±5.132
创造性策略	19.88±1.420	19.50±0.478	20.60±1.204

从图 4－1 及表 4－2 中可知，我们划分的学习策略四个维度随年级的增长而趋于增长趋势，其中自我调控策略得分最高，创造性策略得分相对偏低。

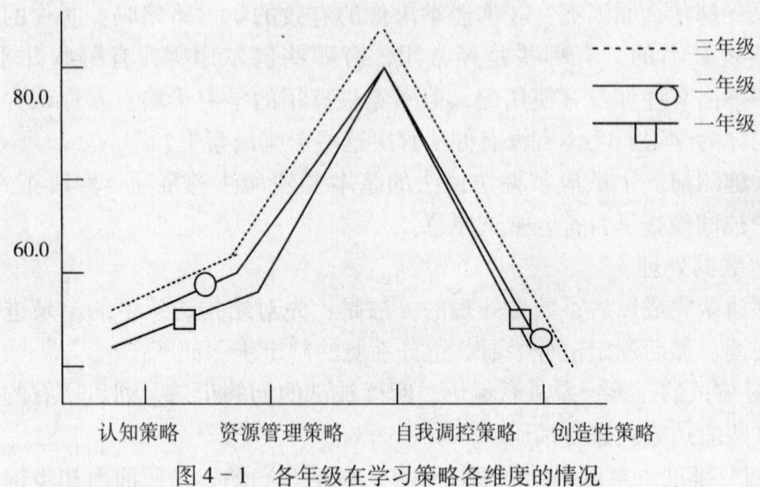

图4－1 各年级在学习策略各维度的情况

（2）分析

大学生经过中小学时期的学习应该有一定的独立学习能力，能够运用一些科学高效的学习策略。但大学生的学习能力仍然处于不断发展之中。随着年级的增长，大学生变得更加善于学习，学习策略也会逐渐变得更科学和有效。表4－2和图4－1的结果印证了这一假设。从中可以发现，资源管理策略和自我调控策略的差异性相对较大。由此证明了大学生已具有丰富而完备的认知策略，这和庞维国（2003）[①] 对大学生学习情况调查的结果相似。我们由此推论大学学业表现差异的原因，大学阶段的学习方式和学习环境不同于高中阶段，需要大学生自我管理、自我调控。虽然高考分数相似，但由于这两方面的差异，决定了大学学业的优秀与否。可能样本容量比较小，没有呈现显著差异。另一方面，分类可能比较粗糙，不能体现年级的差异。这些疑问是值得以后深入分析的。

从发展的角度看，大学生学习策略各维度发展不平衡，尤其是创造思维策略有待进一步发展，这说明大学生创新能力还有待开发。从思维发展阶段来看，大学生思维已发展成辩证思维阶段，但其还处于知识的积累阶段，创新思维在以后的实践领域中有待进一步的体现。

（3）结论

划分的学习策略四个维度（认知策略、资源管理策略、自我调控策略和创造性策略）随年级的增长而趋于增长趋势，其中自我调控策略得分最高，创造性策略得分相对偏低。年级的差异不显著，有待进一步深入研究。

根据访谈的结果，依据前面的构想，把学习策略划分为认知策略、资源管理策略、自我调控策略和创造性策略。相对于预设的大学生学习策略结构，把

① 庞维国．自主学习学与教的原理和策略［M］上海：华东师范大学出版社，2005：288-289

元认知策略和动机信念策略合并为自我调控策略，依据访谈内容，增加了创造性策略。创造性策略，大学生在学习活动中的创造性思维的体现方式，是认知策略的特殊部分。这也体现大学生有别于中小学生的思维方式，符合大学生的思维发展阶段。

（三）开放式问卷调查研究

1. 目的

进一步了解大学生学习策略的运用特征表现，完善对大学生学习策略的结构假设，收集、整理与形成大学生学习策略问卷的条目。

2. 方法

（1）被试

抽取安徽师范大学和皖西学院共 126 人为开放式问卷调查的被试，其中文科 55 人，理科 30 人，工科 41 人，回收率 100%。

（2）程序

编制了三道题的开放式问卷对被试进行调查。让学生在课堂上以纸笔回答，作答字数不限，时间 20 分钟。

3. 结果与分析

对问卷结果进行归纳整理，具体结果如下。

问题 1："您认为，大学学习与中小学学习有哪些差异？"

相同点：学习都是知识的学习，人类间接经验的传承，都是在学校的学习，老师的引导还是重要的，以课堂教学形式进行理论知识的教学。

不同点：大学生学习的专业程度加深，知识的综合性程度增高，理论知识运用实践的要求增多，课堂教学不是主要渠道，自主学习的时间和空间扩展，学习资源的丰富，学习的途径多样，学习的评价趋向全面化，答案不确定性的探索性学习增加，显性学习任务减少，隐性学习任务趋于无限。

问题 2："在大学学习中，影响您学习的因素有哪些？"

表 4－3　影响大学学习主要因素的频次分布情况

影响因素	学业焦虑	学习动力	个人时间管理	信息提取和整合方式	人际情感	其他
频次	100	90	125	90	50	40

学业焦虑因素包括专业学习的就业担忧、专业学习的发展担忧、专业学习的掌握焦虑等。学习动力缺失因素包括积极学习的主动性下降，学习努力程度下降，学习的意志力减弱和学习态度的浮躁等。个人时间管理失调因素包括课堂时间利用效率的低下，课余时间有失计划性，大学生活整体规划的无条理性。

信息提取和整合方式不当因素包括学习仅局限于课本，学习方式的单一，学习资源的利用率的低下和合作学习的缺乏等。人际情感因素包括同班同学之间，异性之间，师生之间关系冲突和纠葛。其他影响学习的因素有社团活动与本专业的脱离，教师和学生的交流空间的狭窄和时间的有限性，进行协作学习活动的较少，学习评价的功利性，专业基础课时的严重不足，以及某些专业领域的师资力量的相对匮乏，实验室建设不能满足专业需要，更新快的学科传授的知识相对滞后等因素。

问题 3："您认为一名会学习的大学生应具备哪些行为表现?"

一位会学习的大学生主要在以下方面具有良好的心理和行为：时间管理策略，人际协调策略，积极自主学习策略，自我调控策略，认知思维加工策略等方面。会学习的大学生的心理和行为的特征还表现在创新策略方面，主要表现在能用专业知识创造出有一定价值的产物，体现本专业的社会价值性等。通过分析，被访谈的学生对"会学习大学生"都有一个潜在的假设，他们都具备有信心搞好自己的学业的心理品质。

根据对 126 名大学生开放式问卷调查的结果，我们再一次对访谈法中的 52 名大学生表述出的 51 种学习策略成分进行归纳分析。学习策略主要有：复述策略、精加工策略、组织策略、信息搜索策略、发散思维策略、批判性思维策略、对学习环境创设策略、人际关系协调策略、时间管理策略、情绪情感调适策略、学习动机激发策略、学习态度调整策略，自我弥补策略。结合前面的理论构想，按照大学生的实际情况，认为大学生学习策略主要有 3 个维度，分别解释为：认知加工策略、资源管理策略和自我调控策略。认知加工策略，包括大学生基本的复述、精加工、组织和信息搜索等策略，但大学生具有学习内容的专业化、学习资源的丰富化和学习结果的不明确化等特点。因此，大学生认知加工策略更多地体现在信息整合、精加工和组织策略上，更多体现大学生的发散和批判思维特征。大学生资源管理策略主要体现在时间和任务的管理上，这说明大学生自己支配学习的时间比较多。大学生自我调控策略主要体现在大学生认知和情感的调控上，主要是认知上的调控，对本专业领域的了解和大学学习特征的认知等方面。

（四）预测问卷的探索性研究

1. 目的

再次检验大学生学习策略的结构模型，编制成大学生学习策略的正式调查问卷。

2. *方法*

(1) 预测问卷的编制

根据访谈和开放式问卷收集的条目，参考国内外相关问卷的条目和论述，以及有关专家的意见，编制出大学生学习策略的调查问卷。该问卷共有77个条目，采用Likert自评式5点量表法，分为“非常符合”、“比较符合”、“不确定”、“比较不符合”、“非常不符合”5个等级，分别记为5分、4分、3分、2分、1分。为了避免心理定势的影响，问卷有15个条目为逆向题，在计分时作相应分数转换。

（2）被试

从全国3个城市的3所高校选取样本，分别是温州医学院、安徽师范大学、铜陵学院，共发放问卷800份，回收到有效问卷770份，回收率96%。

表4－4　被试基本情况

项目	性别		年级				专业			
	男	女	一	二	三	四	文科	理科	工科	医科
人数	374	396	288	232	190	60	263	227	58	222
比例%	49	51	37.4	30.1	24.7	7.8	34.2	29.5	7.5	28.8

（3）程序

① 进行集体施测，安徽省的问卷由研究者亲自施测，外地问卷采用邮寄方式，委托有关老师（大多为心理学或教育学专业毕业）协助施测，邮寄时随寄“问卷施测注意事项”。

② 施测时间为2006.11～2006.12。

③ 选取安徽师范大学教育科学学院大二学生78人实施间隔30天的重测。

④ 对回收到的问卷进行回答完整性与真实性的检查，问卷未答条目超过6道的予以剔除，作答有明显反应倾向的予以剔除，如条目答案都选相同一个。

用SPSS13.0 for Windows XP软件进行数据分析。

3. 结果与分析

（1）项目分析

采用两种方法对问卷条目的区分度进行了分析，一是用求临界比率（critical ratio，简称CR值）的方法，即将各题得分按从高到低的顺序排列，得分前27%者为高分组，得分后27%的为低分组，进行高低二者被试每题得分平均数的差异显著性检验，如果CR值没有达到显著性标准，则表明该条目不能鉴别不同被试的反应程度，应予以删除。统计结果发现，本问卷V8、V28、V74、V31、V38的CR值均未达到0.00显著性。二是采用相关法计算各条目与问卷总分的相关，统计结果发现，在显著性水平为0.05时，V28、V48、V74均未达到显著性正相关。在显著性水平为0.01时，V8、V57未达到显著性正相关。

（2）项目筛选

综合两种统计结果，结合项目构想，决定删除V8、V28、V31、V38、V48、

V57、V74 等项目，用剩余的条目进行探索性因素分析，再根据以下标准筛选条目：①项目因素负荷值大于 0.4，即 a>0.40；②共同度大于 0.16，即 h_2>0.16；③“概括”负荷大于 0.50，即 a_2/h_2>0.5；④每个条目最大的两个“概括”负荷之差大于 0.25，即 $a_{12}-a_{22}/h_2$>0.25。

结果又删除了 51 个条目，剩余的 19 题构成大学生学习策略的正式问卷。

（3）探索性因素分析结果

对剩余的 19 题再次进行探索性因素分析，以探求大学生学习策略的结构。根据有关标准对因素分析的适当性进行考察。对数据进行了 Bartlett 球形检验，检验值为 3348.622，显著性水平为 0.000，差异极显著，说明各条目间有共享因素可能。同时，样本适当性度量值 KMO 为 0.931，表明数据样本适宜作因素分析。

首先，对问卷的 19 个条目进行因素分析，经主成分分析，提取出特征值大于 1 的因子。然后，对因素分析的结果进行最大正交旋转，同时结合碎石图，共抽取出 5 个公因子，5 个公因子的累积方差贡献率 52.475%，因子结构及各项目的因子负荷见表 4－5、4－6。

表 4－5 因子结构及各项目的因子负荷

题项	因素 1	因素 2	因素 3	因素 4	因素 5
V26	0.669				
V63	0.667				
V20	0.653				
V69	0.633				
V10		0.712			
V14		0.642			
V18		0.610			
V4		0.528			
V30			0.650		
V42			0.626		
V22			0.602		
V24			0.554		
V16				0.775	
V6				0.540	
V7				0.534	
V17				0.432	
V61					0.724
V66					0.622
V49					0.534

表4-6 各因素特征根及贡献率

因素	特征值	贡献率（%）
因素1	2.422	12.747
因素2	2.054	10.808
因素3	2.009	10.576
因素4	1.885	9.922
因素5	1.600	8.422

本研究因素命名遵循以下原则：一是参照模型理论的构想命名，即看该因素的题项主要来自理论模型的哪个维度，哪个维度的贡献的题项多，就以哪个构想维度命名；二是参照题项因素的负荷值命名，即一般根据负荷值较高的题项所隐含的意义命名。由此，抽取出以下5个因素：

① 资源管理策略，包括项目：V26 能够有效地利用自己的时间；V63 能坚持在完成学习任务后才做其他事情；V20 如果没有完成学习任务，会克服干扰，并坚持完成它等4个项目。

② 认知策略，包括项目：V10 学习新概念时，把学过的相关知识和观点联系起来对照、比较和分析；V14 给自己提出一些问题，以确保真正地理解所学内容；V18 有一定综合概括能力，把广泛的阅读内容归纳整理成有条理的东西等4个项目。

③ 动机信念策略，包括项目：V30 相信自己能够出色完成学业；V42 对所遇到的难题进行努力是一件乐趣；V22 当学习遇到挫折时，能激励自己克服困难等4个项目。

④ 元认知策略，包括项目：V16 能根据自己的学习情况，评价和总结自己在学习方面的优势与不足；V6 总是好好想想所学的主题，决定我应当从中学到什么；V7 能制定出切实可行的学习目标等4个项目。

⑤ 创新策略，包括项目：V61 了解所学专业研究的最新进展情况；V66 能把自己的学习内容同人生目标联系起来；V49 珍惜大学学习的机会，并尝试在不同领域进行学习等3个项目。

（4）大学生学习策略的结构分析和完善

经过探索性因素分析后，依据预设构想，结合访谈和开放式问卷调查结果，我们对大学生学习策略的结构进行调整和完善。大学生学习策略包括资源管理策略、认知策略、动机信念策略、元认知策略和创新策略。资源管理、认知策略、动机信念策略和元认知策略的含义与预设构想含义相同。创新策略指大学生在专业领域和非专业领域的尝试性，敢于走在前沿的开拓策略。资源管理策略体现大学生自主学习的前提条件，具有比较充裕的时间进行独立的学习探究。认知策略考察大学生对众多信息的多层次地加工、编码、储存的认知过程。动机信念策略考察大学生在学习过程中面临困难和挫折时的动机和信心情况。元认知策略考察大学生对自我认知活动的意识和调控情况。创新策略考察大学生面对学科多元化和综合化趋势，结合自己人生价值的实现，进行大胆尝试，适应变化的情况。

(5) 信度分析

用三个指标来鉴定大学生学习策略调查问卷的信度：一是内部一致性系数(Cronbach a 系数)，二是分半信度，三是重测信度。(见表 4-7)

表 4-7 问卷各维度及总量表信度

因素	Cronbach a 系数	分半信度	重测信度
资源管理策略	0.7073	0.7475**	0.631**
认知策略	0.6412	0.6159**	0.636**
动机信念策略	0.6639	0.6721**	0.715**
元认知策略	0.6689	0.6566**	0.619**
创新策略	0.5286	0.4515**	0.657**
总量表	0.8233	0.7868**	0.721**

Henson (2001) 认为，在先导性研究中信度系数在 0.5 至 0.6 之间已足够。从表上可见，问卷维度和总问卷的内部一致性系数均在 0.52 以上，尤其总量表内部一致性系数颇佳。各因素的分半信度和重测信度达到显著水平，说明问卷有较好的信度，作为大学生学习策略的测量工具是稳定可信的。

(6) 效度检验

① 内容效度

本问卷的条目来源于文献综述、开放式问卷调查、访谈以及有关测验中的一些项目，并将初步拟定的 77 个条目，请心理学教授、博士研究生、硕士研究生、大学教师及在读不同专业背景的大学生 50 人进行 5 点量表评定。分别从问卷的结构、问卷的排列、问卷的指导语、问卷的条目等各综合方面进行评定。发现所有评定均在 4.23 以上，表明问卷具有比较良好的内容效度。

② 构想效度

检验构想效度常用的方法是因素分析法。本研究通过探索性检验，得出五个因素，与最初的理论构想基本一致，初步表明结构效度较好。另外，根据因素分析的理论，各个因素之间应该有中等程度的相关，如果相关太高则说明因素之间有重合，有些因素可能并非必要；如果因素之间相关太低，则说明有的因素可能测的是与所想要测量的完全不同的内容。杜克尔 (Tuker, L. R) 也曾提出，为给测验提供满意的信度和效度，项目的组间相关应在 0.10～0.60 之间。此外，各因素与总分的相关应高于相互之间的相关，以保证各因素间既有不同，但又测的是同一心理特征。

表 4-8　各因素间以及因素与总分间的相关

	资源管理策略	认知管理策略	积极学习策略	自我调节策略	创新策略	总　分
资源管理策略	1					
认知策略	0.444	1				
动机信念策略	0.495	0.498	1			
元认知策略	0.541	0.570	0.545	1		
创新策略	0.438	0.395	0.462	0.463	1	
总　分	0.714	0.723	0.748	0.729	0.668	1

由表 4-8 可知，各因素之间具有中等偏低的相关，各因素与总分之间有较高的相关，符合上述标准，说明问卷的结构与理想构想的基本一致，问卷的构想效度较好。

③ 效标效度

效标效度采用的是同时效度，以自我评价和学业成绩综合作为效标。在请同学填写预测问卷时，写出自己的综合成绩等级和自我评价等级（都分“优、良、中、差”四个等级，分别计分“4、3、2、1”），由于考虑到评价之间的差异性，选取出评价差异相对较小的被试（评价得分标准差小于0.6 的），然后以自我评价和学业成绩的得分的平均数为效标。结果见表 4-9。

表 4-9　以自我评价和学业成绩综合效标的量表情况

资源管理策略	认知策略	动机信念策略	元认知策略	创新策略	总　分
0.179**	0.142**	0.152**	0.114**	0.155**	0.096**

经过同时效度的效标检验后，可以认为本问卷具有良好的效标效度。

(7) 小结

综上结果，可以看出大学生学习策略的结构比较合理。通过探索性因素分析，结合理论构想，建构了大学生学习策略的五大维度。经信效度检验，五大维度符合统计学检验标准，因此，在此基础上编制的《大学生学习策略调查问卷》可以较好的服务于大学生学习策略的测评工作。

(五) 正式问卷的验证性因素分析

1. 目的

为了考察构想模型与实际模型拟合度，以及项目与各因素之间的关系。

2. 方法

(1) 研究工具

根据预测问卷探索性分析后编制出的大学生学习策略的调查问卷为正式问卷。该问卷共有 19 个条目，采用 Likert 自评式 5 点量表法，分为“非常符合”、“比较符合”、“不确定”、“比较不符合”、“非常不符合” 5 个等级，分别记为 5 分、4 分、3 分、2 分、1 分。

(2) 被试

从全国 7 个城市的 8 所高校选取样本，分别是北京师范大学、天津工程师范学院、华东师范大学、温州医学院、安徽工业大学、安徽师范大学、皖南医学院、铜陵学院，共发放问卷 1600 份，回收到有效问卷 1495 份，有效率 93.4%。

表 4-10 被试基本情况

项目	性别		年级				专业			
	男	女	一	二	三	四	文科	理科	工科	医科
人数	675	820	413	591	329	162	610	460	203	222
比例%	45.2	54.8	27.6	39.5	22.0	10.8	40.8	30.8	13.6	14.8

(3) 方法和程序

① 进行集体施测，安徽省的问卷由研究者亲自施测，外地问卷采用邮寄方式，委托有关老师（大多为心理学或教育学专业毕业）协助施测，邮寄时随寄“问卷施测注意事项”。

② 施测时间为 2006.12～2007.3。

③ 对回收到的问卷进行回答完整性与真实性的检查，问卷未答条目超过 5 道的予以剔除，作答有明显反应倾向的予以剔除，如条目答案都选相同一个。

(4) 统计处理

用 SPSS13.0 for Windows XP 和 AMOS4.0 软件进行数据分析。

(5) 设置可资比较的假设模型

由于验证性因素分析中也没有绝对可靠的检验指标，因此，即使某一模型与数据吻合也不能轻易下结论，根据有关学者的建议（林文莺、侯杰泰，1995）应设置多个可资比较的模型来竞争。为此，我们根据前人学习策略结构的分类，结合自己的理论建构设置了 3 个模型，以进行比较和评判。

模型 1：由探索性因素分析获得的 19 个独立因子构成 19 个独立的潜在学习策略的因子（M1）；

模型 2：由探索性因素分析获得的 19 个独立因子构成 2 个潜在学习策略的因子（M2）；

模型 3：由探索性因素分析获得的 19 个独立因子构成 5 个独立潜在学习策略的因子（M3）；

采用验证性因素分析评价模型的适合性时，一般考虑以下检验指标：

① χ^2（chi-square）检验，一般用 χ^2/df 作为替代性检验指数。其理论期望值为 1，χ^2/df 的值愈接近 1，表示样本协方差矩阵 S 和估计协方差矩阵 E 的相似性程度愈高。公认良好模型与数据拟合标准为 $\chi^2/df<5$。

② 拟合指数。常用的有"拟合良好性指标"GFI（goodness of index）、"常规拟合指数"NFI（normal of fit index）、"比较拟合指标近似均方根误差"CFI（comparative fit index）、"近似均方根误差"RMSEA（root mean square error of approximation）。这几个拟合指数一般在 0-1 之间，除了 RMSEA 是越小越好外，其他指数越接近 1 越好，越接近 1 表明理论模型能够很好解释原始数据之间的关系，模型拟合度好。一般认为，RMSEA<0. 05 时说明拟合良好，其他指数均大于 0. 80 时，表明拟合度良好。

（6）结果分析

表 4－11　三个结构模型的验证性因素分析拟合度指数

模型	χ^2	df	χ^2/df	NFI	GFI	TLI	CFI	RMSEA
模型 1	6324. 866	171	36. 988	0. 000	0. 447	0. 00	0. 00	0. 152
模型 2	6021. 233	160	18. 634	0. 000	0. 502	0. 00	0. 00	0. 103
模型 3	520. 161	142	3. 663	0. 919	0. 963	0. 927	0. 940	0. 038

从表 4－11 可以看出，模型 3 的数据拟合度是可以接受的，本研究样本比较大，χ^2/df 的值为 3. 663，说明该模型的拟合性是比较好的。同时，NFI、GFI、TLI、CFI 的值分别大于 0. 8，均在 0. 919 以上；而 RMSEA 的值小于 0. 05 的标准，各项指标比较合理，综合说明该模型拟合度较好，问卷具有较好的结构效度。由此，我们确定了大学生学习策略调查问卷结构的修正模型。

根据修正后的大学生学习策略模型，我们认为，大学生学习策略包括五个维度，含义分别是：①资源管理策略，是指大学生在学习活动中管理可用的学习资源的一种学习策略。这其中以时间管理策略为重要核心，包括努力管理、环境管理等方面，符合当代大学自主学习环境的要求。②认知策略，是指大学生在学习新知识期间，对信息加工的一些方法和技术。由于大学生的思维发展水平相对较高，因此，大学生认知策略主要体现了精加工策略和组织策略上。③动机信念策略，是指积极乐观的情绪和面对困难时保持积极心态的学习策略。情绪对认知活动的影响，认知心理学有很多的研究，尤其是积极的情绪对高效的认知活动具有催化剂的功能。④元认知策略，是指大学生在学习前、学习中和学习后，自我调控和监督自己学习情况的一种学习策略。有的学者总结为在线元认知和离线元认知。⑤创新策略，是指大学生积极拓展自己，积极提升自我的一种发展性策略。这符合大学生的学习观和价值观的发展历程。这五大因素构成的大学生学习策略，基本反映大学生的自主学习特征，体现大学生学习策略的运用过程是认知因素和非认知因素综合作用的过程。

（六）总讨论

1. 关于大学生学习策略的结构

学习策略结构呈现多维化和多层次化，这是当代学者达成的共识。依据前人的理论，本研究认为学习策略是以有效学习为目的，以认知策略为主，以认知调控策略为最高级形式的多维的动态有机系统。

大学生学习策略的基本结构主要由五种因素组成，分别是：资源管理策略、认知策略、动机信念策略、元认知策略和创新策略。大学生在这五种策略上的个体水平有一定的差异，五种策略的形成是一个不断发展的过程。认知策略是大学生一切学习活动的核心。大学生学习有别于人类的一般学习，是一种特殊的学习方式，虽然有直接的学习，但总体来说，属于间接的、系统的知识学习。主要通过各种信息渠道获取、保存和提取已有的知识和技能。按照皮亚杰的认知发展阶段论，大学生属于形式思维阶段，现代研究者认为，随着心理的发展，大学生的思维属于成人思维，比形式思维阶段更复杂，发展到了辩证思维阶段。大学生的认知策略有其独特的特点，体现了大学生认知特点。大学生的认知策略具有以下特征：①假设——演绎推理能力，能对所面临的问题情境提出一系列假设，然后对假设进行检验的能力。②命题推理能力，不一定以现实的或具体的资料为依据，只需凭借一个命题便可以推理。③综合推理能力，面对由多种因素形成的复杂问题情境时，可以根据问题提出假设，有计划地综合某些因素，从而能系统检验假设，得出较合理的结果。从大学生学习策略整体结构上来看，非认知的策略因素占的比例较大，充分反映了学习策略发生的系统性，是认知策略和非认知策略协同工作的过程。认知策略和元认知策略是学习策略的主要过程和程序。认知策略在于减少尝试的盲目性和错误的任意性，缩短学习时间，提高学习效率，超越人的一般认知能力，最大限度的学习和整合新的信息，形成系统的认知结构，促进学习活动的高效进展。元认知策略体现出自我在认知活动过程中自觉地、积极地监控和调节的能力。主要由计划策略、监控策略和调节策略组成。在一项活动前，计划各种活动，预计结果，选择策略，想出解决问题的方法，并预估其有效性；在活动中，根据认知目标及时评价、反馈，正确估计自己的认知程度、水平和特点；在活动后，根据认知策略的效果检查，及时修正和调整自己的学习。虽然学习策略中的认知因素在学习者学习过程中有着显要的地位，但非认知策略是学习策略的催化剂，显著影响学习策略中认知因素发生效果的大小。

大学生学习策略中的非认知策略包括资源管理策略、动机信念策略和创新策略。这些策略符合大学生的自我发展的特征。从自我发展的角度来看，随着时间的推移，自我意识逐渐明确，自我力量逐渐增强，自我成了决定其认知发展的过程、速度、质量的核心。正是这种日益完善的自我，引导个体不断提高，超越自我。大学生学习策略的整体结构揭示了自我发展的作用。资源管理策略主要体现自我在时间和学业任务管理上的策略。已有研究证明（Morris *et al.*，1978；Weinstein *et al.*，1993；杨渝等，1996），大学生的时间管理和学业管理与学业成绩有着高度的相关。动机信念策略体现大学生自我效能感和意志能动性。社会认知学派认为自我效能感是影响学习的关键因素之一。根据艾根和考柴克（Eggen&Kauchak，1999）对自我效能研究的总结，高效能学习者在任务定向上能够面对困难，在努力程度上能够下最大努力，在意志力上能够克服困难，在信念上有学习成功的信心，在策略运用上能够采用有效的策略。创新策略充分体现了自我在专业领域和其他领域的先进性、发展性和跨越性。即了解本专业领域的最新发展趋势，尝试在其他领域发展，并结合自己的人生规划。

2. *关于大学生学习策略调查问卷*

本研究与研究大学生学习策略的心理结构过程和编制大学生学习策略调查问卷的过程是相辅相成的，调查问卷是建立在对大学生学习策略的理论构想之上的。因此问卷所反映的内容局限于本研究的理论阐述和构想，而并非是大学生学习策略的全部反映，这是问卷方法的局限性，也是必须关注的缺陷。

本研究使用开放式问卷和访谈法对问卷的项目进行收集和理论进行建构，并让封闭式问卷经过探索性因素分析和验证性因素分析两次不同样本的调查和验证，还利用了多种信效度指标进行检验，问卷的信度系数较好，效标效度和构想效度指标尚佳，说明本问卷可以作为测评大学生学习策略的一个工具。但必须注意还需改进的地方，信效度的考验还没有一个绝对可靠、有效的标准，因此应该综合应用各种方法来考察问卷的信效度，并在此基础上不断修订问卷。

3. *关于数据与理论的关系*

本研究在进行数据和理论建构之间的关系处理上，采取了较为严谨的态度。完全根据数据特点来建构和修改理论是不恰当的，数量上的相关并不一定表示客观上的真实联系，数据和模型的吻合也只表示数据不否定研究者所建立的理论模型，但不能说明模型的正确。同时，有意忽视数据所暗示的信息，完全以理论为中心，也不是科学的。因此，必须在充分注意数据表达的信息的同时，发挥思维的能动性，进行合理的理论建构，然后进一步收集数据验证理论，修订理论。

本研究在访谈的基础上，收集数据，尝试构想大学生学习策略的结构，然后进行开放式问卷调查，进行修改，在预测问卷的探索性因素分析基础上，结合理论构想，抽取项目并进行因素命名，在正式问卷的验证性因素分析后，采用数据和理论拟合指数较为理想的模型。

4. 本研究的缺陷及进一步的研究方向

(1) 理论建构方面的缺陷

首先，在文献方面，由于资源和时间的限制，以及个人能力的不足，对与学习策略有关的国内外学者的研究成果掌握并不十分充足。其次，开放式问卷和访谈调查的样本数较小和取样的范围较为局限。再者，学习策略本身的内隐性决定了大学生感知的只能是学习策略实际运用中的一部分，因此，容易使理论建构缺失某些因素。

(2) 问卷的取样、信效度方面

① 由于个人能力有限，问卷调查未能真正实现大范围的取样，取样仅限于本科生，忽略专科生，专业层次上有待进一步的扩大，因此，样本的代表性还有待改进。

② 采用大学生学习策略问卷的调查方法，不能排除有社会赞许性效应的存在，因此在以后研究中可考虑增设考察社会赞许性效应的题项。

③ 本研究中测试效标效度时，用的是等级分，而不是大学生学业成绩的具体分数。虽然本研究得出良好的数据结果，但还需进一步考证。

(3) 进一步的研究方向

① 进一步应用文献综述、实际调查等多种理论与实证研究方法来考验、修订理论模型。

② 进一步修订问卷条目，进行较大范围的取样调查，检验调查问卷的信效度。

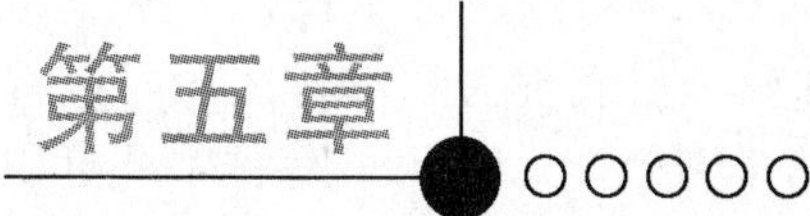

大学生学习适应问卷的编制研究

一、学习适应的本质

有机体适应环境有两种方式：一种是先天决定的反应倾向，这是每一物种的固有本能，如人类婴儿及哺乳动物先天就有吮吸反射，但这种先天的适应能力是有局限性的，有些物种因适应不了迅速变化的环境而灭亡。所以，有机体还必须通过另一种方式即学习来适应环境，学习是有机体适应环境的重要手段，它是一种使个体获得经验，并导致个体已有的心理结构发生适应性变化的多层次、多侧面的适应性心理活动。人从幼儿到青少年，大部分时间是在学校度过的，儿童、青少年的主导活动和主要任务就是学习，只有通过学习才能适应社会需要，成为对社会有用的人才。

学习适应是主体根据内外环境的变化，通过学习积极进行身心调控以维持与外部环境的和谐或保持良好发展状态的过程和能力。它本质上是个体经过一定的适应心理过程之后，导致的特定性质的个体适应心理状态。因此学习适应包括动态的适应过程和静态的适应状态。

对于学习适应性的概念，我国学者大都援引了周步成等主编的《学习适应性测验手册》上的表述，即学习适应性是指“个体克服困难取得较好学习效果的倾向，亦即学习适应能力。”这是目前国内使用得最多的有关学习适应性的概念。田澜（2002）在考察了这一概念后指出，“学习适应性是指学生在学习的过程中根据学习条件（学习态度、学习方法、学习环境等）的变化，主动做出身心调整，以求达到内外学习环境平衡的有利发展状态的能力”①。李红（2002）等认为学习适应性是指主体根据环境及学习的需要，努力调整自我，以达到与学习环境平衡的心理和行为过程。学习适应性有其内在的心理结构、心理条件和实现过程，一般需要经过适应平衡状态的打破，学习需要的产生，学习诱因的作用，自我的积极调整最后达到学习适应的良好状态②。葛明贵（2005）等认为，学习适应性是学习者在学习过程中克服困难与学习环境保持

① 田澜．我国中小学生学习适应性研究述评［J］．心理科学，2004，27（2）：502-504

② 冯廷勇，李红．当代大学生学习适应的初步研究［J］．心理学探新，2002，22（1）：44-48

协调一致，从而取得良好学习效能的心理倾向①。学习适应性不仅仅表明学习者对教学方式和学习环境的简单被动地“顺应”，更表现为学习者在学习过程中不断提升自己的学习能力以取得更为持续的学习效能。因此，发展才是更积极的适应。学习适应性有它的外在表现、内在机制和个体的个性特征，而学习适应性的外在表现就是学习适应状况。

大学与中学之间的学习在学习环境、学校管理、教学模式、学习内容、学习策略和学习动机等方面存在很大的差异，大学的学习比起中学来更为多样和高级，突出地表现出专业性、自主性、阶段性和研究性等特点②。

本研究从大学生的角度出发，认为大学生学习适应状况是指主体根据学习环境、学习内容、学习任务等的变化，克服困难，努力调整学习价值观、学习方法和学习目标以达到与内外学习环境相平衡并最终取得良好学习效果的一种行为结果。因此大学生学习适应状况的主要因素包括：学习方法、学习热情、学习态度、专业兴趣、学习动力、学习环境等六个因素。这也正是本研究编制量表的基本理论构想。

二、大学生学习适应问卷的编制过程

（一）题目来源

问卷的项目来源主要包括以下几个方面：一是从我们对大学生学习适应状况的定义和我们的理论构想出发，对学生和教师进行开放式调查得来的结果；开放式问卷调查的内容包括：①您认为自己是否适应大学的学习生活？哪些方面适应的较好？哪些方面适应的较差？②您认为入学以来自己在学习方面有哪些变化？③哪些不适应因素会对您的学习产生影响？

二是参照周步成学习适应量表③、王滔大学生心理素质量表、冯廷勇大学生学习适应影响因素问卷、Simon L. & Roland . R 的 TRAC 量表（Test of Reaction and Adaptation in College ）④ Zitow 的 CARS 卷（The college Adjustment Rating Scale）和 Baker 等的 SACQ 问卷（The Student Adaptation to College Questionnaire）等问卷所包含的条目选取。

三是结合当代大学生学习活动的实际，选择能够反映大学生学习适应状况

---

① 葛明贵，余益兵．大学生学习适应性及其影响因素研究［J］．安徽师范大学学报，人文社会科学版，2005，33（5）

② 冯廷勇，李红．大学生学习适应量表的编制［J］．心理学报，2006，38（5）．762-769

③ 周步成．学习适应性手册［S］．华东师大心理系，1991

④ Simon，L. B.，Roland，R.（1995）．Test of Reaction and Adaptation in College（TRAC）：A New Measure of Learning Propensity for College Students，Journal of Educational Psychology，87（2）：293-306

的行为表现。

在此基础上结合量表的初步理论框架形成预测问卷。预测问卷共63个项目，所有项目采用李克特式五点记分制。“完全同意”记5分，“大部分同意”记4分，“同意”记3，“大部分不同意”记2分，“完全不同意”记1分。

（二）编制正式问卷

对预测问卷进行预测，预测在安徽师范大学、皖南医学院、和安徽工程科技学院四所院校进行。共发出问卷400份，收回有效问卷315份。经过项目分析，第2、16、17、22、23、42、54道题目被删除。并根据以下标准来选择项目组成正式问卷：

第一，因素分析理论。项目的负荷表示公共因素与该项目的相关，项目在某个因素上的负荷越大，表明该项目与因素的关系越密切；若项目在因素上的符合很小，则说明该项目不能反映出该因素所代表的心理特征。[①] 并且在两个或两个以上因素的负荷均高且负荷值近似，这样的题目应删除。项目的共同度是各个项目效度系数的估计值，项目的共同度反映了所提取的公共因素对项目的贡献，因此保证项目在某一特定公因素上有较大负荷的前提下，还应尽可能保证公因素对项目的共同度。这样可以根据各个项目的因素负荷和共同度作为判断项目有效性的标准。本研究参照以下标准（Kavsek &Seiffge-Krenke，1996）对项目进行评价：①因素负荷小于0.4（$a<0.4$）；②共同度小丁0.20（$h_2<0.20$）；③“概括”负荷（substantial loading）小于0.50（$a_2/h_2<0.50$）；④每个项目最大的两个“概括”负荷之差小于0.25（（$a_{12}\sim a_{22}$,）$/h_2<0.25$）。

第二，标准差。项目的标准差大，说明个体在该项目上得分的分布较广，该项目能够鉴别个体反映的差异；反之，说明个体的得分分布在较小的范围之内，该项目对个体的反映差异鉴别力较低。在此理论基础上删除问卷标准差较小的项目，一般来说，问卷标准差小于0.5的因素应剔除。

第三，剔除归类不当的项目。[②]

根据以上标准，删除了20个项目，余下43题项构成了大学生学习适应状况的正式量表。

正式测试在皖南医学院、安徽工程科技学院、安徽师范大学、安徽医科大学、马鞍山工业学院进行。此次测试共发放问卷500份，删除无效问卷，共得到406份有效问卷。

探索性因素分析采用主成分分析，因子旋转采用最大正交旋转，计算工具

① 余建英，何旭宏．数据统计分析与SPSS应用［M］．北京：人民邮电出版社，292-310

② Kavsek，Seiffge-Krenke. The differentiation of coping traits in adolescence. International Journal Behavioral Development，19（3）：651-668

为 SPSS13.0，验证性因素分析采用的工具是 Lisrel8.7。

（三）结果与分析

1. 探索性因素分析

为了检验调查数据是否适合做因素分析，采用 Kaiser-Meyer-olkin（KMO）和 Bartlett Test of Sphericity 进行度量，KMO 值为 0.877，Bartlett 球形检验统计量为 4112.50，$P=0.00$，表明适宜对数据进行因素分析。

对问卷的 43 个项目进行因素分析，经主成分分析，提取特征值大于 1 的 10 个因子，然后对因素分析结果进行最大正交旋转，同时结合碎石图，共抽取 6 个公因子，6 个公因子的累积方差贡献率、因子结构、各项目的因子负荷以及碎石图见下表。

表 5-1 大学生学习适应性因素负荷矩阵

题项	因素 1	因素 2	因素 3	因素 4	因素 5	因素 6	共同度
A33	0.758						0.610
A32	0.713						0.568
A43	0.647						0.468
A36	0.514						0.400
A12	0.500						0.357
A19	0.758						0.473
A23	0.713						0.402
A35		0.668					0.511
A25		0.647					0.500
A5		0.637					0.537
A30		0.508					0.464
A37		0.466					0.377
A38			0.634				0.519
A27			0.539				0.449
A42			0.518				0.530
A29			0.505				0.509
A41			0.498				0.569
A40			0.493				0.492
A3			0.492				0.332
A21				0.769			0.641
A1				0.731			0.640
A11				0.682			0.483
A31				0.623			0.620
A15					0.697		0.630
A14					0.589		0.532
A9					0.570		0.516
A18					0.542		0.454
A17					0.492		0.411
A24						0.589	0.489
A20						0.565	0.407
A4						0.493	0.425
特征值	3.190	2.747	2.730	2.608	2.508	1.534	
方差贡献率（%）	10.292	8.861	8.807	8.413	8.092	4.949	
累积方差贡献率（%）	10.292	19.153	27.960	36.372	44.464	49.413	

本研究因素命名遵循两条原则：一是参照理论分析构想命名；二是参照因素题项的负荷值命名，一般来说，根据负荷值较高的题项所隐含的意义命名。

因素分析获得 31 个有效题项，共析出 6 个因素，可以解释总变异量的 49.413%。

因素 1 包括 7 个项目，命名为学习方法。涉及大学生能够根据大学学习的特点、需要，选择、运用和创造适合自身学习的学习方法；

因素 2 包括 5 个项目，命名为学习热情。涉及大学生在面对大学的学业压力、考试压力和就业压力等，能主动有效地调试自己的情绪、情感，产生积极向上的情感体验；

因素 3 包括 7 个项目，命名为学习态度。主要包括大学生对大学学习采取积极向上的态度，上课认真听讲，积极应对考试，有效利用各种资源等。

因素 4 包括 4 个项目，命名为专业兴趣。涉及大学生对自己所学专业充满积极乐观的期待，学习热情高涨，求知欲望强烈。

因素 5 包括 5 个项目，命名为学习动力。主要包括大学生能够根据实际情况定下明确的学习目标，并且坚守目标，在没有外界压力的情况下也能自主地学习。

因素 6 包括 4 个项目，命名为学习环境。主要指大学生在大学学习环境发生变化的条件下，能够使自己的学习不受影响。

2. 验证性因素分析

通过探索性因素分析所得到的大学生学习适应状况的因素结构，称为理论或结构模型。该量表结构模型是否合理，由于探索性因素分析本身功能的限制，难以验证。基于探索性因素分析的结果，本研究选用 LISREL8.7 统计软件，采用极大似然法对问卷因素结构给以验证性因素分析，从而检验理论或构想模型的正确性。

在拟合指数方面，选取了 χ^2，df，GFI，CFI，NFI，NNFI 和 RMSEA 作为评价模型拟合程度的标准。其中，GFI，CFI，NFI，NNFI 的值应该接近于 1，但一般认为这三个指标的值不小于 0.90 是模型拟合良好的标准。RMSEA 是度量各自由度差异的指标，该值小于 0.08 则可以认为模型拟合良好。

另外，χ^2/df 的值小于等于 2 也是模型拟合良好的一个重要指标，但在样本数较大时可能导致该值较大①。

本研究的因子结构模型及标准化路径系数如下图所示。

① 侯杰泰，温忠麟，成子娟. 结构方程模型及其应用［M］. 北京：教育科学出版社，2004：154-161

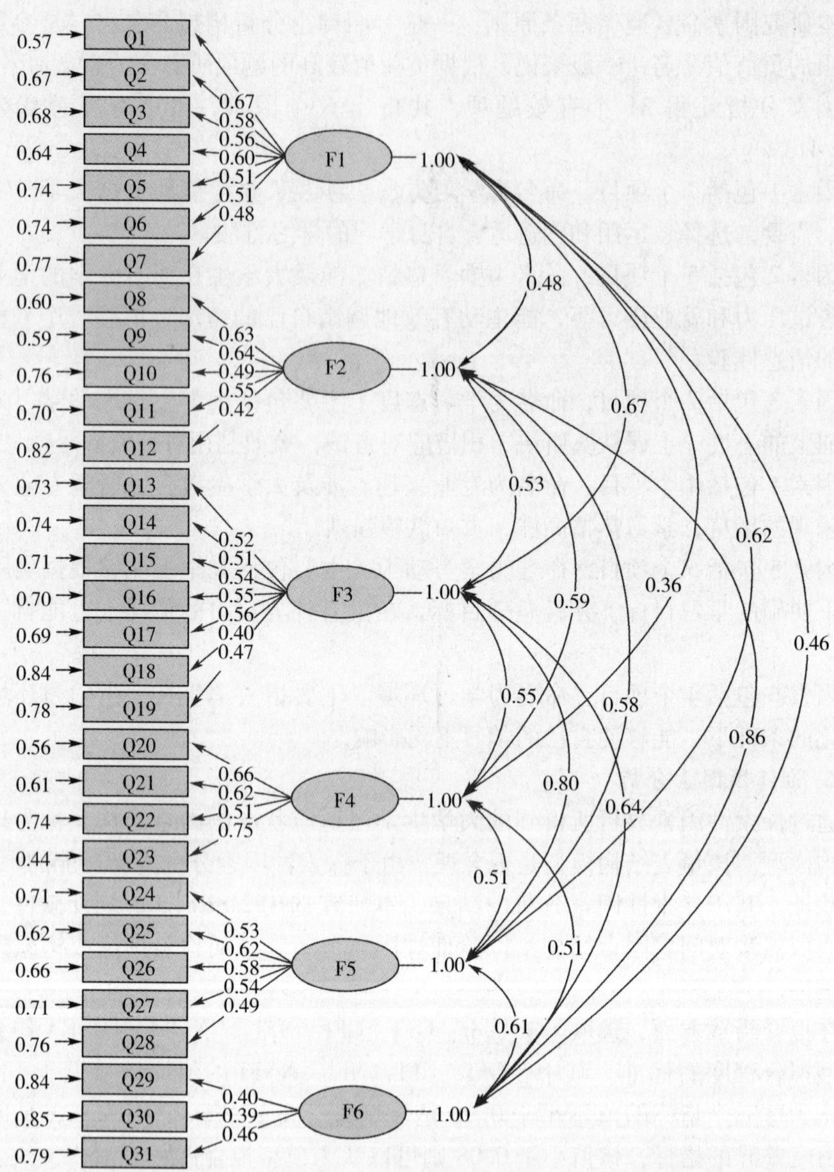

图 5-1 因子结构模型及标准化路径系数

表 5-2 模型的拟合指数摘要

χ^2	df	χ^2/df	GFI	CFI	RMSEA	NFI	NNFI
857.50	419	2.05	0.92	0.94	0.061	0.91	0.93

验证性因素分析结果表明，由于本研究的样本容量大，χ^2/df 值为 2.05，说明该模型的拟合度是比较好的。同时 GFI，CFI，NFI，NNFI 值都大于 0.90，RMSEA 值为 0.061，各项指标均达到了可接受的水平，说明该模型的结构效度较为清晰。

3. 信度分析

本研究采用内部一致性系数（同质信度，又称 Cronbach a 系数）和稳定性系数（重测信度）作为问卷信度分析的指标从表 5-3 中可以看出，大学生学习适应性问卷 6 个成分的内部一致性系数在 0.534 ~ 0.806 之间，稳定性系数在 0.574 ~ 0.832 之间。从正式测量的被试中随机抽取 158 人，两周后进行重测，以计算重测信度，说明本问卷具有良好的信度。

表 5-3　大学生学习适应性问卷的信度系数

变量	Cronbach a 系数	重测信度
1	0.806	0.832
2	0.741	0.812
3	0.685	0.796
4	0.801	0.809
5	0.798	0.799
6	0.534	0.574

4. 效度检验

检验心理测验效度的方法很多，每种方法侧重的问题不同，名称也随之而异。美国心理学会在 1974 年出版的《教育与心理测量之标准》一书中将测验效度分为内容效度、效表效度（即实证效度）和构想效度（即结构效度）。[①] 本测验由于没有现成的权威的大学生学习适应性量表作为外部参照，因此，本测验不采用效表效度，而是采用内容效度和结构效度作为本问卷的效度考察指标。

（1）内容效度

本问卷的项目来源于文献综述，参考国内外相关文献对学习适应的论述，并参考国内外相关的学习适应测量量表中的项目，根据定义来撰写条目。并请有关专家（包括心理学教授、心理学博、硕士研究生以及大学教师）对预试问卷的项目进行评定（主要对项目是否能反映大学生学习适应的情况与特点，是否与大学生的学习生活实际相结合，项目的语句是否恰当、有无歧义三方面进行评价），经反复修改后形成 63 个项目的预试问卷。

---

① 金瑜. 心理测量［M］. 上海：华东师范大学出版社，138-144；181-230

专家们认为，该问卷反映了大学生学习适应的基本内容，行为样本具有代表性，可以有效地对大学生学习适应进行测量。

因此，本问卷具有较好的内容效度。

（2）结构效度

根据因素分析的理论，各个因素之间应该有中等程度的相关，如果相关太高，则说明因素之间有重合，有些因素可能并非必要；如果因素之间相关太低，说明可能测量到的是与所想要测量的完全不同的内容。本研究的项目分析结果表明题项之间以及题项与总分之间的相关基本符合这一要求，本研究各个因素之间的相关以及因素与问卷总分的相关见下表，表中的相关系数都达到非常显著的水平。问卷的结构效度见表5-4。

表5-4　各分量表与总量表的相关系数

	因子一	因子二	因子三	因子四	因子五	因子六
因子一	1					
因子二	0.355	1				
因子三	0.506	0.375	1			
因子四	0.247	0.388	0.359	1		
因子五	0.470	0.378	0.544	0.327	1	
因子六	0.251	0.419	0.326	0.264	0.276	1
总分	0.721	0.694	0.788	0.617	0.739	0.557

根据心理学家Tuker的理论，构造健全问卷所需要的项目和测验的相关在0.30~0.80之间，项目间的组间相关在0.10~0.60之间，在这些相关全距之内的项目为项目提供满意的信度和效度。①

由上表可以看出，各个因素之间的相关在0.247~0.544之间，相关较适中；各个因素与问卷总分相关在0.557~0.788之间，有较高的相关。这说明各因素既有一定的独立性，又反映出了相应的归属。

因此，问卷的结构和理论构想较为一致，问卷的结构效度较佳。

三、大学生学习适应状况问卷编制策略与方法

本问卷是在结合大量文献综述，借鉴前人重要的研究成果与相关学习适应量表基础上编制而成的。通过探索性因素分析初步建立问卷的理论或构想模型，再用验证性因素分析验证确定其理论或构想模型的合理性和正确性，最终形成正式问卷。

① 戴忠恒，心理教育测量［M］. 上海：华东师范大学出版社. 1987：262

在心理学的研究中，常常隐含着一些不能直接观测的潜在变量或特质，这些潜在变量可能是研究者的某种理论构想或研究假设，因此，如何用可观测变量来研究不可观测的潜在变量和特质是非常重要的。探索性因素分析就是这样一种从可观测变量中探索、发现潜在变量和规律的常用方法，在心理测量学特别是在心理量表和问卷的编制中，得到了非常广泛的应用，现在已经成为心理量表编制中发展初步模型和理论建构的重要方法。

本问卷应用探索性因素分析主成分分析，正交旋转法，建立了6个因素的结构模型，保证了量表编制方法的科学性。当然，探索性因素分析也有不足之处，比如因为它是由数据间的相关矩阵所衍生出的结构，可能仅仅是一种随机现象，结构可能不稳定或不可靠，探索性因素分析所得结构模型也不一定与原先预设的理论结构或概念结构相吻合。

为了弥补探索性因素分析的不足，本研究还应用验证性因素分析来验证探索性因素分析发展的初步模型和理论建构的合理性。在探索性因素分析中，由于因素的数量以及因素之间的关系都是未知的，所以所有的因素负荷、因素相关、唯一性方差都是待估的。在验证性因素分析中，可以根据已有的知识与研究，假设因素的数量与因素之间的关系，从而减少待估量，并可以提供卡方检验和拟合优度指标等参数，以检验实测数据能够证明和支持理论结构的程度。如果说探索性因素分析带有一种不确定性的话，那么验证性因素更符合科学研究的“假设—验证—修正—验证”的过程。如果将两种因素分析方法结合使用，可保证编制出的量表所测特质的确定性、稳定性和可靠性。本研究正是将探索性因素分析和验证性因素分析相结合使用的，因而保证了问卷编制的科学性。

信度是对测量一致性程度的估计，反映了测量工具的稳定性或可靠性，它一般用信度系数来评价。本研究选用 Alpha 系数、重测信度系数。一般认为信度系数在0.70～1.00之间的测验较为可靠。信度检验结果表明该问卷具有较好的信度。

内容效度用来评估项目取样的适当性。要具有内容效度必须有两个条件：一个是定义完好的内容范围，另一个是项目应该是所界定内容范围的代表性取样。本研究测评的项目来源于文献综述和开放式问卷。经过精心的设计与挑选，并请专家及相关的教育工作者进行了审查、评价了项目的恰当性，从而保证量表项目能反映当前大学生学习适应状况的实际情况，量表具有较好的内容效度。

结构效度就是测验能测量到某一理论构想或心理特征的程度。首先，从各项目与分量表的相关情况看，各项目与所属分量表均呈显著高相关，而与另外的分量表相关较适中，这表明问卷具有较好的结构效度；其次，从分量表之间相关以及与总量表的相关看，6 个分量表之间相关适中，而分量表与总量表之间的相关较高，这表明量表具有 6 个独立的维度。验证性因素分析结果表明，χ^2/df 值为 2.05，由于本研究的样本容量大，说明该模型的拟合度是比较好的。同时 GFI、CFI、NFI、NNFI 值都大于 0.90，RMSEA 值为 0.061，各项指标均达到了可接受的水平，说明该模型的结构效度较为清晰。

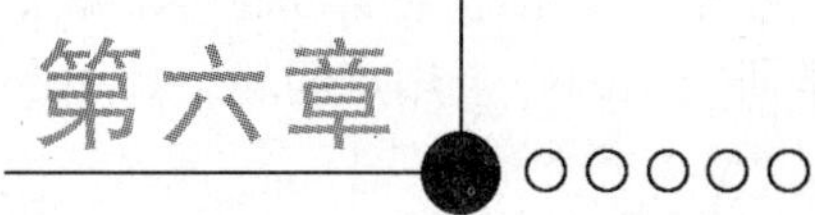

第六章

大学生学业情绪问卷的编制研究

1935 年，美国著名心理测量学家亚历山大（W. P. Alenander）在论文《具体智力和抽象智力》中首次提出“非智力因素”（Nonintective Factors）这一术语，用以对感知、记忆、思维和想象等以外的因素的概括。事实上，人们对非智力因素在学习行为中作用认识由来已久。如中国有句名言，“非不能也，是不为也”意思就是说不是不会做，而是不肯做。其中“为”则是指“肯不肯”即非智力因素。

虽然时至今日教育心理学家们还没有对非智力因素形成统一的概念，但在普通心理学中，情感、动机、兴趣、意志等心理品质都被视为并列的“非智力因素”。其实，人的诸多心理品质，如动机、兴趣、意志等都不同程度地与情感感受、情感反映和情绪状态相伴随，因而都属于广义的情绪范畴。情绪一直被心理学家们认为是影响人类行为的一个重要方面，它与其他的心理过程（如认知、动机）有着复杂的相互作用关系。从情绪对学生成长与发展的影响来看，情绪影响他们的认知加工过程、学业成绩，也影响他们的心理和生理健康。

随着人本主义心理学的兴起和认知心理学研究的深入，人们越来越认识到情绪的重要作用。美国著名心理学家伊扎德把情绪定义为：人对其生存及学习环境和文化评价的结果。教学实践中，教师们深刻地感受到学生的学习成绩与智力水平只是中等程度的相关，而上述广义的情绪则是影响学生学业水平的关键。良好的情绪是学生们求知和钻研的基础，复杂而艰巨的智力活动需要积极的情绪支持。

1998 年，美国教育研究联合会召开了主题为“情绪在学生学习与成就中的作用”的学术年会。围绕这一主题，大会组织了五个讨论会，这些讨论极大地激发了与会者对教育中的情绪问题的研究兴趣。教育心理学家杂志的资深主编认为，在 21 世纪，致力于教学、学习和动机的研究者与教育实践者，将不会忽视情绪在教育中的作用，他们正逐渐认识到情绪存在于教学与学习的各个方面。

教育过程是“创造”人的过程，也是人的价值的积累沉淀过程。教育过程的实现必须以尊重人的本质，遵循人的身心发展特点和规律为前提。因此，如何根据学生的心理需要，让学生愉快学习，主动探求，满足求知欲望，激发进一步学习的兴趣，是一个非常重要的问题。近年来，影响学生学习的一个重要因素——学业情绪已成为国外教育学与心理学研究中的一个热点问题，并引起了各国学者的广泛关注。

德国心理学家 Reinhard Pekrun 等人于 2002 年首次提出学业情绪（Academic Emotions）的概念。学业情绪对学生的学习、交际和心理健康有着重要的实践意义。

首先，积极的学业情绪对学生的认知、学习态度、学习动机有着重要的影响。在这方面关注最多的是对考试焦虑、厌倦、恐惧等的研究。1998—2005 年，国内权威性数据库清华学术期刊收录的有关考试焦虑的研究论文多达 534 篇，有关厌学的也有 440 篇，也有针对积极情绪的研究，但是比较少见。如杨秀君（2003）等人进行了对学习成功感的研究。乔建中等（1997）研究发现，学习焦虑水平对归因有着直接的指导作用，不同学习焦虑水平的学生对于成功或失败的学习结果有着不同的归因倾向。Reinhard Pekrun 等人的研究发现，情绪可以触发、维持或减弱学习动机。

其次，积极的学业情绪与对于建立良好的师生关系有着重要的影响。Debra KMeyer 等人在对教师和学生的相互作用进行研究的过程中发现，学生情绪是学习动机的一个必不可少的组成部分。情绪与教师的教学、学生的信念、行为等交织在一起，构成产生班级环境中人际交往的一个必不可少的部分。

再次，积极的学业情绪有利于学生身心健康发展。教育教学的目的，是使学生获得身心两方面的健康全面的发展。良好的情绪状态是身心健康的标准之一。培养学生良好的学业情绪体验，不仅能够对学生的学业成绩产生积极的作用，还有利于提高学生身心健康发展水平。学生身心健康发展，除跟先天的遗传素质有关外，更重要的是与教育和环境有关。给学生营造一个宽松平等的学习环境，让学生形成良好的学业情绪，就会减轻学生的学习压力，增强学生主动学习的动力，进而促进学生形成良好的心理品质和健全的人格。

目前与国际上对学业情绪的重视程度相比，我国学者对学业情绪的研究有待进一步加强，而且关注的视角大都集中在青少年学业情绪的研究上（如俞国良、董妍、刘海燕、孙士梅 2006）。对大学生学业情绪的关注还不够。大学生正处于青春期向青年期的过渡时期，在生理发育接近成熟的同时，心理上也经历着急剧的变化，尤其在情绪上，相对于中学生来讲，大学生的情绪内容趋向于深刻和丰富，情绪的表达趋于隐蔽，情绪的变化也逐渐趋向于稳定。研究大学生的学业情绪更具有实践意义。大学生在学习过程中体验到的情绪结构还没有得到系统的研究，本研究试图通过问卷法揭示大学生的学业情绪结构，探讨其发展特点，并根据大学生学业情绪的特点提出教育建议，以期对大学生情绪情感和学习方面的研究和教育实践有所帮助。

一、学业情绪的研究概况

（一）学业情绪的相关概念

1. 情绪与情感

在19世纪和20世纪初期，心理学家把心理现象划分成三个方面，即认识过程、情绪过程和意志过程。认识过程是对客观事物本身的品质和属性以及它们之间的联系和关系的反映过程；意志过程是认识活动的能动方面和自觉的调节过程；而情绪和情感是伴随着认识活动和意志行动而出现的，它具有独特的主观体验的形势和外部表现的形式，具有复杂的神经生理、生化的机制，包括有机体在心理的和生理的许多水平上的整合。情绪和情感在人的心理生活中有着广泛的影响，并在人的日常活动中起着十分重要的作用。

《中国大百科全书·心理学》中解释，人们常把短暂而强烈的具有情景性的感情反应看做是情绪，如愤怒、恐惧、狂喜等。美国的斯托曼在《情绪心理学》一书中这样描述："情绪是人对反映内容的一种特殊的态度，它具有独特的主观体验、外部表现，并且总是伴有植物性神经系统的生理反应。"孟昭兰（1994）认为：情绪（emotion）是以个体的愿望和需要为中介的一种心理活动，是多成分组成、多维量结构、多水平整合，并为有机体生存适应和人际交往而同认知交互作用的心理活动过程和心理动机力量。它代表感情性反应的过程，与情感、心境统称为感情（affect）。情绪包括主观体验、外部表现和生理唤醒三个成分（彭聘龄，2002）。

虽然人们从不同角度出发提出了不同的情绪概念，但这些概念都有一些共同点，总的来说，情绪是人对客观事物短暂的、具有情景性的态度体验及相应的行为反应，例如，兴奋、期望、自豪、放松、气氛、焦虑、害羞、绝望、烦躁等。情绪是人脑的高级功能，与其他的心理过程有复杂的相互作用关系，从而保证着个体的生存和发展，并对个体的学习、记忆、决策等有着重要的影响。

从情绪对学生成长与发展的影响来看，情绪影响他们的认知加工过程、学业成绩、心理和生理健康。

2. 学习的情绪与学业情绪

学习不仅是智力心理活动过程，也是人的情感、意志、动机、态度等心理活动过程即非智力心理活动过程，它们之间相互交织在一起，相辅相成。

厘清学习的情绪和学业情绪之前，先探讨什么是学习、学业。

一般认为学习有广义和狭义的学习，心理学认为广义的学习包括人的学习和动物的学习，就人的学习而言，广义的学习是人类在认识和改造世界的活动中获得人类历史经验和个体经验的活动过程，人的学习是一种能动的自学的活动，不是简单的本能反射。狭义的学习是指学校里学生的学习，是在教师的启发诱导之下学生有目的、有计划、有系统的掌握知识、技能、技巧和行为规范的活动，是学生的一种社会权利和义务。

学业与学习的狭义含义紧密相关，是指学生在学校中与学习能力、学习行为相关的学习成绩。简言之就是学习的结果、效果。

人的学习需要有情感做动力。情绪饱满、积极热情的学习，会提高学习效率；情绪低落、消极悲观的学习，则会降低学习效果。这就是学习的情绪。为什么学生在学习的过程中会产生积极的情绪或者消极的情绪呢？实际上都是学习行为的结果造成的，学生对自己的学习结果进行评价，于是就产生了学业情绪。严格意义上说学习的情绪实际上就是学业的情绪。

2002 年，Reinhard Pekrun 等人首次提出了学业情绪（aeademic emotions）的概念。指出“学业情绪表示与学校学习、课堂教学以及学业成就直接联系的情绪，例如学习过程中的兴奋、成功后的自豪、以及与考试相联系的焦虑等。它不仅指学生在获悉学业成功或失败后的情绪体验，也包括学生在学校环境中经历的与成就有关的情绪。”

国内学者俞国良等人结合国外学业情绪研究者的观点指出，学业情绪概念除了包括学生在学校环境中经历的与成就有关的情绪外，也应该包含在教学或学习过程中涉及的那些情绪，并在此基础上将学业情绪定义为“学业情绪是指在教学或学习过程中，与学生的学业相关的各种情绪体验，包括高兴、厌倦、失望、焦虑、气愤等。

国内外学者在描述学业情绪概念时，一致认为，学业情绪包括在课堂教学活动中、日常作业过程中以及考试期间的情绪体验。如图所示：

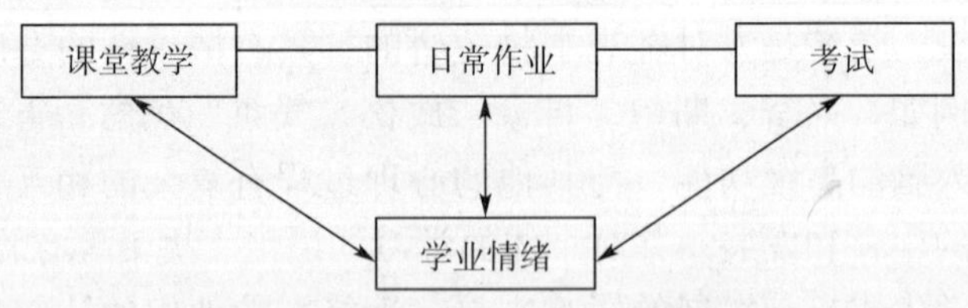

图 6－1　学习情境中的情绪体验图

学业情绪与一般情绪有什么关系呢？从学业情绪的定义上，可以看出学业情绪与一般情绪的来源不同，这种情绪一般发生在学习或教学过程中，与学习行为和学习成绩密切联系；从现有的研究来看，学业情绪与一般情绪的作用也有区别。例如，很多研究都已经证明，一般特质焦虑与测验焦虑相比，与学生的成绩相关更低一些（Hembree，1988）。学生的一般情感定向与学业情绪是相关的，但是回归分析表明他们对学生的分数有不同的贡献。（Gumora 和 Arsenio，

2002）。因此从这个意义上讲，有必要对学业情绪进行深入研究，以帮助学生更好完成学业。

（二）学业情绪的研究方法与范围

1. 学业情绪研究方法

学业情绪研究是一项复杂工作，对学业情绪研究方法的研究本身就是一个具挑战性的工作。一个领域的研究方法在很大程度上影响和决定着该领域的研究进展，因此要使学业情绪研究顺利进行，首先必须对学业情绪的研究方法进行更新和改进。目前国内外已有很多学者作了这方面的研究。

学业情绪研究属于情绪研究的范畴，因此学业情绪的研究方法与情绪的研究方法基本相同。如实验法、调查法、观察法、心理测量法、档案法等。

除此之外也可将学业情绪的研究方法分为定性研究和定量研究两种。定性研究方法主要用在开拓新的研究领域，尤其当研究的问题比较复杂时，定性研究方法能够获得较多的信息。定量研究方法更适合对问题进行深入地研究，尤其在预测和控制方面显示出它的优越性。

学业情绪测量在学业情绪的研究中占有重要的地位，准确的测量是保证研究结果可靠性的前提条件。由于学业情绪概念的提出较晚，其研究也较少，因此，目前国内外较成熟的学业情绪量表很少见，AEQ 量表是其中之一。Pekrun R、Goetz T、Titz，W、以及 Perry R. P 等人在对自我报告法所得资料分析的基础上，参照考试焦虑量表的建立标准，编制了 AEQ（academic emotion questionnaire）量表。该量表旨在从多角度对各种学业情绪进行测量，并以此为基础进行研究和预测。该量表设计了三个分量表，分别与课堂情绪、学习情绪、考试情绪相联系，每个分量表均包括愉快（enjoyment）、希望（hope）、自豪（pride）、宽慰（relief）、愤怒（anger）、焦虑（anxiety）、绝望（hopelessness）、羞愧（shame）、厌倦（boredom）九种情绪。

国内董妍、俞国良编制的《青少年学业情绪问卷》从积极高唤醒、积极低唤醒、消极高唤醒、消极低唤醒四个分问卷来研究学业情绪，也具有好的理论构想和良好的信效度，是研究青少年学业情绪的一个有效工具。

2. 学业情绪研究范围

早在学业情绪概念提出之前，已有学者对学业情绪进行过研究。Reinhard Pekrun 等人曾对学业情绪概念提出之前国外有关学业情绪的近两千篇文章（1974～2000 年）做过统计，统计结果表明，有关焦虑（尤其是考试焦虑）的研究很多，几乎占据了整个学业情绪研究领域，而其他情绪（兴奋、气愤、羞愧、烦躁等）的研究相对较少，还有一些情绪（如钦佩、轻蔑等）的研究几乎处于空白状态。

国内情况也大致如此，在中国期刊全文数据库中搜索发现1979~2000年之间有关考试焦虑的文章有480篇之多，有关其他情绪（例如，嫉妒、兴奋、自豪、轻松、感激、伤心、绝望、羞愧、烦躁、嫉妒、钦佩、惊奇等）的研究很少，几乎处于空白。

2002年《教育心理学家》（Educational Psychologist）第37卷（第2期）发表了有关学业情绪研究的专栏。该专栏的8篇文章分别从成就目标、自我调节学习、学业成就、动机等不同角度对学业情绪进行了研究，并对研究方法进行了总结。

2005年《Learning and instruction》杂志在第5期中精选了十余篇学业情绪的最新研究论文。这几篇文章分别就教师的情绪对学生动机的影响，情绪对学生元认知过程的影响，学生对情绪和动机经历的描述，社会学习过程中情绪的起源、发展和影响等问题进行了研究。使学业情绪研究上了一个新台阶。

学业情绪研究在国内的进展一直比较缓慢，除了考试焦虑外，有关其他学业情绪的实证性研究很少，几乎处于空白。然而，随着国外研究的发展和国内课程改革的需要，以俞国良、董妍为代表的我国学者已开始关注学业情绪研究，相继有一些研究成果出现。

纵观对学业情绪的研究可以发现经过两个阶段，第一个阶段是在2002年前，学业情绪研究都集中在学习情境中的具体情绪，诸如考试焦虑等。第二个阶段是在2002年学业情绪概念的提出后，学业情绪作为一个整体的变量与学习的其他因素在一起研究，诸如学业情绪与学习动机，元认知等的研究。以及开始关注不同群体的学业情绪，和具体学科的学业情绪。

（三）学业情绪表现的分类和研究概况

研究者普遍认识到遗传倾向、生理过程、认知评价三者是学业情绪最直接的起因，其中的遗传倾向和生理过程与教育无关，而认知评价则受到教育和环境的影响。认知评价包括学业自我效能感、学业自我控制评价和学业成就主观评价等。这在一定程度上提醒研究者，要在教学中调节学生的学业情绪就必须从认知评价出发，对学业情绪与认知评价以及环境之间的关系进行研究。

传统的分类方法是将学业情绪分为互不相连的具体的情绪，例如，焦虑、愉快、敌意等。由于很多具体的情绪之间存在着很大的相关性，因此有学者将情绪划分为不同的维度。Reinhard Rekrun 等人曾将从实验和观察中总结的九种学业情绪划分为积极情绪和消极情绪，由于积极情绪和消极情绪是由因素分析正交旋转方式得来的（限制因素之间互不相关），因此，二者内部不同程度的情绪基本上是相互独立的。

学业情绪分类如下图：

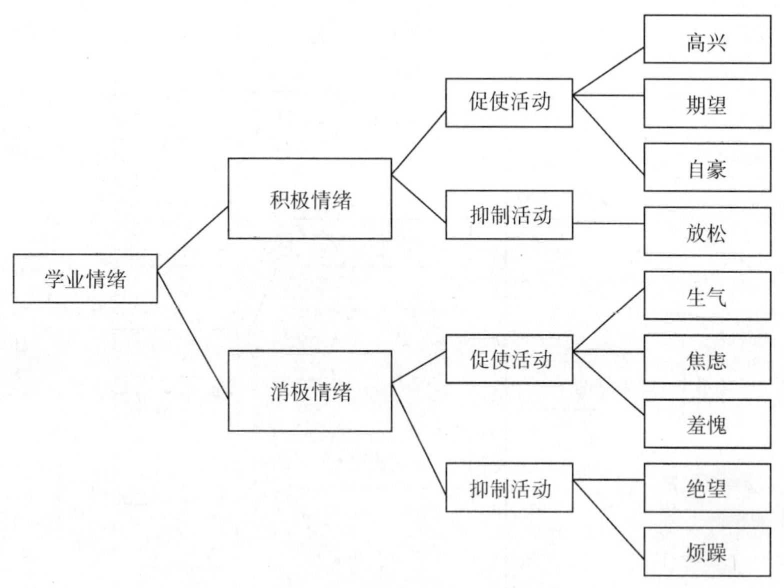

图 6-2 学业情绪分类示意图

在国内，董妍、俞国良通过问卷调查，将青少年学业情绪分为四个维度，每个维度包含各种不同的具体情绪，几乎涵盖了所有人类可能经历的情绪体验。这一方面说明情绪对人类实践活动的重要意义；另外 方面，也说明青少年有丰富的情绪体验，尤其是在学习活动中更是如此。

青少年学业情绪分类如图 6-3 所示。共有 13 种影响青少年学习活动的情绪体验，从积极与消极、高低唤醒。这就是学生在学习活动过程中的情绪表现。

从国内外研究结果来看，对具体学习情境中的学业情绪研究最多的就是考试焦虑。国内外对考试焦虑的研究主要涉及：概念的界定、考试焦虑的测量、考试焦虑的影响因素以及考试焦虑的干预研究等方面。

除了考试焦虑以外，国内外学者对于学生的抑郁、恐惧、敌对、紧张等情绪状态的研究也较多。例如，姚齐和等利用焦虑自评量表（SAS）、抑郁自评量表（SDS）对医学院学生的焦虑和抑郁状态进行的调查研究；张旭东等利用卡特尔十六种人格因素量表对高等师范本科生的稳定性、兴奋性、忧虑性、紧张性等情绪状态进行的调查研究；刘慧娟等利用自编的不良情绪问卷对高中生的恐惧、焦虑、抑郁、孤独、敌对、恐惧等不良情绪进行的调查研究；杜亚松等利用抑郁自评量表（CES D）和儿童自我意识量表（PHSS）对高中生的情绪和自我意识的关系进行的研究。上述研究虽然都涉及了学生的情绪，但大都是通过调查和测量了解学生所处的情绪状态，还没有联系到学生的学业过程。

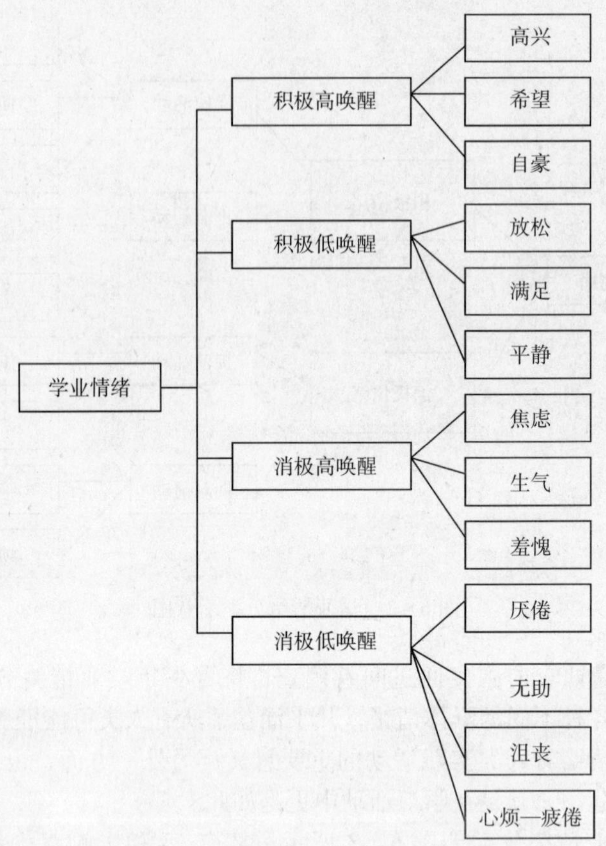

图 6-3　青少年学业情绪分类示意图

(四) 学业情绪的影响研究

对学业情绪的影响因素研究，大致可分为内部和外部两类因素上。为了便于梳理，我们可以将成就目标、归因、理智、动机、学习兴趣、自我效能感和自我调节学习等划为内部因素；将学习策略、学业成就、教师等因素划分为外部因素。

1. 内部因素

成就目标：美国教育心理学家 Elizabeth A. Linnenbrink 与 Paul R Pintrieh 从成就目标理论出发，结合学业情绪研究，在总结了大量实践资料的基础上，发展了一种融合学业情绪的成就目标理论模型。他们认为：情绪会影响学生对班级目标的知觉以及个人目标的设定，同时个人目标又会影响以后学习活动中的情绪。他们的理论得到了一些实证研究的支持。但是，应该看到，目前的多数研究都是考查目标对情绪的影响，较少考查情绪对目标设定的影响，另外，他们对情绪的划分采用单一的愉悦度维度，似乎并不能真正揭示情绪与目标之间的复杂关系。

归因：维纳的归因理论认为，人们通常是从四个方面对行为结果进行归因。这四个方面是能力、努力、任务难度和运气，它们分别隶属于三个维度：控制点（内部控制或外部控制）、稳定性（稳定或不稳定）、可控性（可控或不可控）。研究表明：个人对自己成就状况做不同的归因，会影响其情感反应、期待水平和未来的成就。如下图所示：

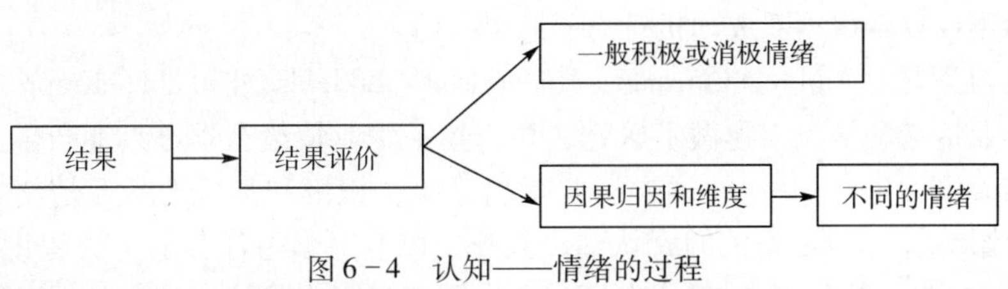

图 6－4　认知——情绪的过程

学业情绪与归因的研究主要集中于归因对情绪的影响上，至于情绪对归因有什么影响，人们尚缺乏应有的认识。这种认识上的单向性，很容易使人们将探讨归因—情绪关系的起点局限于动机行为的结果上，而没有充分注意人对动机行为结果的情绪性对归因的影响。其实，维纳本人的理论也承认某件事情的结果可以直接导致情绪的产生，但是对情绪如何影响归因的研究至今仍是很少。

理智：情绪和理智是通过不同的脑部机制作用于人的行为，长期以来情绪和理智分别作为独立的研究领域受到研究者的关注。近年来，随着情绪和认知、理智等研究的深入，学者们逐渐将二者联系起来进行分析。有学者认为，情绪体系是复杂的，而且会不断地发生变化。由于人脑的情绪中心和逻辑理智中心通过许多神经纤维连接着，因此与逻辑和理智相比，人的情绪在更大程度上决定着人的行为。比如，买彩票的行为在更大程度上由情绪决定而非逻辑思维或者理智。也有学者从神经生物学的临床实验说明了情绪与主要的认知过程相联系。在人的脑部有一个特殊的区域，在这个区域内情绪、情感等与注意、工作记忆发生着密切的相互作用，这种相互作用成为行动和理智（逻辑）思维的能量来源。

将学习和决策过程中的情绪和理智综合起来对于心理学研究有非常重要意义，使得心理学的研究更符合人的实际心理活动。由于情绪与认知的注意过程、记忆过程、以及决定的做出过程之间的联系对于教学至关重要，因此有越来越多的学者开始关注这个方面。

学习动机：传统心理学对于动机理论的研究主要是从认知角度出发并以认知为主要因素进行的。Debra K. Meyer 等人在对教师和学生的相互作用进行研究的过程中发现，学生情绪是学习动机的一个必不可少的组成部分。情绪与教师的教学、学生的信念、行为等交织在一起，构成产生班级环境中人际交往的一个必不可少的部分。在这一项研究中，Debrak Meyer 等人调查了学生情绪和目标模式之间的关系，结果发现消极情绪与较低的学习目标以及较低的能力目标相联系。Reinhard Pekrun 等人的研究发现，情绪可以触发、维持或减弱学习动机。Turner、Thorped 等研究发现情绪不仅是动机理论中一个结果变量，其在解释学生对挑战性工作的反映上也起到重要的作用。这些研究结果促使研究者们从不同的视角看待情绪，并将情绪视为动机行为或者躲避学习行为的重要调节者，而不仅仅将情绪看成动机行为的结果。

学习兴趣：Ainley、Corrigan、Richardson、Efklides、Petkaki、Krapp 等人分别就学业情绪和学习兴趣做了研究，并论述了学业情绪在学习兴趣产生上的重要作用。Efkl1des、Petkaki 通过研究得出结论，积极和消极的学业情绪在很大程度上影响着与学习相关的元认知、兴趣、以及对学习任务的努力程度。Ainley、Corrigan、Richardson 等人在研究学生阅读过程中的情绪和兴趣时发现，由阅读材料激发的情绪，对阅读过程中兴趣的激发和维持，以及决定是否继续起到关键作用。换句话说，情景下的学业情绪影响着学习兴趣，并进一步影响继续学习的动机。Krapp 在研究中发现，认知和情绪调节对于学生兴趣的发展都很重要。虽然上述三篇文章都论述了情绪、元认知、兴趣之间相互联系，相互影响的关系，但是对三者之间是如何相互影响这个问题均未进行深入研究。

自我效能感和自我调节学习：自我效能感是班杜拉社会认知理论中的核心概念，用它解释人类复杂的动机行为，是指人们对自己实现特定领域中的行为目标所需能力的信心或信念。自我效能感对行为的影响有类似于动机的作用，它可以影响个体对任务的选择、付出努力的多少、遇到困难时的坚持性和信息加工的策略等。高自我效能感促使人在活动中选择更有挑战性的任务，在遇到困难时会付出较多努力，并能坚持更长的时间，还会选用更丰富的信息加工策略。通常，过低的自我效能感不利于个体的学习。对自我效能感的研究揭示了人们会由于焦虑和恐惧而相信他们不能产生有效的反应，不能重新面对挑战。有研究发现，考试自我效能感是考试焦虑影响考试成就的一个有效中介变量。并且，情绪唤醒能够影响自我效能的发展和保持。总体上看，将自我效能感、自我调节学习纳人学业情绪视野的研究并不多见，尚有待于我们展开该领域的研究。

2. 外部因素

学习策略：有研究发现除了放松外，积极的学业情绪对元认知策略、详细的描述、组织、以及批判性思维等产生积极影响，这也说明积极的学业情绪实际上可以促进灵活的、创造性的思维模式。消极学业情绪对灵活的学习策略产生消极影响，但是这种影响比较小，而且持续性不强。

学业成就：学业情绪通过多种途径影响着学生的学业成就（Pekrunetal，1996；Pekrun & Hofmann1999；Titz，2002）。积极学业情绪中除放松外，像兴奋、期望、自豪等都预测了高学业成就，消极学业情绪预测了低学业成就。在消极学业情绪中，像绝望、烦躁这些不利于活动的情绪比像生气、焦虑、害羞这些促使活动的情绪有较高的平均系数。学业情绪与学生的学习、自我调节、以及学业成就等紧密联系，互为因果。

教师：A Assor、H Kaplan、Y Kanat、Maymon、G Roth 等人通过研究证实了教师行为是学生情绪和动机发展的重要因素。国内也有学者通过与学生的自由交谈、作业分析、课堂观察等途径了解和分析了数学课堂教学中的学生情绪因素与教师行为之间的关系。M Glaser、zikuda、S FusS、M Lankenmann、K Metz、C Randler 等人在具有创新性的半实验研究中，尝试着通过改变中学物理、生物、德语等授课方式，提高学生积极的学业情绪、动机和学业成就，并减少学生的焦虑和烦躁情绪。在该项研究中，对实验组运用以学生为中心的授课方式，以及自我调节和团队协作的学习方式，对控制组运用以教师为中心的授课方式。结果发现，与控制组相比，实验组的学生在学业成就上有明显的改变，在对情绪和动机的影响上对比不是很明显。

（五）学业情绪培养与调节的研究

对学业情绪进行各种研究的最终目的在于发现和总结规律，并在此基础上为教育教学提出建设性的意见和改进措施。国内外学者就此作了大量研究。Michaela Glaser、Zikuda 等人在实践研究的基础上，提出并验证了一套融合学生中心和直接指导等观点的教育指导方法，其目的在于通过增强积极学业情绪，减弱消极学业情绪来提高教学质量。Wendy Kelly 也在分析学业情绪作用的基础上从课堂教学、课外学习、考试三个方面总结了 30 余条降低学生焦虑情绪的教育方法。Perry 等人认为，学业情绪个体干预和调节的目的在于改变学生情绪下的控制和价值评价。同时他们提出通过归因训练调节学业情绪的过程中应该遵循的几条原则：

第一，提高教育质量。第二，在学生自我调节学习的范围内给学生充分的自主权。第三，向学生传递在学业上取得成就具有高价值的信息。但要注意的是，必须将社会对成就的期望调节到学生的能力范围之内。第四，多为学生提供成功的机会。第五，创设灵活的交互教学方法，培养师生间的合作关系。

国内也有部分学者从经验和理论出发，论述了情绪和情感对教学的重要作用，并对影响学生学习情绪的因素进行了分析论述，同时提出在课堂教学中激发学生积极的情感和情绪，提高教学效率的策略。

（六）学业情绪研究的局限

1. 学业情绪的概念还需要进一步讨论

科学准确的学业情绪概念是学业情绪研究高效发展的基础。由于学业情绪概念提出时间不长，国内外对其进行理论界定和研究的专门文章还比较少。就目前提到的学业情绪概念而言，其范围界定不是很明确，对具体的情绪表现界定也不十分清楚，给研究造成了一定的困难。

2. 对学业情绪多共性研究少个性研究

对于大多数情绪来说，不管是横向研究还是纵向研究，对于全体学生基本上是一致的，但是对于个别情绪，结果却因人而异。例如，对于有些学生，焦虑情绪与学习动机之间存在负相关，而对于另外一些学生来说，焦虑与学习动机之间存在正相关。一些学生会因焦虑而受益，而另外一些学生会因焦虑而受害。在目前的学业情绪研究中，研究者们大多关注对于普遍的、具有共性的规律的分析，很少对学业情绪进行个体化和个性化研究。

3. 研究过程中缺乏对环境的考虑

在研究学校和教室环境下的学业情绪时，需要把历史的、社会文化的影响考虑进去。要充分了解学业情绪在教学中的作用，就必须了解研究进行的环境，包括研究特定的学校历史、班级、教师以及个体学生。而现有研究在研究过程中对该方面的考虑较少。

总的看来在研究对象方面，已有研究只关注特定某一年龄段小群体，如小学生、中学生等还很少关注到大学生这样一个群体。

在研究范围方面，已有研究过多的关注学习中单一的情绪，尤其是消极情绪，而其中又偏重考试焦虑，缺乏对积极情绪的研究。进而导致已有的关于情绪的问卷或量表只能测量一种特定的情绪。

在研究内容方面，只关注考试焦虑等少数学业情绪的性别差异和发展特点，还没有系统的概括出大学生的学业情绪结构及发展特点方面的研究。

二、大学生学业情绪问卷的编制

（一）编制的程序和原则

1. 问卷编制程序

本研究中大学生学业情绪问卷编制遵循以下基本程序：明确研究目的，确定研究对象—列出问卷调查所要研究问题的纲要，确定所要搜集的信息—围绕主题草拟问题，列出标题和各部分具体项目—征求有关人员、专家的意见，修订项目—确定问卷类型和形式—预测—再修订。

2. 问卷编制原则

问卷所列项目基本覆盖所有研究目的。

问卷的问题数量适中，即能达到问卷的调查目的，又不引起被调查者的厌烦情绪。

问题与前言的表达简明扼要，通俗易懂，避免产生歧义。

问题的设置避免倾向性。

问题对于全部被调查者普遍适用。

问卷中问题的设置层次分明。

（二）预测问卷的编制

1. 大学生学业情绪的操作性定义与问卷基本结构界定

本研究对学业情绪下的操作性定义是：学生在学校环境中所体验到的与学业有关的各种情绪，具体包括在教学过程中、日常作业与自修过程中以及在考试情境中所体验到的与学业成就有关的各种情绪，统称为学业情绪。

该论文的主要研究目的在于了解大学生课堂、课外、考试等三种情况下学生的学业情绪表现及主要的影响因素，分析学业情绪的性别差异、校际差异、年级差异、学业成绩差异、学业自我评价差异以及性格差异等，并根据调查结果为大学教学提出建议。鉴于上述研究日的，将学业情绪问卷分为两部分：

第一部分为影响学业情绪的主要因素，第二部分为不同情境下的学业情绪表现。根据国内外学业情绪研究以及个人经验，确定学业情绪的可能影响因素，将其作为学业情绪问卷的第一部分，主要包括学业自我评价、学业成绩、学习兴趣、学习被动程度、性格、教师、受关注程度、教师评价、同伴评价、家长期望等因素。学业情绪在一定的学习情境下产生的，本问卷主要从课堂学习、课外自修、考试三个方面出发创设具体的学业情绪情境。课堂学习情境主要包括听课、合作学习讨论、回答问题、受表扬、受批评等。课外自修学习情境主要包括做练习题、总结复习、图书馆看书、查阅资料等。考试情境主要包括考试前、考试中以及考试后三种具体情境。

为了解所假设的青少年学业情绪问卷的理论构想与实际情况的适宜性，本研究首先对10名不同年级的大学生进行了访谈。通过访谈、以及阅读文献，归纳出的学业情绪有：高兴、厌倦、无助、生气、难过、满意、憎恨、羡慕、痛苦、沮丧等。在此基础上，又结合文献编制了半开放式问卷，以进一步了解学生的各种学业情绪有哪些具体表现。半开放式问卷的被试来自于安徽师范大学教育科学学院大一至大四四个年级，共64名，平均年龄为20.36±1.64岁。

2. 大学生学业情绪问卷的项目形成及确定问卷形式

问卷项目的搜集和编写工作主要通过两种途径进行。一是文献回顾。检索国内外相关文献，收集国内外相关研究中与学业或学习有关的情绪问卷，主要参考问卷为文献综述中所列各类问卷的部分项目。这些问卷包括：SFT（The School Failure Tolerance Scale，Clifford，1988）中的Negative Affect 分量表；MSAI（Multidimensional school anger inventory，Smith，1998）① 等；二是访谈和半开放性问卷调查结果，经过与教师、研究生讨论和修改，最终确定了62个自编项目为预测问卷的内容。问卷计分为5点量表形式，从完全不符合到完全符合，依次记1~5分。

（三）大学生学业情绪问卷的初步研究

1. 对象

为考察问卷结构的合理性和项目的适宜性，本研究首先对问卷进行了预测。预测对象选取的是安徽师范大学08教育学、07心理学、06中文、05心理学专业共275名学生。

先向被试说明填写要求，然后让被试当即完成问卷，不限定时间。大部分被试填写问卷所用时间为10分钟。实际回收问卷253份，其中有效问卷241份。

2. 问卷的结果分析

（1）项目分析

一般来说，心理测验的项目分析有两种方法，即相关法和鉴别指数法。所谓相关法是指以某一项分数与效标分数或测验总分的相关作为该项目区分度的指标。计算每个题目与总分之间的相关。如下表：

表6－1　学业情绪问卷项目与总分的相关

项目	*r*	项目	*r*	项目	*r*	项目	*P*
T1	**-0.053**	**T18**	**0.014**	T35	0.568**	T52	0.598**
T2	**0.22**	T19	0.538**	T36	0.463**	**T53**	**0.041**
T3	0.497**	T20	0.475**	T37	0.468**	T54	0.611**
T4	0.460**	T21	0.533**	T38	0.564**	**T55**	**-0.037**
T5	0.546**	T22	0.529	T39	0.542**	T56	0.484**
T6	0.560**	T23	0.489**	T40	0.027**	T57	0.100**
T7	0.456**	T24	0.568**	T41	0.478**	T58	0.464**
T8	0.484**	T25	0.474**	T42	0.537**	T59	0.449**
T9	**-0.28**	T26	0.609*	T43	0.576**	T60	0.138**
T10	0.248**	T27	0.543**	T44	0.580**	T61	0.580**

① Clifford，M. M.，（1988）. Failure to lerance and academic risk - taking in ten to twelve - year - old students. British

（续表）

项目	*r*	项目	*r*	项目	*r*	项目	*P*
T11	0.545**	**T28**	**0.026**	T45	0.564**	T62	0.564**
T12	0.612**	T29	0. 117*	T46	0.526**		
T13	-0.48	T30	0.481**	T47	0.552**		
T14	**0.340**	T31	0.572**	T48	0.545**		
T15	0.518**	T32	0.469**	T49	0.567**		
T16	0.102*	T33	0.292**	T50	0.596**		
T17	0.514*	T34	0.556**	T51	0.261**		

鉴别指数法也称之为鉴别度分析法。它是指比较测验总分高低两组被试在每一项目上得分是否存在显著差异。以问卷总分最高的27%和最低的27%作为高分组与低分组界限，我们分别求出两组被试在每题得分的平均数，将平均数差异进行比较，结果见下表6－2。

通过以上两种项目分析方法，共删除10项：T1、T2、T9、T13、T18、T22、T28、T40、T53、T55。

表6－2 学业情绪问卷独立样本 *t* 检验

项目	*t*	*sig*	项目	*t*	*sig*	项目	*t*	*sig*	*sig*	*t*	*sig*
T1	**0.546**	**0.585**	T17	8.153**	0.000	T33	4.510**	0.000	T49	9.615**	0.000
T2	**1.335**	**0.183**	**T18**	**1.914**	**0.057**	T34	9.780**	0.000	T50	10.255**	0.000
T3	8.307**	0.000	T19	9.479**	0.000	T35	9.664**	0.000	T51	6.117**	0.000
T4	7.003**	0.000	T20	8.024**	0.000	T36	7.328**	0.000	T52	9.446**	0.000
T5	9.807**	0.000	T21	9.437**	0.023	T37	8.312**	0.000	**T53**	**1.409**	**0.157**
T6	9.330**	0.000	**T22**	**2.287***	**0.000**	T38	9.767**	0.000	T54	10.583**	0.000
T7	7.977**	0.000	T23	7.330**	0.000	T39	9.426**	0.000	**T55**	**0.597**	**0.551**
T8	8.338**	0.000	T24	10.069**	0.000	**T40**	**1.748**	**0.082**	T56	8.637**	0.000
T9	**1.230****	**0.220**	T25	7.866**	0.000	T41	8.312**	0.000	T57	2.974**	0.000
T10	4.236**	0.000	T26	10.039**	0.000	T42	9.469**	0.000	T58	8.132**	0.000
T11	8.207**	0.000	T27	8.451**	0.000	T43	10.029**	0.000	T59	7.087**	0.000
T12	11.006**	0.000	**T28**	**2.545***	**0.012**	T44	10.611**	0.000	T60	3.201**	0.000
T13	**0.778**	**0.000**	T29	3.049	0.003	T45	8.941**	0.000	T61	9.268**	0.000
T14	5.462**	0.220	T30	9.661**	0.000	T46	8.716**	0.000	T62	10.137**	0.000
T15	8.845**	0.000	T31	8.700**	0.000	T47	9.715**	0.000			
T16	2.791**	0.000	T32	6.967**	0.000	T48	9.695**	0.000			

（2）探索性因素分析

将预测问卷剩余的52个项目进行探索性因素分析。首先进行因素分析的可行性检验，三个分问卷的可行性检验结果见表6－3：

表6－3 KMO 测度和 Bartlett 球体检验

		F_3
KMO 系数		0.899
Bartlett 球体检验	χ^2	9178.819
	自由度	1326
	显著水平	0.000

KMO 值为 0.899，Bartlett 球形检验卡方值为 9178.819（$df = 1326$，$P = 0.000$），说明因素之间有共同因素存在，适合做因素分析。采用主成分分析法和方差最大旋转法，获得初始的因素负荷矩阵。删除题项采取以下四个标准：共同性系数 $h_2<0.25$；载荷小于 0.38；所在因素的题项小于 3 个；在两个以上的因素上的载荷值都等于或大于 0.38。

对项目做主成分分析并通过方差极大法正交旋转后，按特征值大于 1 的法则，共提取出 7 个因子，累计解释 58.323% 的方差贡献率。因子 7 上只有两个项目（T61、T62），层面所涵盖的题项内容太少，根据筛选标准需要删除。项目 T56 在两个因子上的载荷大于 0.45，根据筛选标准需要将它们删除。根据这些标准，删除 3 个题项。

对剩余 49 题项进行探索性因素分析，获得特征值大于 1 的因素有 10 个，总体解释率为 57.275。根据碎石图（见图6－5）的特点和理论构想，按照每个因素的解释率不得低于 0.30 的原则，从中抽取六因素（见表6－4），解释率分别为 13.774、9.744、7.944、6.486、5.272、5.120，总体解释率为 48.340。

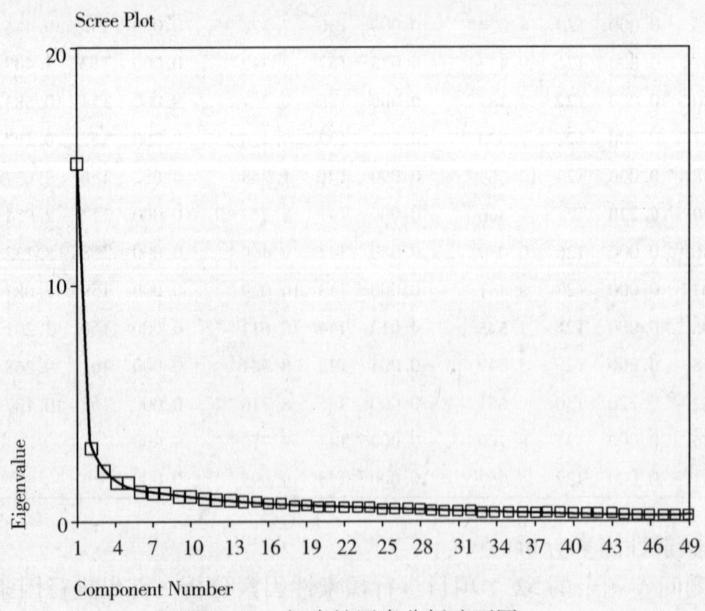

图6－5 探索性因素分析碎石图

表 6－4　学业情绪探索性因素分析负荷矩阵

因素 1			因素 2			因素 3			因素 4			因素 5			因素 6		
项目	H^2	负荷	项目	H^2	负荷	项目	H^2	负荷	项目	H^2	负荷	项目	H^2	负荷	项目	H^2	负荷
T61	0. 597	0. 720	T7	0. 417	0. 452	T3	0. 338	0. 395	T34	0. 491	0. 382	T16	0. 545	0. 673	T10	0. 466	0. 663
T54	0. 545	0. 615	T8	0. 417	0. 568	T4	0. 586	0. 727	T42	0. 563	0. 630	T29	0. 515	0. 704	T14	0. 417	0. 615
T23	0. 439	0. 609	T15	0. 511	0. 485	T25	0. 603	0. 688	T44	0. 621	0. 634	T33	0. 331	0. 523	T32	0. 535	0. 648
T26	0. 528	0. 606	T20	0. 427	0. 484	T35	0. 456	0. 395	T45	0. 558	0. 600	T51	0. 458	0. 539	T36	0. 487	0. 608
T17	0. 547	0. 606	T21	0. 533	0. 430	T37	0. 580	0. 696			T57	0. 521	0. 703				
T62	0. 518	0. 604	T30	0. 502	0. 509	T46	0. 565	0. 545			T60	0. 479	0. 651				
T27	0. 454	0. 571	T31	0. 395	0. 531	T50	0. 613	0. 616									
T24	0. 447	0. 554	T41	0. 521	0. 552												
T47	0. 561	0. 541															
T38	0. 472	0. 538															
T54	0. 461	0. 522															
T48	0. 526	0. 514															
T12	0. 526	0. 507															
T49	0. 437	0. 477															
T19	0. 447	0. 471															
T6	0. 412	0. 448															
T5	0. 403	0. 400															
T39	0. 402	0. 374															
T43	0. 490	0. 436															
T11	0. 448	0. 395															

（3）验证性因素分析

Anderson 建议，在发展理论的过程中，通过探索性分析建立模型，再用验证性分析去验证模型。采用交叉证实（cross-validity）程序以保证量表所测特质的确定性，稳定性和可靠性①。遵循这一思路，对最新修订的 49 个项目的问卷进行验证性因素分析（CFA），预期大学生学业情绪问卷有良好的结构，问卷的理论模型与数据有良好的拟合。

在实际运用协方差结构模型（covariance structure modeling，CSM）进行分析时，使用的指数有多种。综合各研究者的建议（侯杰泰等，2004），本研究中使用以下几项指数来分析：

① 卡方检验（chi-square），即 χ^2/df。其理论期望值为 1，χ^2/df 的值愈接近 1，表示样本协方差矩阵 S（sample covariance matrix）和估计协方差矩阵 E（reproduced/fitted covariance matrix）的相似性愈高。$\chi^2/df<2$ 表示模型拟合较好，如 $2<\chi^2/df<5$ 是可以接受的。

② 比较拟合指数 CFI（comparative fit index）和 TLI（Tucker-Lewis index，亦称为“非范拟合指数，NNFI），这两个指数的值在 0.95 以上表示模型拟合得较好，在 0.90 以上也可以接受。

③“近似均方根误差” RMSEA（root mean error of approximation），其值小于 0.05 表明模型拟合得很好，而在 0.008 以下的拟合结果也可以接受。

④“拟合优度指数” GFI（goodness of fit index）和“常规拟合指数，NFI（normal of fit index），这两个指标容易受样本大小的影响，一般 GFI 大于等于 0.85。

基于上述考虑，运用以上几个指数来对模型的适合度进行检验，如下表：

表 6-5 探索性因素分析中抽取的学业情绪的六因素结构进行了拟合性检验结果

χ^2	df	χ^2/df	GFI	AGFI	NFI	NNFI	CFI	IFI	RMSEA
137.78	63	2.187	0.969	0.93	0.94	0.92	0.969	0.970	0.061

从表中可看出，所有拟合指数都符合测量学标准，说明学业情绪结构模型是可以接受的，但是有个别指数不是非常理想（$\chi^2/df=2.19>82$，RMSEA = 0.061>0.05），而且模型中还存在一些问题，如把内疚和懊恼归于慌张类，把愧疚归于悲伤类，这不太符合我们的生活经验和已有情绪理论的归类方法。为此，需进一步对该模型进行修正。

利用 AMOS 对问卷进行修订主要有两种途径：①根据模型各题项的因素载

① Anderson，J. C.，Gerbin，D. W.（1998）. Structural equation modeling in practice：A review and recommended two-step approach［J］. Psychological Bulletin，103：411-23

荷值增加限制，删除因素载荷值较低的项目。②根据模型提供的修正指数增加路径，找出该指数最大者，且符合理论的项目，此种方法导致卡方值下降，自由度也下降。

因为模型中题项的负荷值均大于0.35，所以直接根据修正指数对模型中的题项筛选。具体方法是，先找出修正指数最大的一对题项，然后从理论上考察增加这条路径是否有意义，若意义不明确，则删除其中一项。因为这两题项存在高相关，表明它们考察了同样的东西，所以只需保留一项。删除一项后，再运行AMOS程序，重复上面的步骤（修正指数见表6－6），直到模型的各项指数比较理想。修正后的模型拟合情况见表6－7。

表6－6　学业情绪六因素模型的修正指数

路径	修正指数	路径	修正指数	路径	修正指数
e8—e7	56.837	E13—e24	28.187	E15—e5	17.727
E4—e3	42.546	E34—f4	22.684	E2—e3	16.635
E14—e27	41.587	E35—f4	22.539	E6—e7	15.618
E33—e32	33.739	E40—e41	16.885	E28—f2	14.385

表6－7　修正后拟合指数

χ^2/df	GFI	NFI	NNFI	CFI	IFI	RMSEA
1.793	0.985	0.94	0.92	0.985	0.985	0.049

最后，整份问卷共删除了13个项目，保留36个项目（见表6－8）。其中悲伤14个项目，愉快类包含5，恐惧类包含5个项目，厌恶类、焦虑类和惊讶类各包含4个项目。

从表6－7和表6－8中可以看出，模型修正后，各题项的因素负荷都在0.38以上，各项拟合指数都有所提高，$\chi^2/df=1.793<2$，RMSEA＝0.049<5，其他各项拟合指数都在0.980以上，说明修正后的学业情绪结构模型（见图6－6）具有很好的拟合度，同时由于删除了部分题项，问卷也变得更为简洁。

表6－8　正式问卷项目负荷图

因素一		因素二		因素三		因素四		因素五		因素六	
项目	负荷	项目	负荷	项目	负荷	项目	负荷	项目	负荷	项目	负荷
T54	0.62	T30	0.56	T4	0.82	T34	0.66	T29	0.59	T10	0.72
T27	0.50	T41	0.72	T37	0.80	T42	0.76	T16	0.70	T32	0.89
T47	0.54	T15	0.67	T25	0.77	T44	0.78	T60	0.77	T14	0.81
T38	0.66	T20	0.65	T46	0.59	T45	0.58	T51	0.38	T36	0.68

（续表）

因素一		因素二		因素三		因素四		因素五		因素六	
T52	0.63	T8	0.62					T33	0.61		
T48	0.42										
T12	0.51										
T49	0.48										
T19	0.46										
T6	0.57										
T5	0.62										
T39	0.51										
T43	0.53										
T11	0.63										

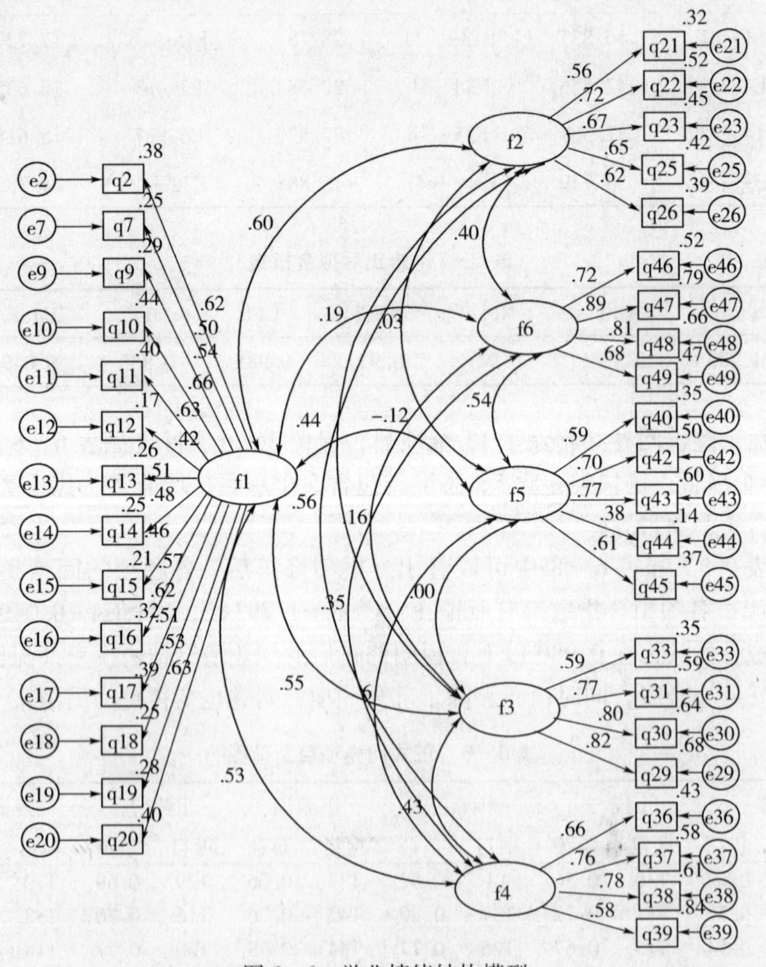

图 6－6　学业情绪结构模型

(4) 问卷的效度分析

本问卷在编制过程中，还请教育心理学专家进行专业审定，以保证问卷的内容效度。采用潜变量测评模型对最后确定的学业情绪问卷的各个题项具体考察，各题项对其所在因素的解释率为 0.38 ~ 0.89，各因素之间相关系数为 0.152 ~ 0.578，存在较低的相关，而因素与总问卷之间相关系数为 0.301 ~ 0.802，相关较高，这些结果都为该问卷有较好的内容效度提高了支持性依据（见表 6 - 9）。

表 6 - 9　学业情绪各因素之间及与问卷总分之间的相关

	因素一	因素二	因素三	因素四	因素五	因素六
因素一	1					
因素二	0.578**	1				
因素三	0.514**	0.465**	1			
因素四	0.453**	0.482**	0.459**	1		
因素五	-0.052	0.007	0.039	0.128*	1	
因素六	0.158**	0.317**	0.164**	0.320**	0.470**	1
总分	0.802**	0.757**	0.672**	0.681**	0.301**	0.532**

(5) 问卷的信度分析

① 克朗巴赫信度系数（Cronbaeh 系数 a）

Cronbach 系数（也称 *a* 系数）是内部一致性估计的方法，适用于项目多重计分的测验。a 信度系数可以解释用量表测试某一等级所得分数的变异中，有多大比例是由真分数所决定的，从而反映量表受随机误差影响的程度，反映出测量的可靠程度。一般认为，0.7 以上是可接受的最小信度系数，信度系数在 0.8 ~ 0.9 之间的问卷，具有较高的信度。经过项目分析后的学业情绪问卷的 a 系数为 0.856，意思就是说学业情绪问卷测量所得分数的 85.6% 是来自真分数的变异，仅有 14.4% 的变异来自随机误差。如下表：

表 6 - 10　大学生学业情绪问卷 Cronbach's Alpha

Cronbach's Alpha	基于标准化项的 Cronbach's Alpha	项目数
0.854	0.856	36

② 分半信度

分半法是按照正常的程序实施测验，然后将全部试题分成相等的两半（通常采用奇偶分半法），根据各人在这两半测验的分数计算其相关系数。由于这样求得的只是半个测验的信度，因此要用斯皮尔曼—布朗（Spearman—Brown）公式校正。信度系数的值在 0 ~ 1 之间。当信度系数为 0.95 ~ 0.99 时，测验可靠性很高，但不常见；信度系数在0.9～0.94是通常得到的最好结果；信度系数为0.8～0.9也比较好；信度系数在0.7～0.79尚可使用；0.7以下，表明误差太大，该测验不可使用。

本研究中，校正后的分半信度系数为0.823，其信度很高。如表6－11所示：

表6－11　学业情绪问卷奇偶分半系数

Cronbach's Alpha	部分1	值	0.631
		项数	18
	部分2	值	0.815
		项数	18
	总项数		36
表格之间的相关性			0.731
Spearman-Brown 系数	等长		0.844
	不等长		0.844
Gutman-Half 系数			0.823

本研究采用的信度指标有两个，问卷和各因素的内部一致性信度从表中可看出，问卷和各因素的内部一致性信度都高于0.72，符合心理测量学问卷编制的标准，说明该问卷具有较好的可靠性。

表6－12　学业情绪问卷的信度

a	分	半	Y_1	Y_2	Y_3	Y_4	Y_5	Y_6
0.854	0.8696	0.8267	0.8547	0.7769	0.8317	0.7832	0.7247	0.8549

3. 问卷的结构维度分析

本研究把241份有效问卷随机分成两份，121份问卷用于做探索性因素分析，另外120份用于做验证性因素分析。探索性因素分析的结果显示，本研究编制的大学生学业情绪问卷包括36个项目，共聚成6个因子。

因子1包括项目5、6、11、12、19、27、38、39、43、47、48、49、52、54。主要反映大学生学习过程中所体会到的消极情绪，如沮丧、苦恼、抑郁等，根据它们对认知操作影响的不同，因此可以将该因子命名为：消极低唤醒情绪。

因子2包括项目8、15、20、30、41。主要反映学生进行学习活动所体会的中性情绪，根据对认知操作的影响不同，因此将该因子命名为：中性低唤醒情绪。

因子3包括4、25、37、46。主要反映学生活动中所体会的消极情绪，如厌恶、反感等，根据他们对认知操作的影响度不同，因此将该因子命名为：消极高唤醒情绪。

因子4包括项目34、42、44、45。主要反映学生在学习活动中感受的积极情绪，如自豪、希望、愉快等，根据他们对认知操作的影响，因此将该因子命名为：积极高唤醒情绪体验。

因子5包括项目16、29、33、51、60。主要反映学生在学习活动中感受的积极情绪，如得意、激动、留恋等，根据他们对认知操作的影响不同，将该因子命名为：积极低唤醒情绪。

因子6包括项目10、14、32、36。主要反映学生在学习活动中感受的中性情绪，如惊奇、吃惊、惊讶等，根据他们对认知操作的影响不同，将该因子命名为：中性高唤醒情绪。

验证性因素分析的结果显示，大学生学业情绪的六个维度划分都得到验证。于是我们得出大学生学业情绪问卷是有积极高唤醒、积极低唤醒、消极高唤醒、消极低唤醒、中性高唤醒、中性低唤醒六个维度构成。

对于学业情绪的维度，学者们通常只采用愉悦度（Valence）将情绪划分为积极与消极两类，很多问卷就采用了这种划分模式（如DES，PNANS-R量表等）。一些研究者还采用了积极情绪、中性情绪与消极情绪的划分方法。而Patrick（1993）在研究中发现，儿童在学习活动中实际上经历了四类情绪：积极情绪（兴趣、高兴、放松）、厌倦、痛苦（distress）和生气。这些情绪与生理唤醒度密切相关。但是，以往只按照愉悦度单一维度对学业情绪的划分却忽视了唤醒度（Arousal）这一维度，而实际上，唤醒度高低对认知操作成绩的影响是不同的。因此，Pekrun（2002）、Ravaja（2004）等人将唤醒度加入到了学业情绪的分类中。

按照前人对学业情绪维度的划分，借鉴已有的研究成果，并结合上述调查以及因素分析的结果，我们认为：大学生学业情绪这种心理结构可以由愉悦度和唤醒度两个维度来划分。愉悦度又可以划分为积极、中性和消极三个层面；唤醒度由高低唤醒两个层面组成。这样，大学生学业情绪就是由积极高唤醒、积极低唤醒、消极高唤醒、消极低唤醒、中性高唤醒、中性低唤醒等六个方面的情绪体验构成。这六个心理层面之间具有较高的相关，组成了完整的大学生学业情绪的心理结构。如图6－7所示。

（四）结论

本研究采用问卷调查法、探索性和验证性因素分析法，对自编的大学生学业情绪问卷进行了标准化工作。总的来说，因素分析结果和预期相符，证明大学生学业情绪问卷具有较好的信度与效度，且问卷的拟合指标都达到要求，在验证性因素分析模型中显示问卷的各因子的项目是表达该因子的有效指标。该问卷里项目负荷系数都达到有效指标。

该问卷可以作为大学生学业情绪的调查研究工具使用。

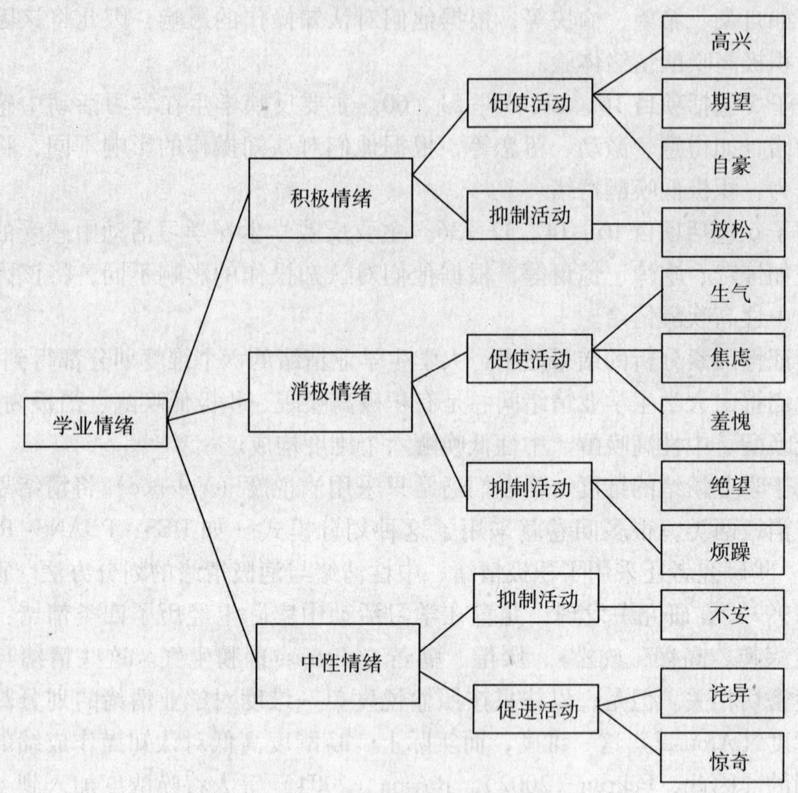

图6-7 大学生学业情绪的心理结构

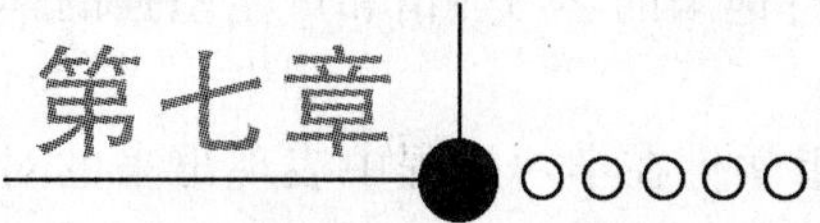

大学生学业责任心问卷的编制

一、学业责任心研究的概况

（一）学业责任心的内涵

顾明远主编的《教育大辞典》[①] 指出：学习责任心（sense of responsibility for learning）是学习者关于学习是自身对社会和个人应尽义务和责任的认识体验。是一种持久而稳定的心理行为特征，是构成学习动机的因素之一。它表现为对学习目标和意义的认识以及由此产生的对学习的积极态度、使命感和对不良学习行为后果负责的精神。作为德育的重要内容之一，学生入学后即开始培养，使其认识到学习既是实现个人身心发展和理想的权利和手段，也是对社会应尽的义务，把社会需要转化为个人需求，从而产生对学习的热爱和积极自觉的行动，并为形成社会责任心、道德责任心、职业责任心等奠定基础。此外，燕国材[②]、朱智贤[③]以及李伯黍[④]等人也都对责任心的构成做了明确的划分。

章志光教授认为，课业责任心是学生以正确的态度对待课业，以合理的行为方式处理课业，它不仅是学生的学习态度问题，而且也是共产主义品格形成、发展中的一个重要问题。

燕国材[⑤]教授认为：学习责任心是对学习负责任的态度，让学生养成对学习的责任心是责任心教育的核心要求。一般地说，学习责任心是一种基础性责任心，如果学生缺乏学习责任心，要想养成其他类型的责任心是比较困难的。

《非智力因素及其培养》全国课题组认为：学习责任心是个体对其所属群体的共同活动、行为规范以及他所承担的学习任务的自觉态度，它包括对责任的认识、责任情感和责任行为三个基本成分，它是重要的非智力因素之一。一

① 顾明远．教育大辞典增订合编本（下）［M］．上海教育出版社，1998：1821

② 燕国材．论责任心及其培养［J］．中学教育，1997：54－56

③ 朱智贤．心理学大词典［D］．北京师范人学出版社，1989：930

④ 李伯黍．教育心理学［M］．华东师范大学出版社，1993：183

⑤ 燕国材．论责任心及其培养．中小学教育，1997（3）：3－7

个学生必须具有强烈的学习责任心，才能保持饱满的学习热情和产生坚强的学习毅力，并在学习中获得成功。

陈红兵、申继亮①认为，学业责任心是指学生在学习过程中表现出来的对学习过程、学习结果负责的比较稳定的心理特征，是学生主要的道德品质之一，它包括对学业责任的理解认识、履行情况和情感体验三方面。

本研究赞同高长丰②对学业责任心概念的界定。学业责任心可以理解为，学习者认为自己在学习过程中应当扮演什么角色、该角色所应承担的责任，并在实际行动中积极履行这种责任。

上述学者尽管各持已见，但基本上都赞同责任认知、责任情感和责任行为是构成责任心的三个必要成分，这三个方面是不可分割的。责任认知是实施责任行为的前提，没有一定的责任认知就不会出现相应的责任行为。责任心外在表现为责任行为，责任行为可以通过在自然的环境下观察得到。而人不可能仅凭借本能进行无意识的活动。因此，在获得一定的责任认知以及实施一定的责任行为的同时，一定伴随着特定的责任情感。

（二）学业责任心的国内外研究动态

1. 国内研究

从目前收集到的材料来看，20 世纪 60 年代章志光和朱文彬教授关于《小学生课业责任心形成的实验研究》③，是国内心理学界关于学习责任心研究的初步探索，为我们后来的研究奠定了必要的基础和指明了研究方向。他们采用实验法，同时运用观察、问卷、作品分析和个案调查法，对北京师范大学实验小学五年级学生的课业责任心的形成进行了研究。

章志光等采用两个指标来考察学生的课业责任心，第一是完成作业的行为方式。放学后是否按时完成作业，做题后是否进行检查验算，是否及时改正上次的错误；第二是作业粗心性错误的数量。抄错习题、计算上出现不应有的错误、漏题等，来考察两组被试对课业的责任心态度、课业成绩的变化情况以及课业责任心形成的条件与学生成绩提高的关系等。最后的结果发现：第一，实验组在完成作业方式上比控制组进步更快且差异显著；第二，在粗心性错误的数量上，两者都有减少，但是实验组减少的比数大；第三，课业责任心的增强能对学业成绩产生积极的影响。他们通过研究，对学生学业责任心的培养提出了一些建议，如通过说理教育提高学生的认识、组织示范练习，明确具体的行为方式；教师和家长采取严格的检查、及时评价，鼓励发展自我评价和自我监

① 陈红兵，申继亮．中小学生学业责任感的发展［J］．心理科学，1993（2）：114－115

② 高长丰．中小学生学业责任心量表的编制与实测．优秀论文数据库，2007：5－15

③ 章志光，朱文彬．小学生课业责任心形成的实验研究［J］．心理学报，1964（2）：194－201

督能力。而且还发现，课业责任心在一定条件下可以发生转移。

20 世纪 70 年代，陈会昌教授进行了有关《7～16 岁儿童责任观念的发展研究》①。他以两难故事（去看电影还是做作业）作为研究材料，采用两种测量方式：对小学一年级的被试采用故事陈述法，引导他们做出非此即彼的判断，并追问理由；其他被试采用书面问答的方式。而且设置两种故事情景，一种是“不充当角色”，即问：“主人公应该怎样做？为什么？”另一种是“充当角色”，即问“如果你碰到这样的事，你该怎样做？”

结果发现：第一，在不充当角色情况下，儿童对两难故事进行判断时，多数人都主张留在家里做作业，不应该去看电影。在充当角色情况下，7 岁到 9 岁儿童的回答基本不变，其他各组部分人发生判断的逆转，其中 16 岁被试的判断失去统计意义。第二，儿童责任观念的发展经历了三个阶段：第一阶段是强制性责任水平（7 岁左右）。此时儿童把某一任务的责任看成是毫无疑问地必须去完成的，但并不理解责任的意义，他们重视的是成人的外在要求和标准；第二阶段是半理解责任水平（9～12 岁）。儿童逐渐摆脱了成人权威的约束，在一定程度上基于对责任的理解、基于责任对他人、集体、社会的重要性而做出判断，但这种理解尚不全面、深刻，还没有成为信念；第三阶段是原则的责任水平（14～16 岁）。这种水平的儿童基本上摆脱了对成人权威的畏惧，不仅估计到不负责任的后果，而且还考虑到它的间接、长远的影响，这时个体的责任心已内化为自身的价值标准，不易受外界因素的干扰。

20 世纪 80 年代，沈德立教授承担了国家教委人文社会科学“八·五”规划重点项目《非智力因素及其培养》的研究。他们编制了《中小学生学习责任心教师评定量表》，采用问卷法对中小学生的学习责任心情况进行研究。测验结果发现：第一，学习责任心有显著的年龄差异。小学阶段明显高于初中阶段（$P<0.05$），初中阶段显著高于高中阶段（$P<0.05$），小学阶段学生学习责任心的平均发展水平的估计是 25.41～25.67，初中阶段是 23.89～24.11，高中阶段是 22.40～22.61。他们指出，造成这种随年级升高而学习责任心下降现象的主要是社会因素。第二，不同类型学校学生的学习责任心水平有显著差异。农村和城市一般学校都显著高于城市重点学校（$P<0.05$），农村学校又显著高于城市一般学校（$P<0.05$）。这种差异的产生是因为农村的经济条件和社会地位造成的。第三，学习责任心的发展存在显著的性别差异。方差分析发现，女生的学习责任心水平极显著高于男生。

20 世纪 90 年代以来，随着西方品格教育的兴起和发展，我国教育界更加重视责任心教育，这方面的研究逐渐增多，研究的范围和内容都开始全面化，

① 陈会昌．儿童责任心发展研究［J］．发展和教育心理论文选，北京师范大学出版社，1985，8(1)：256

而且很多学校以此作为学校的特色来进行研究。陈红兵、申继亮[①]曾（1993）在《中小学生学业责任感的发展》中对中小学生的学业责任心发展的一般特点进行了探讨。他们采用自编的学业责任感问卷，此问卷包括：学业责任观念问卷、学业责任行为问卷、学业责任情感问卷。研究结果表明：第一，学生学业责任观念的发展遵循道德认识发展的一般规律。第二，从小学四年级到高中一年级学生，学业责任观念四级水平发展表现出从集中趋向分散的特点，即小学生主要集中于顺从水平，而高中生的分布则比较分散，各个水平都有。第三，学生的基本学业责任行为得分随着年级升高呈下降趋势，学生学业责任情感的变化趋势与学业责任行为的变化相一致。第四，学生学业责任观念四级水平的分布存在非常显著的性别差异，主要体现在内化顺从水平和积极主动水平上女生比例高于男生，而半主动水平上男生比例高于女生。

吴向群（2001）[②] 等提出要"在减负中培养学生的学习责任心"。

郑小方（2005）[③] 编制了高中生学习责任心问卷，并对高中生的学习责任心进行了调查研究。研究结果表明：第一，高中生学习责任心的总分成正态分布；第二，在总分、主动性、计划性上男生的得分显著高于女生；第三，在主动性上，高二和高三学生的得分显著高于高一学生，但在自我控制上则相反，而且高二和高三之间并不存在显著的年级差异；第四，除在计划性上不存在显著的学校差异外，在其他指标上都存在显著的学校差异，且普通高中学生的得分显著高于农村中学的学生，而农村中学学生的得分显著高于城市重点学校的学生，但在自我控制上则相反。

高长丰（2007）[④] 编制了中小学生学业责任心问卷。应用量表对镇江、盐城、徐州三个地区的中小学生进行调查并统计分析后得出以下一些结论：地区（盐城、徐州、镇江），性别（男、女）以及级别（小学、初中、高中）对中小学生的学业责任认知、学业责任情感、学业责任行为以及中小学生学业责任心总体有着一定的影响。

用实验法、故事投射法以及问卷法测查中小学生的学业责任心各有利弊。实验法可以严格的控制各种无关因素，获得较好的内部效度，然而其结论不能很好推广，而且实验法费时费力，不能实施于较多的被试；故事投射法同样也不能应用于较多数量的被试，投射法的结果较难解释；问卷法可以施测于较多的被试，而问卷法的信度以及效度需要很好的控制。

---

① 沈德立，阴国思．非智力因素与人才培养［M］．教育科学出版社，1991：56

② 吴向群等．在减负中培养学生的学习责任心［J］．现代中小学教育，2001（5）：7

③ 郑小方．高中生学习责任心的研究．优秀硕士论文数据库，2005：4

④ 高长丰．中小学生学业责任心量表的编制与实测．优秀硕士论文数据库，2007：5－15

2. 国外研究

（1）学习责任心理解方面的研究

Charles S. Bacon（1988）[①] 在“学生的学习责任心”一文中，从学生的角度，论述了学生对学习责任心的理解。他以开放式问卷形式对加利福尼亚州南部的52名中学生进行观察和访谈。问卷包括三个问题：①学生们认为学校是一个学习的场所吗？②中学生对学习责任心有怎样的理解？（他们是否有共同的理解？责任包括控制和挑战观念吗?）③中学生是否认为自己是一个负责任的人？

调查结果发现：学生认为的学习责任心主要包括几个方面，从频率高到低依次是做作业（do the work，占77%）、遵守纪律（obey the rules，占54%）、集中注意（pay attention，占37%）、学习或研究（learn or study，占27%）、努力（try or make an effort，占27%）、责任即付出或索取（responsibility as something that is given or taken，占4%）。他们的理解基本上是相同的，认为责任包含控制和挑战。

美国品格教育的主要领导者里克纳教授2000年在一所国际品格教育学校的实验中提出，学习责任心包括以下几个方面：练习组织性技能（Pratices organizational skills）；支持他人和他人积极合作（Supports and interacts positively with others）；对学习有热情（Is enthusiastic about learning）；敢于冒险和接受挑战（Takes risks and accepts challenge）；接受自己的行为责任（Accepts responsibility for one' s own behavior）；注意听讲，遵守指导，坚持完成任务（Listens attentively，follows direction，stays on task）；不断评价学习情况（Evaluates one' s own learning）。

（2）关于学习责任心发展规律的研究

Warton，P. M. &Goodnow，J. J.（1991）[②] 研究发现，儿童责任心的发展主要经历了三个阶段：

直接后果责任心（direct-cause responsibility），体现在：儿童自己解决由他们产生的问题；

自我规则责任心（self-regulation responsibility），体现在：儿童不需要他人的提醒而能对自己的事情和行为负责；

持续责任心（continuing responsibility），体现在：即使同伴或他人愿意替儿童做事，而儿童仍然认为这是他自己的事情，要自己负责。

WartonPM进一步集中对小学2、4、6年级学生完成作业时的责任情况进行了实证研究，结果发现：学生的学习责任心发展主要是从“直接提醒”（如，

---

① Bacon，C. S. Students' responsibility for learning. Adolescence，28（109）：54

② Warton，P. M.，Goodnow，J. J.（1991）. The nature of responsibility：Chinaren' s understanding of "your job". Child Development，l62：156 - 165

父母问“你今天有作业吗?”),再发展到自我调节(如,孩子说“学习是我自己的责任”),即从一种单一的外在强制性理解(rhetoric)(如,“你必须记住”)到原则性理解(如,“我必须记住,因为作业是给我的,而不是给我父母的”)。

(3)关于学习责任心培养策略的研究

White,Lourde,Ferreira 在《激发学生具有更多的学习责任心》[①] 一文中,采用一些激励学生提高学习责任新的方法。该方法包括以团队为基础的学习,强调口头和书面的沟通技巧和案例教学法。这些方法和传统的教学方法(依靠讲授、练习、记忆)有很大的不同。学生的表现(用考试、学期项目和课堂参与度来衡量)和传统的教学方法相比有明显的改善。

(三)大学生学业责任心研究的意义与设想

1. 研究的目的及意义

本研究试图通过对大学生学业责任心的研究,使教育者对大学生的学业责任心现状有个初步的了解,以便教育者有针对性地干预学业责任心差的学生,也可以为大学生进行学业责任心提高的教育提供依据,最终培养出有学业责任心的大学生,将来为社会作出更大的贡献。

首先,学业责任心的研究是高校德育工作的要求。责任心是人的一种基本素质,未来社会对人才的基本要求之一就是对自己、对事业、对社会、对祖国、对人类的高度责任感。大学生肩负着时代的重任,培养大学生的责任心应成为实施素质教育,加强学校德育的不容忽视的内容。1998 年 10 月联合国教科文组织在巴黎召开的“世界第一次高等教育大会”文件中就曾明确指出:“高等教育的首要任务是培养高素质的毕业生与负责任的公民。”

有人认为,当代大学生自我约束力差,对学习和未来不够关心。在学习方面急功近利。现在高校中学生普遍存在着只对外语、计算机等热门学科及少数几门考研科目感兴趣,其他的课程,不管对其将来的学习、工作多么重要,也是能混即混,能逃即逃,寄希望于“考前突击、考场投机、考后交际”蒙混过关(李允,2003)。因此,提高学生的学业责任心,并使学生较高的学业责任心较为长期的保持,是高校德育工作的要求。

其次,学业责任心的研究是大学生健康成长的需要。大学阶段是大学生的思想趋于稳定和成熟的关键时期,世界观、人生观、价值观都还没有定型,具有可塑性。大学有义务也有条件对大学生进行学业责任心的强化教育。

当代大学生是未来社会的中坚力量、社会发展的栋梁,他们的责任态度,

① Schlenker,B.,Britt,T.,Pennington,J.,Murphy,R.,Doherty,K.(1994).The tirangular model of responsibility. Psychological Review,101(4):632-652

某种程度上将直接决定未来几十年内社会主导责任观的价值取向。尤其是在当前这个历史时期，社会主义市场经济体制的发展使人们的社会意识产生了极其深刻的变革，当代大学生的学业责任心也必将会呈现出不同于以往的鲜明的时代特色。因此，加强对大学生的学业责任教育，培养他们的学习责任意识，是保证他们顺利走上社会，实现人生价值的重要条件。

2. 本研究的初步设想

本研究在国内外倦怠研究的基础上，探讨影响大学生学业责任心的因素，编制出大学生学业责任心问卷，并初步了解大学生学业责任心的现状。具体分为两个阶段：

研究第一阶段，收集相关材料对之进行整理分析，理清国内外学业责任心研究的脉络，使学业责任心认识从理论上更加清晰化。

研究第二阶段，通过结构式访谈、开放式问卷、探索性因素分析编制出大学生学业责任心的调查问卷。通过问卷信效度的多重检验、各项拟合指数及模型图的验证，得出了大学生学业责任心的正式问卷。

二、大学生学业责任心问卷的编制

（一）开放式问卷调查

1. 研究目的

从大学生自身的角度出发，调查他们对学业责任心的认识和理解，收集、整理调查结果，形成大学生学业责任心问卷的条目。

2. 研究方法

随机选取安徽师范大学大三学生 125 名进行开放式问卷调查，其中男生 76 人，女生 49 人。学生在课堂上以纸笔回答，回答的字数不限、回答内容越多越好。

开放式问卷共由四个题目组成：第一，你认为学业责任心是什么？第二，你认为有学业责任心的大学生有怎样的表现？第三，你认为你是一个有学业责任心的学生吗，为什么？第四，你认为影响大学生学业责任心的因素有哪些？第一个问题主要是考虑到，假如学生不能正确理解什么是学业责任心，那么他也不能正确把握自己是否是有学业责任心的人；第三个问题是因为，有些学生虽然能理解学业责任心，但是他们自己是否真正做到一个具有学业责任心的人还是值得考查的。第四个问题主要是想了解大学生对影响学业责任心因素的理解，为教育者对学生进行责任心的培养提供参考。

3. 结果与分析

第一，关于你认为学业责任心是什么的问题，归纳后主要有：学业责任心是学习的前提，是主动学习的动力；学业责任心是一种学习态度，对自己的一种要求；对自己的学业负责，有上进心，把学习看成自己的一项义务；努力完成学习任务。

第二，关于有学业责任心的大学生应该有怎样的表现的问题。回答主要有：完成每天的学习任务，主动发现并解决问题；能充分地利用资源去学习知识，并能参加实践活动；能很好地处理学习与生活的关系，分清主次；明确学习的目标、计划且可在规定的时间内完成计划；认真学习，工作负责，对交代的任务认真完成；按时上课、不迟到、不早退、不旷课；上课认真听讲、积极思考、踊跃发言；能自觉学习，不懂的及时问；培养各方面的能力。

第三，关于你是否是一个有学业责任心的人的问题。认为自己有学业责任心的人数为56人，占总人数的44.8%。其他的55.2%的人回答为不太有学业责任心或无学业责任心。回答自己有学业责任心的原因主要有：成绩较好，经常去图书馆学习；比较喜欢自己的专业；能认真完成老师布置的任务；学习有计划，能按时完成自己的计划。回答自己没有学业责任心的原因主要有：拖沓，学习无计划性；有学习目标，但自控力不强不能达到学习目的；不求上进，对学习抱无所谓态度；其他事情过多，影响了学习。

第四，影响大学生学业责任心的因素主要有：对学业是否有兴趣、家庭经济状况、能否获得奖学金、个人的学习习惯、所处的环境（比如班级环境、校外环境）、未来方向是否与学业相关、是否有人管自己、恋爱、外界不良诱惑、父母的期望、社会的压力、社会责任感、同学的竞争。

（二）预测问卷的形成

1. 形成预测问卷

在文献研究和开放式问卷调查的基础上，同时参考一些相关的责任心测评工具，选取并设计了106条具有代表性、普遍性的题项内容，内容的表达尽量采用大学生在开放式问卷中的原话，使其简洁易懂。

请5名研究生对问卷的题目进行修改，并选取25名大学生进行施测，在施测的同时注意被试对问卷的反应，如题目的表述、对题目的理解、题目的数量等信息。并在施测后请这25名被试对问卷进行评价并提意见，同时请他们2人为一小组对问卷题目的表述进行修改和补充。调整一些题目，对不合理的项目进行筛选，最后确定大学生责任心预测问卷为97题。所有条目均采用随机排列方式，采用Likert自评式5点量表法，从“完全不符合”、“大部分不符合”、“不确定”、“大部分符合”、“完全符合”依次记为1分、2分、3分、4分、5分，得分越高表明学业责任心越强。为了避免心理定势的影响，问卷中有38个反向题，在计分时作相应分数转换。

2. 预测问卷的初步分析

正式研究之前，我们先用形成的预测问卷进行小样本的测试研究。选取安徽师范大学教育科学学院三年级本科一个班，物理系本科二年级一个班，整体施测，共发放问卷 180 份，收回有效问卷 158 份。

对这 97 道题目进行项目分析，删除不合格题项的统计指标主要有两个：一是鉴别力指数 D，二是高低分组的差异显著性检验。凡是 $D<0.20$ 的题项都删除；凡是差异显著性系数 $P>0.05$ 的也删去。依此标准共删除 27 道，同时针对剩余题目，再次征求心理学专家的意见稍作修整，最后形成的大学生学业责任心预测问卷，由 70 个题项组成。其中认知分问卷 23 题、情感分问卷 17 题、行为份问卷 30 题。

（三）问卷的标准化

1. 研究目的

用探索性因素分析的方法检验并修正预测问卷的理论结构，形成大学生学业责任心的正式问卷，并进一步检验问卷的信效度，为调查大学生责任心状况提供一套测量工具。

2. 研究被试

以安徽师范大学、皖南医学院、芜湖联合大学、马鞍山师专四所大学的大学生为被试，发放问卷 600 份，收回有效问卷 566 份。被试具体情况见表7－1。

表 7－1　被试的基本情况

	性别		年级			专业			
	男	女	大二	大三	大四	文科	理工科	医学	其他
人数	206	360	269	197	100	176	280	94	16

3. 研究方法

采用统一的指导语，以班级为单位进行集体施测，同时发放，统一收回。完成问卷的时间为 15 分钟左右。

问卷数据输入统计软件 SPSS13.0，并进行项目分析，因素分析和信效度分析。

4. 结果与分析

（1）项目分析

采用两种方法对问卷条目的区分度进行分析，一是采取求临界比率（简称 CR 值）的方法，即将每个样本的总分按升序或降序排列，分别得到 27% 的高分组和低分组，然后对高低二组的每题得分进行平均数的差异显著性检验，如果 CR 值没有达到显著性标准，则表明该题项不能鉴别不同被试的反应程度，应予以删除。二是采用相关法计算各题项与问卷总分的相关，未达到0.00的显著性相关，也予以删除。

此两项统计结果所有题目都符合标准。

（2）预测问卷的探索性因素分析

对数据进行了Bartlett检验，其检验值为3054.898，自由度为253，显著性水平为0.000，极其显著，说明各题项之间有共享因素存在。同时，样本适当性度量值KMO数值为0.901，表明数据样本适宜进行因素分析。

采用主成分分析法和方差最大正交旋转法进行探索性因素分析，并依据因素的特征值大于1、各因素需符合陡阶检验、每个因素至少包含3个题项、因素比较好命名等分析标准对因素分析的适当性进行考察。各分问卷的结果见表7-2、7-3、7-4。

表7-2 大学生学业责任心认知分问卷因子负荷矩阵

项目	因子1	因子2	因子3	因子4	因子5
A56	0.822				
A57	0.795				
A61	0.694				
A51	0.549				
A5	0.509				
A42	0.493				
A39	0.465				
A15	0.455		0.451		
A66		0.649			
A47		0.630			
A32		0.577			
A69		0.576			
A34		0.570			
A17			0.752		
A10			0.622		
A20			0.552		
A7			0.422		
A24				0.716	
A1				0.485	
A28					

（续表）

项目	因子 1	因子 2	因子 3	因子 4	因子 5
A64					−0.567
A21					0.553
A45					

在认知分问卷中，经探索性因素分析，KMO 值为 0.901，按特征值大于 1 的标准，提取出 5 个因子，累计解释量 47.749，项目 28、45 在所有因子上的载荷小于 0.40；项目 15 在两个因子上的载荷大于 0.45，对这三个项目仔细研究后予以删除。另外，根据每个因子上的题项不得少于三题的标准，因子 4 和因子 5 上都只有两题，因此，把 24、1、64、21 这四项也予以删除。经探索性因素分析后，认知分问卷中共删除 7 项，还剩 16 项。

表 7-3　大学生学业责任心情感分问卷因子负荷矩阵

项目	因子 1	因子 2	因子 3	因子 4	因子 5
A43	0.736				
A48	0.688				
A62	0.647				
A58	0.547				
A35	0.439				
A2		0.673			
A4		0.609			
A53		0.604			
A11		0.552			
A3			0.633		
A29			0.602		
A40			0.560		
A12			0.536		
A8				0.701	
A25				0.608	
A6					0.822
A67					0.554

在情感分问卷中，经探索性因素分析，KMO 值为 0.881，按特征值大于 1

的标准，提取出 5 个因子，累计解释量 52.917，所有项目在各因子上的载荷都大于 0.40，并且没有题项在两个因子上载荷大于 0.45 的现象。根据每个因子上的题项不得少于三题的标准，因子 4 和因子 5 上都只有两题，因此，把 8、25、6、67 这四项也予以删除。经探索性因素分析后，情感分问卷中共删除 4 项，还剩 13 项。

表 7－4　大学生学业责任心行为分问卷因子负荷矩阵

项目	因子 1	因子 2	因子 3	因子 4	因子 5
A16	0.685				
A18	0.662				
A27	0.661				
A38	0.585				
A49	0.477		0.482		
A65	0.457				
A9	0.450				
A54					
A36					
A68		0.644			
A70		0.615			
A46		0.564		0.541	
A55		0.514			
A60		0.503	0.453		
A26		0.503			
A19		0.499			
A22		0.472			
A31					
A14					
A37					

（续表）

项目	因子 1	因子 2	因子 3	因子 4	因子 5
A50			0.583		
A41			0.563		
A13			0.538		
A59			0.521		
A63			0.469		
A44				0.775	
A23				0.742	
A33					0.600
A52					
A30					0.466

在行为分问卷中，经探索性因素分析，KMO 值为 0.897，按特征值大于 1 的标准，提取出 5 个因子，累计解释量 41.595，项目 54、36、31、14、37、52 在所有因子上的载荷小于 0.40；项目 49、46、60 在两个因子上的载荷大于 0.45，对这 10 个项目仔细研究后予以删除。另外，根据每个因子上的题项不得少于三题的标准，因子 4 和因子 5 上都只有两题，因此，把 44、23、33、30 这四项也予以删除。经探索性因素分析后，行为分问卷中共删除 13 项，还剩 17 项。

经过以上探索性因素分析，剩下的题项构成大学生学业责任心正式问卷，该问卷由 45 道题组成，其中有 10 道反向记分题。

（3）正式问卷的探索性因素分析

采用主成分分析法和方差最大正交旋转法再次对剩余的 45 个题项进行探索性因素分析，并依据因素的特征值大于 1、各因素需符合陡阶检验、每个因素至少包含 3 个题项、因素比较好命名等分析标准对因素分析的适当性进行考察。

①认知分问卷的探索性因素分析。

采用主成分分析法和方差最大正交旋转法对认知分问卷的 16 个题项进行探索性因素分析，因子结构及各项目间的因子负荷见表 7－5；因子的特征值和贡献率见表 7－6。

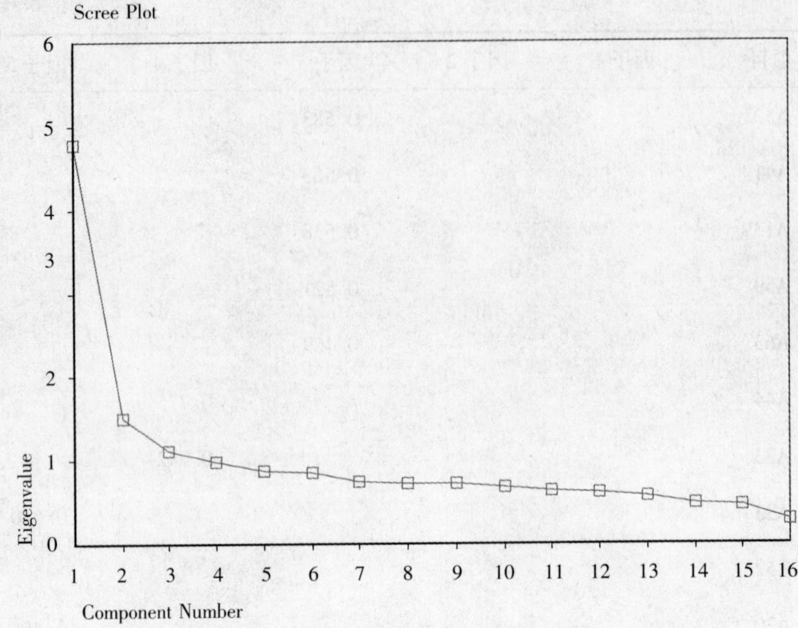

图 7-1　大学生学业责任心认知分问卷探索性因素分析的碎石图

表 7-5　大学生学业责任心认知分问卷因子负荷矩阵

项目	因子 1	因子 2	因子 3
A56	0.805		
A57	0.788		
A61	0.709		
A51	0.581		
A42	0.550		
A5	0.544		
A39	0.511		
A66		0.670	
A47		0.646	
A69		0.606	
A32		0.591	
A34		0.578	
A17			0.736

（续表）

项目	因子1	因子2	因子3
A10			0.677
A20			0.576
A7			0.429

表7-6　大学生学业责任心认知分问卷各因子的特征值及贡献率

因素	特征值	贡献率	累积贡献率
因子1	3.269	20.430%	20.430%
因子2	2.265	14.155%	34.586%
因子3	1.873	11.703%	46.289%

上述结果表明，大学生学业责任心认知分问卷的16个项目在各自的公共因子上都有较高的负荷值，并且抽取的3个公共因子的累积贡献率为46.289%，因此，所构建的大学生学业责任心认知分问卷是较为理想的。

②情感分问卷的探索性因素分析。

采用主成分分析法和方差最大正交旋转法对情感分问卷的13个题项进行探索性因素分析，因子结构及各项目间的因子负荷见表7-7；因子的特征值和贡献率见表7-8。

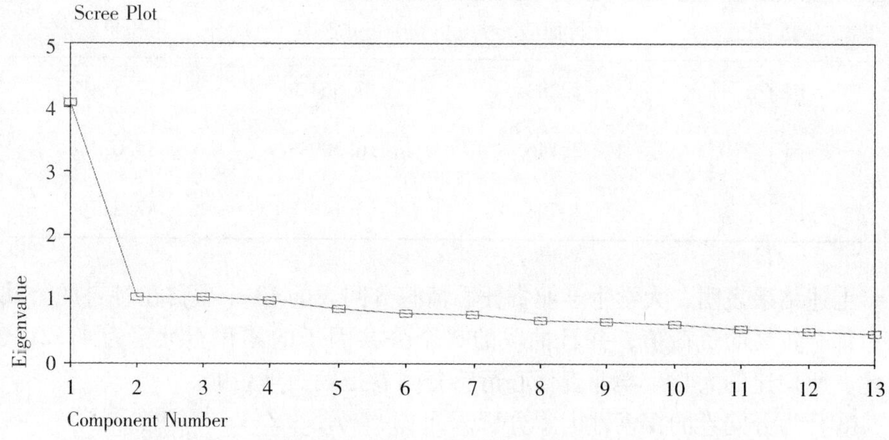

图7-2　大学生学业责任心情感分问卷探索性因素分析的碎石图

表 7-7 大学生学业责任心情感分问卷因子负荷矩阵

项目	因子 1	因子 2	因子 3
A43	0.742		
A48	0.707		
A62	0.626		
A58	0.533		
A2		0.671	
A4		0.622	
A53		0.620	
A11		0.593	
A35		0.489	
A3			0.664
A40			0.566
A12			0.558
A29			0.511

表 7-8 大学生学业责任心情感分问卷各因子的特征值及贡献率

因素	特征值	贡献率	累积贡献率
因子 1	2.283	17.564%	17.564%
因子 2	2.146	16.509%	34.073%
因子 3	1.708	13.140%	47.213%

上述结果表明，大学生学业责任心情感分问卷的 13 个项目在各自的公共因子上都有较高的负荷值，并且抽取的 3 个公共因子的累积贡献率为 47.213%，因此，所构建的大学生学业责任心情感分问卷是较为理想的。

③行为分问卷的探索性因素分析。

采用主成分分析法和方差最大正交旋转法对行为分问卷的 16 个题项进行探索性因素分析，因子结构及各项目间的因子负荷见表 7-9；因子的特征值和贡献率见表 7-10。

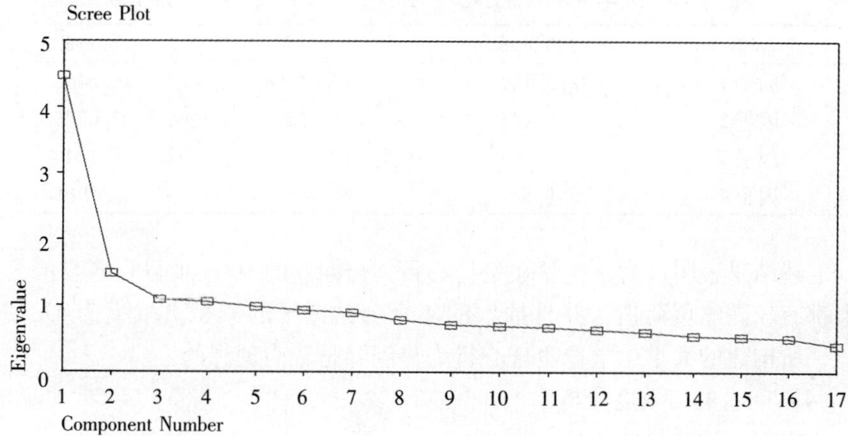

图7－3　大学生学业责任心行为分问卷探索性因素分析的碎石图

表7－9　大学生学业责任心行为分问卷因子负荷矩阵

项目	因子1	因子2	因子3	因子4
A18	0.683			
A27	0.678			
A16	0.670			
A38	0.637			
A9	0.506			
A65	0.497			
A50		0.680		
A41		0.592		
A59		0.528		
A13		0.516		
A68			0.750	
A70			0.712	
A63			0.470	
A26				0.793
A22				0.607
A19				0.504

表 7-10 大学生学业责任心行为分问卷各因子的特征值及贡献率

因素	特征值	贡献率	累积贡献率
因子 1	2.829	16.640%	16.640%
因子 2	1.875	11.032%	27.672%
因子 3	1.780	10.472%	38.144%
因子 4	1.639	9.642%	47.796%

上述结果表明，大学生学业责任心行为分问卷的 16 个项目在各自的公共因子上都有较高的负荷值，并且抽取的 4 个公共因子的累积贡献率为 47.796%，因此，所构建的大学生学业责任心行为分问卷是较为理想的。

（4）问卷的信效度分析

①内部一致性信度和分半信度。

Henson（2001）认为，在先导性研究中，信度系数在 0.5 至 0.6 之间就可以接受。本问卷的内部一致性信度（Cronbacha 系数）和分半信度见表 7-11。

由表 7-11 可知，大学生学业责任心的三个分问卷及各因子的内部一致性系数都在 0.529 至 0.862 之间，分半信度也都在 0.502 以上，各因素的分半信度都达到了极显著水平，这表明该问卷具有较好的信度，说明本研究所建构的大学生学业责任心的结构模型是稳定可靠的，可以作为大学生学业责任心的测量工具。

由于问卷调查研究真实性的需要，本问卷没能够获得受测学生的姓名等资料，所以，重测信度不能够计算。这也是本问卷的一个缺陷。

表 7-11 各因子的内部一致性信度、分半信度

	认知分问卷		情感分问卷			行为分问卷			总问卷	
	F_1	F_2	F_3	F_4	F_5	F_6	F_7	F_8	F_9	F_{10}	
各因子·	0.804	0.663	0.597	0.714	0.672	0.529	0.728	0.545	0.531	0.533	0.862
分问卷·	0.703	0.744	0.667								
分半信度	0.745	0.559	0.588	0.710	0.613	0.502	0.695	0.553	0.558	0.521	0.773

②问卷的效度分析

本研究通过因素分析得出的因素结构表明，该问卷与本研究的假设具有良好的结构效度。大学生学业责任心问卷的项目主要来源于对大学生开放式问卷的结果，并且该问卷请有关专家和有经验的教师对问卷的项目和内容范围的符合性作出评判，使其能真实地反映出大学生学业责任心的真实情况。因此，该问卷也具有良好的内容效度。

本研究中，大学生学业责任心三个分问卷的项目与所属分问卷的相关性分别在 0.387～0.656 之间；各分问卷项目的相关性在 0.111～0.488 之间。这表明所有的项目都符合心理测量标准的要求。

5. 结论

综合以上分析，大学生学业责任心问卷具有良好的信度和效度，符合心理测量表的标准，可以将认知分问卷、情感分问卷、行为分问卷的项目合并并随机排列构成正式的“大学生学业责任心问卷”作为评估大学生责任心的测量工具。

（四）大学生学业责任心问卷的因子命名

1. 学业责任认知分问卷因子命名

学业责任认知分问卷包括16个项目，10个正向题，6个反向题。共聚成3个因子。

因子1包括项目56、57、61、51、42、5、39。主要反映的是学习的计划性。如项目56，“我认为对于所学的课程应该有合适的计划”；项目5，“我认为应该严格按照自己的计划进行学习，遇到困难应该努力克服”可以命名为：计划性责任认知。

因子2包括项目66、47、69、32、34。主要反映大学生不负责任的认知：如项目69，“我认为大学生没有必要努力学习专业课”；项目66，“我觉得自学效果更好，没有必要去听老师讲课”。因此可以命名为消极性责任认知。

因子3包括17、10、20、7。主要反映大学生对班级规章的遵守情况。如项目10，“我认为上课时不应该无故离开课堂”；项目17，“我认为考试时不应该作弊”。可以命名为道德性责任认知。

2. 学业责任情感分问卷因子命名

学业责任情感分问卷包括13个项目，全为正向题，共聚成3个因子。

因子1包括项目43、48、62、58。主要反映的是大学生没有尽到应尽的责任时所表现出来的情感，如项目58，“当我不好好学习时，我会感觉愧对父母”；项目62，“当我整日不务正业时，我会感到心慌”。因此，命名为过失性责任情感。

因子2包括2、4、53、11、35。主要反映自我评价后，学习是否达到自己的标准而产生的情感，如项目4，“当我考试成绩不理想时，我会觉得难过”；项目52，“当我由于某种原因缺课时，我会担心掉队”。因此命名为评价性责任情感。

因子3包括项目3、40、12、29。主要反映学生对于违反规则行为的反映，如项目3，“我讨厌扰乱课堂秩序不认真听讲的行为”；项目29，“如果开始作弊我会感到良心不安”。因此，命名为规则性责任行为。

3. 学业责任行为分问卷因子命名

学业责任行为分问卷包括16个项目，12个正向题，4个反向题，共聚成4个因子。

因子1包括项目18、27、16、38、9、65。主要反映大学生在学业上是否积极主动，如项目27，“我会主动找出与专业相关的书进行阅读”；项目38，“我会主动制订学习计划”。因此命名为主动性责任行为。

因子2包括项目50、41、59、13。主要反映大学生对待学习是否认真仔细，如项目50，“考试时，做完每道题后仔细检查”；项目41，“上课时，我会认真思考并努力回答老师的问题”。因此命名为认真性责任行为。

因子3包括项目69、70、63。主要反映学生是否有逃避责任的行为，如项目68，“我经常为了做与学习无关的事而逃课”；项目70，“我去上课完全是为了应付老师点名”。因此命名为逃避性责任行为。

因子4包括项目22、26、19。主要反映学生在学习上是否能控制自己，如项目，“我有拖拉作业的行为”；项目，“学习成绩差了，我也不会更努力一些”。因此命名为自控性责任行为。

（五）问卷的验证性因素分析

为进一步检验问卷的结构效度，本研究用探索性因素分析剩下的283份样本进行验证性因素分析，采用LISREL8.70测定模型与观测数据之间的拟合程度。分别对三个分问卷进行验证性因素分析，三个分问卷的因子模型拟合良好，分别见图7－4、图7－5、图7－6。

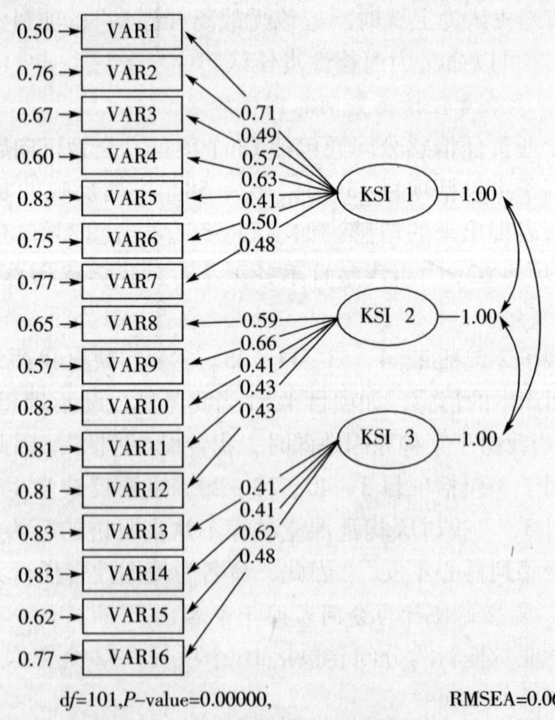

图7－4 大学生学业责任心认知分问卷因子模型图

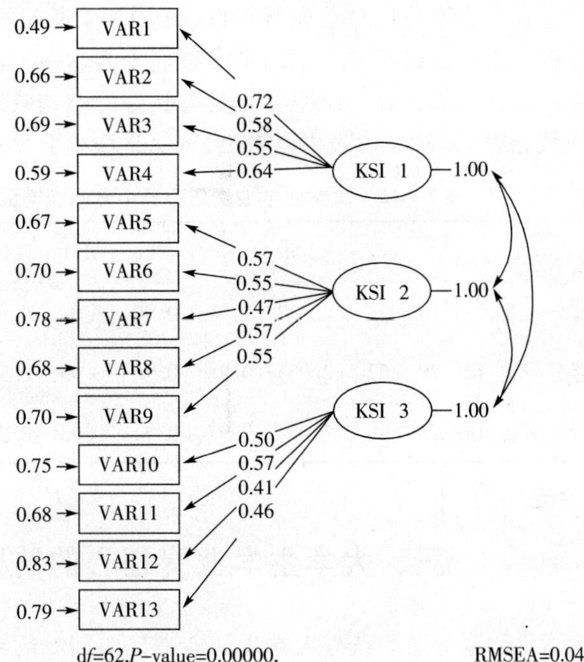

图 7－5　大学生学业责任心情感分问卷因子模型图

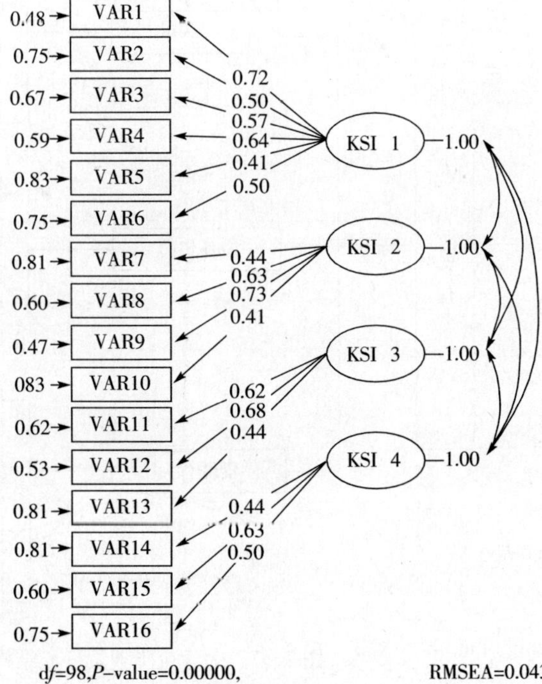

图 7－6　大学生学业责任心行为分问卷因子模型图

另外，验证性因素分析对心理测验的一个重要贡献是把测验的结构效度具体化，通过数据与理论假设模型之间的吻合程度来表示一个测验结构效度的高低，如果各项拟合指数都较好，说明测验具有较好的结构效度。本研究三个分问卷的拟合指数见表7－12。由表可以看出，χ^2/df 均小于5，各项拟合指标均良好。

表7－12 大学生学业责任心三个分问卷模型的拟合指数

	χ^2	df	$\chi 2/df$	IFI	NFI	RFI	CFI	NNFI	SRMR	RMSEA
认知分问卷	347.13	101	3.437	0.93	0.90	0.88	0.93	0.91	0.056	0.066
情感分问卷	126.20	62	2.035	0.98	0.96	0.95	0.98	0.97	0.037	0.043
行为分问卷	198.25	98	2.023	0.97	0.94	0.93	0.97	0.96	0.045	0.043

三、大学生学业责任心的结构模型

探索性因素分析后获得大学生学业责任心问卷的结构。经过信效度检验均较理想，因此，本研究可以得出大学生学业责任心的结构模型，见图7－7。

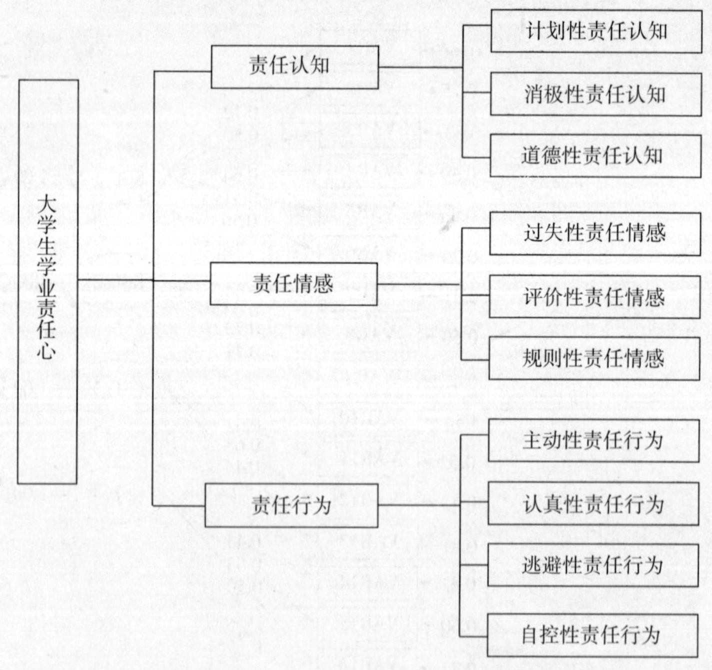

图7－7 大学生学业责任心结构模型

第三篇

大学生学习心理的相关调查研究

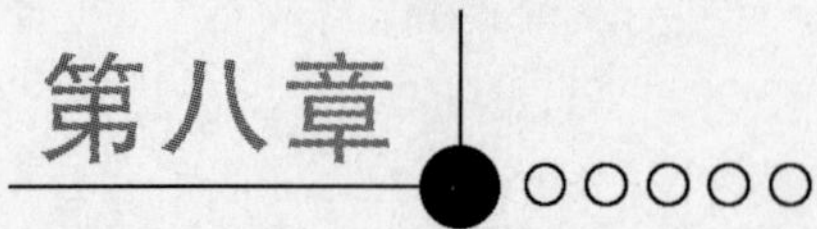

师范大学生学习策略水平的调查研究

一、问题的提出

（一）对现有研究的反思

我国在学习策略领域的研究已经取得了一些成果，但也存在不足。

国内关于高等师范大学生学习策略研究，主要是雷雳、侯志瑾等通过 Biggs 的《学习过程问卷》对京津两所师范大学的 351 名学生进行调查，以考察其学习动机和学习策略的特点及关系。结果发现，高等师范学校学生的学习动机以深层型动机为主导，同时也兼有表面型动机和成就型动机；随年级升高，高等师范学校学生的三种学习动机都呈现出减退的趋势，并且在成就型动机上存在性别差异；另一方面，高等师范学校学生的学习策略也以深层型策略为主导，其次是成就型策略，再次是表面型策略；成就型策略和表面型策略表现出年级特征，深层型策略和成就型策略存在性别差异。

开展对师范大学生学习策略的研究，掌握关于师范大学生学习策略的总体水平以及专业、年级和性别差异等第一手的资料，不仅将有助于高师院校采取针对性措施进行教育干预，帮助师范大学生成长为适应知识经济时代需要的策略型学习者和促进中小学生学习能力发展的策略传授者；也将有助于增加学习策略研究的多维视角，扩充学习策略研究领域。

（二）本研究的目的

开展大学生特别是师范大学生学习策略获得和应用的各种变量因素以及发展规律的研究，将有助于对师范大学生进行学习策略教学训练以期对其终生学习和未来职业生涯产生积极影响。具体地说，本研究目的主要有以下几点：

1. 通过比较，了解师范大学生的学习策略总体水平。

2. 考察性别和专业（文理科）及年级等变量与师范大学生的学习策略运用意识、学习策略类型和策略水平的差异的相关，了解师范大学生学习策略的发展特点，以便因材施教。

3. 初步探讨师范大学生的学习能力知觉与学习策略水平的关系。

二、研究对象与方法

（一）研究对象

采用随机分层整群取样，从安徽省六所高校抽取2069名大学生。其中，师范专业学生1334名，非师范专业学生735名。各高校四年级学生大多忙于实习或考研学习，很难集中发放问卷调查，因此问卷调查没有将他们包括在内。具体分布情况见表8－1。

表8－1　有效被试的主要统计学特征表

有效来源	文理科		性别		年级		
	文科	理科	男	女	一年级	二年级	三年级
安徽师范大学	334	276	283	327	188	152	270
淮北煤炭师院	235	286	270	251	182	154	185
皖西学院	103	100	103	100	57	54	92
安徽大学	142	144	160	126	77	103	106
安徽工业大学	151	106	148	109	104	91	62
铜陵学院	93	99	145	47	116	76	/
Σ	1058	1011	1109	960	724	630	715

（二）研究工具

采用温斯坦等人编制的学习策略量表（LASSI）。

LASSI（Learning and Study Strategies Inventory）是在广泛研究的基础上编制出来的比较成熟的学习策略问卷，已在美国许多高校使用并已建立了常模，在欧美、亚洲诸国也有使用。国内学者刘儒德曾介绍该量表的高中版，并经刘善循等人对北京地区中学生学习策略水平进行调查，研究结果表明该量表具有较高的信度和效度。

该量表由十个分量表组成，包括77个测题，被试回答方式采用的是从完全否定到完全肯定的五级式计分。十个分量表为：

态度量表（attitude），主要用于测查学生对学校的一般态度和他们在学校成功学习的一般动机，包括对学校与自己学习目标、生活目标乃至人生目标之间的关系的认识。

时间管理量表（time management），主要用于测查学生合理计划和有效使用学习时间的情况。

焦虑量表（anxiety），测查学生对自己的学习的担心程度。该量表测查的焦虑主要是指学生关于自己学习、学业成绩及其他学习问题的紧张和担心等消极性情绪，包括学习焦虑和考试焦虑。

动机量表（motivation），主要用于测查学生成功地完成具体学业任务的动机，这种动机具体表现在他们经过不懈的努力，对自己的学习高度负责的日常学习活动之中。

信息处理量表（information processing），测查学生使用心理表象、言语精加工、领会监控和推理等策略促进理解和回忆的程度。

自我测查量表（self testing），测查学生对自我测查重要性的意识程度以及运用自我测查方法的水平。

专心量表（concentration），测查学生把注意引向并集中在学习任务上的能力。

选择要点量表（selecting main ideas），测查学生在课堂听讲或自学中选择用以进一步学习的重要信息的水平。

考试策略量表（test strategies），测查学生运用复习和应试策略的水平。

学习辅助手段量表（study aids），测查学生创设和运用辅助性技术及材料进行有效学习的能力情况。

（三）研究程序与方法

采用集体施测的方式，以班级为单位，由主试向学生宣读指导语，待他们完全理解答题要求之后，在测试问卷上开始回答，在测试过程中，被试有疑问可随时提问寻求解答，测试时间为 30 分钟。实际发放问卷 2200 份，回收有效问卷 2069 份，有效回收率为 94%。

将有效问卷原始数据录入计算机，使用 SPSSWIN 11.0 系统软件包进行统计分析，主要分析方法有相关、方差分析等。

三、研究结果

（一）量表的信度和效度

1. 量表的信度

对 LASSI 的信度检验以 Cronbadch a 系数和 Guttman 分半信度系数及各分量表项目与各分量表总分的相关系数为评价指标。a 系数如表 8 - 2 所示。其中选择要点、学习辅导和自我测试分量表的 a 系数偏低，分别为 0. 5741、0. 6022、0. 6273。其余分量表的 a 系数均大于 0. 64。表 8 - 3 表明，各分量表的分半信度系数均在 0. 52 以上，其中选择要点分量表的分半信度系数最低，为 0. 5224。各分量表项目与各分量表总分的相关系数如表 8 - 4 所示。所有的项目与各分量表总分的相关均达到非常显著水平。统计结果表明，总体上 LASSI 有着良好的测验信度，项目之间有良好的一致性。

表 8 - 2　各分量表及总量表的信度系数

	态度	动机	时间管理	焦虑	专心	信息加工	选择要点	学习辅导	自我测试	考试	总分
a 系数	0. 6847	0. 6494	0. 7162	0. 7221	0. 7567	0. 7552	0. 5741	0. 6022	0. 6273	0. 6615	0. 9203

表 8 - 3　分半信度系数

	态度	动机	时间管理	焦虑	专心	信息加工	选择要点	学习辅导	自我测试	考试	总分
Guttmam 系数	0. 6661	0. 5932	0. 7003	0. 6912	0. 7533	0. 7258	0. 5224	0. 5282	0. 5916	0. 6412	0. 8839

表 8 - 4　各分量表项目与各分量表总分之间的相关系数

	I_1	I_2	I_3	I_4	I_5	I_6	I_7	I_8
态度	0. 385**	0. 614**	0. 632**	0. 421**	0. 640**	0. 510**	0. 591**	0. 632**
动机	0. 608**	0. 632**	0. 592**	0. 650**	0. 543**	0. 431**	0. 473**	0. 355**
时间管理	0. 501**	0. 673**	0. 710**	0. 425**	0. 560**	0. 464**	0. 729**	0. 535**
焦虑	0. 488**	0. 544**	0. 483**	0. 665**	0. 572**	0. 649**	0. 667**	0. 618**
专心	0. 648**	0. 451**	0. 497**	0. 713**	0. 719**	0. 598**	0. 587**	0. 693**
信息加工	0. 482**	0. 567**	0. 606**	0. 646**	0. 702**	0. 580**	0. 609**	0. 673**
选择要点	0. 624**	0. 582**	0. 608**	0. 593**	0. 645**			
学习辅导	0. 540**	0. 407**	0. 466**	0. 483**	0. 597**	0. 607**	0. 553**	0. 463**

（续表）

	I_1	I_2	I_3	I_4	I_5	I_6	I_7	I_8
自我测试	0.582**	0.550**	0.341**	0.597**	0.452**	0.595**	0.562**	0.529**
考试	0.537**	0.530**	0.595**	0.547**	0.480**	0.511**	0.616**	0.547**

2. 量表的效度

（1）内容效度

本研究以分量表之间以及分量表与总分之间的相关系数作为测量量表的内容效度（见表8-5）。结果显示，各分量表之间及分量表与总量表之间的相关均达到非常显著性水平。这表明，在总体上 LASSI 有着较好的内容效度。

表8-5　各分量表之间的相关矩阵

	态度	动机	时间管理	焦虑	专心	信息加工	选择要点	学习辅导	自我测试	考试
态度	1									
动机	0.564**	1								
时间管理	0.527**	0.614**	1							
焦虑	0.326**	0.129**	0.303**	1						
专心	0.483**	0.457**	0.607**	0.413**	1					
信息加工	0.255**	0.350**	0.326**	0.229**	0.279**	1				
选择要点	0.392**	0.343**	0.383**	0.402**	0.445**	0.367**	1			
学习辅导	0.218**	0.380**	0.291**	0.071**	0.252**	0.529**	0.301**	1		
自我测试	0.347**	0.540**	0.469**	0.106**	0.364**	0.545**	0.363**	0.547**	1	
考试	0.508**	0.340**	0.462**	0.554**	0.538**	0.279**	0.580**	0.196**	0.244**	1

（2）效标效度

本研究中以大学生对学业成就的自我评价为依据探讨学习成绩与各分量表之间的相关系数作为 LASSI 的效标效度。由于现实操作上的困难，我们参考了国外学者的相关研究，在调查问卷中设计了一道问题“你认为自己的学业成绩如何?”，要求被试根据自己的实际情况做三个等级的自我评定：“a. 差、b. 一般、c. 好”。通过对学生学习能力知觉的调查，作为了解大学生的学业成绩的主要依据。由于问卷采取无记名形式，我们没有理由不相信学生不能够实事求是地回答这一问题。如表 8－6 所示，各分量表与学生的学习能力知觉的相关均达到显著性水平。这表明该调查表在总体上有着较好的效标效度。

表 8－6　学生的学习能力知觉与各量表得分之间的相关系数

	态度	动机	时间管理	焦虑	专心	信息加工	选择要点	学习辅导	自我测试	考试
学习能力知觉	0. 235*	0. 295*	0. 318*	0. 242*	0. 335*	0. 252*	0. 285*	0. 218*	0. 230*	0. 247*

（二）师范大学生学习策略水平的比较

1. 师范大学生学习策略总体水平现状

从表 8－7 可以看出，师范大学生与非师范大学生在动机、焦虑、信息加工、专心、学习辅导等 5 个分量表上的得分差异达到显著性水平。师范大学生在动机、专心分量表上得分显著高于非师范大学生，在时间管理和自我测试分量表上的得分略高于非师范大学生，但师范大学生在学习策略的选用上并没有表现出优于非师范大学生的倾向，师范大学生的焦虑水平较高，应对焦虑的处理水平远远低于非师范大学生，运用信息加工策略、学习辅导策略的水平也显著低于非师范大学生；此外，师范大学生的态度、选择要点和考试量表上的得分也较低。师范大学生学习策略总体水平现状不容乐观。

表 8－7　师范生与非师范生的学习策略水平的差异比较（$M±SD$）

	师范生	非师范生	P
态度	29. 31±4. 99	29. 40±4. 96	0. 675
动机	26. 01±4. 94	25. 56±4. 91	0. 049*
时间管理	25. 87±5. 17	25. 64±5. 14	0. 317
焦虑	27. 28±5. 25	28. 21±5. 05	0. 000***
专心	24. 35±5. 33	23. 68±5. 29	0. 007**
信息加工	24. 19±5. 08	24. 84±5. 13	0. 005**
选择要点	16. 87±2. 97	17. 04±3. 15	0. 212
学习辅导	23. 37±4. 51	23. 79±4. 47	0. 042*

（续表）

	师范生	非师范生	P
自我测试	22.95±4.53	22.87±4.50	0.703
考试	27.23±4.35	27.51±4.36	0.165

2. 师范大学生学习策略水平的年级差异

从表8－8中可以看到，三个年级组的学生在态度、动机、时间管理、专心和自我测试等5个分量表上的得分差异达到非常显著性水平，在信息加工分量表上的得分差异达到显著性水平。一年级学习策略水平相对较高，高年级师范生并未显示出年级优势。师范大学生的学习策略水平随年级的增高总体呈下降趋势，在焦虑量表上呈现出倒v型的发展趋势。

表8－8　师范大学生学习策略水平的年级比较（$M±SD$）

	一年级	二年级	三年级	P
态度	31.01±4.76	29.08±4.95	28.14±4.83	0.000***
动机	28.19±4.35	25.46±4.80	24.68±4.90	0.000***
时间管理	27.52±4.57	25.19±5.63	25.05±5.02	0.000***
焦虑	27.03±5.41	27.67±5.08	27.22±5.24	0.235
专心	25.55±5.42	23.76±5.32	23.79±5.13	0.000***
信息加工	24.78±5.20	24.10±5.07	23.81±4.96	0.011*
选择要点	16.96±3.00	16.82±3.10	16.84±2.87	0.741
学习辅导	23.14±4.70	23.35±4.54	23.56±4.32	0.339
自我测试	23.76±4.78	22.73±4.51	22.48±4.23	0.000***
考试	27.25±4.56	27.08±4.46	27.32±4.10	0.699

3. 师范大学生学习策略水平的性别差异

从表8－9可以看出，男女师范大学生在态度、动机、信息加工和考试等分量表上的差异水平极显著。与男生相比，女生的学习动机水平较高，学习态度更积极，更善于利用考试策略，但信息加工方面不如男生。在其他分量表上得分差异还显著，女生学习策略水平在总体上略高于男生，但差异不显著。这一结果与已有部分研究结论较为一致。如Iver Br ten运用LASSI对大学一年级男女学生研究发现，女生在总体上比男生更善于运用学习策略。国内部分研究与本研究结论也较为相同，反映出男女学生对学习策略的择用存在的不同风格。

表8-9　师范大学生学习策略水平的性别差异比较（$M \pm SD$）

	男生	女生	P
态度	28.88±5.28	29.74±4.66	0.002**
动机	25.57±5.02	26.46±4.83	0.001**
时间管理	25.76±5.26	25.99±5.10	0.426
焦虑	27.56±5.44	27.01±5.05	0.054
专心	24.24±5.52	24.45±5.15	0.465
信息加工	24.77±5.22	23.65±4.88	0.000***
选择要点	16.94±3.05	16.80±2.91	0.395
学习辅导	23.25±4.74	23.48±4.27	0.341
自我测试	23.06±4.61	22.86±4.44	0.422
考试	26.87±4.66	27.59±4.00	0.002**

4. 师范大学生学习策略水平的文理科差异

从表8-10可以看出，文理科师范生在态度、时间管理和自我测试等3个量表的得分上存在显著差异，理科师范生的得分明显高于文科大学生。然而在其他大多数分量表上文理科学生并未体现出显著差异。

表8-10　文理科师范大学生学习策略差异比较（$M \pm SD$）

	理科	文科	P
态度	29.60±5.04	29.03±4.93	0.037*
动机	26.04±5.10	25.99±4.79	0.838
时间管理	26.16±5.39	25.60±4.94	0.048*
焦虑	27.29±5.42	27.27±5.07	0.948
专心	24.24±5.57	24.45±5.09	0.426
信息加工	24.11±5.34	24.27±4.81	0.570
选择要点	16.83±3.05	16.91±2.89	0.588
学习辅导	23.30±4.65	23.43±4.36	0.591
自我测试	23.61±4.57	22.30±4.39	0.000**
考试	27.12±4.60	27.35±4.08	0.328

（三）师范大学生学习策略水平与学习能力知觉的相关

在学习能力知觉问题上，师范大学生回答“差”的为178名，回答“一般”的为1023名，回答“好”的为133名，符合正态分布。根据学生对学习能力知觉自我评价，我们将学生分成学习知觉能力高、中、低三组，并对他们的学习策略水平进行比较分析。结果显示如表8-11所示。三组学生在所有量表上的得分差异均达到显著性水平，学习能力知觉高的学生学习策略水平高，学习能力知觉低的学生学习策略水平低。

表8-11 学习能力知觉与学习策略水平的关系比较

	能力知觉高 $x \pm s$	能力知觉中 $x \pm s$	能力知觉低 $x \pm s$	p
态度	31.26±5.29	29.63±4.60	26.02±5.47	0.000
动机	28.21±4.76	26.38±4.52	22.28±5.54	0.000
时间管理	28.12±5.24	26.35±4.64	21.49±5.70	0.000
焦虑	29.00±5.46	27.51±4.98	24.63±5.71	0.000
专心	27.71±5.39	24.64±4.92	20.14±5.05	0.000
信息加工	27.23±5.42	24.09±4.81	22.54±5.37	0.000
选择要点	18.54±3.14	16.95±2.75	15.19±3.26	0.000
学习辅导	25.48±5.22	23.25±4.27	22.44±4.77	0.000
自我测试	24.73±4.84	23.06±4.34	21.03±4.67	0.000
考试	28.83±4.99	27.47±4.01	24.70±4.72	0.000

四、讨论

（一）关于量表的信度、效度检验及项目分析

本研究采用了Cronbadch内部一致性信度系数和Guttman分半信度系数对大学生学习策略量表进行了信度检验。量表的总体内部一致性信度和分半信度分别为0.9203和0.8839。各分量表的内部一致性信度和分半信度系数分布范围分别在0.5741~0.7567之间和0.5224~0.7533之间，差异较大。该量表国外研究的分量表内部一致性信度系数在0.68~0.86之间。与之相比，部分分量表在我国大学生中运用的同质性信度要稍低一些。但总体上，LASSI的信度是较高

的，部分信度系数较低的各分量表应依据中国学生的具体情况进行进一步的修订。

LASSI 中的各分量表项目与其所属的分量表之间的相关系数为该量表的信度和效度提供了较好的支持。根据心理测量学家杜克尔（Tuker，L. R）的理论分析，"构造健全的项目所需要的项目和测验的相关在 0.3 ~ 0.8 之间，这意味着项目间的组间相关在 0.10 ~ 0.60 之间。在这些相关全矩之内的项目为测验提供满意的信度和效度"。本研究的相关分析结果表明，分量表各项目与其所属分量表间的相关均符合心理测量学的要求，为该量表的信度和效度提供了较好的支持。另外，相关检验还表明，量表的内容效度、效标效度都比较好。该量表良好的信度和效度，保证了师范大学生学习策略水平调查研究的施测工具是有效的。

（二）关于师范大学生学习策略水平的比较分析

1. 师范大学生学习策略总体水平现状分析

对高校大学生学习策略水平测查的结果表明，师范类与非师范类学生在动机、焦虑、信息加工、专心、学习辅导等 5 个分量表上的得分差异达到显著性水平。师范大学生在动机、专心分量表上得分显著高于非师范大学生，非师范大学生则在焦虑、信息加工和学习辅导上得分显著高于师范大学生。

比较而言，师范大学生学习动机水平较高，希望在学业成绩上取得好成绩，因此能够成功地消除干扰性的思想、情感和情绪，有效地集中注意力，维持较高的专心水平。学习动机是影响学生学习的动力性因素。学习动机影响学生学习这一点早已被大量研究所证实。学习动机对学习的影响主要是通过加强努力，集中注意和对学习的立即准备去影响认知的相互作用过程，犹如"催化剂"产生间接地增强和促进作用。学习动机能够使学习者具有明确的学习目标，能够使学习者积极主动并持之以恒地寻求有关信息。动机水平高的学生能够在长时间的学习中保持认真的学习态度，具有把学习任务最后完成的学习毅力。根据奥苏伯尔的观点，影响学生取得学业成就的学习动机至少包括三方面的内驱力决定成分，即认知内驱力、自我提高内驱力以及附属内驱力。认知内驱力是在要求理解和掌握知识的需要基础上产生的，指向学习任务本身，是一种内在动机。自我提高的内驱力是在通过胜任某些活动获得尊敬的需要基础上产生的，其目标是得到某种地位，如学生努力学习以取得好名次。附属内驱力是在希望他人关心、认可、友谊与支持的需要基础上产生的，其目标是获得他人的赞许或认可。后两种内驱力均属于外在动机。根据学生的学习取向，学习动机还可以分为浅层动机、深层动机和成就动机。学习动机对学习有促进作用，但两者并非简单的线性关系，耶基斯和多德森通过研究发现，只有强度适中的学习动机才能促进学习，高度强烈的学习动机和低强度的学习动机一样会降低学习效率。学习动机过于强烈则会使学生处于紧张、焦虑的情绪状态，无法集中注意力，专心于学习。师范大学生的动机与专心分量表得分水平均较高，我们认为，师范大学生在完成具体学习任务时，能够采取维持较高学习动机水平的策略，保证学习任务的专心完成。师范大学生的学习动机水平是适中的。

非师范大学生在焦虑、信息加工和学习辅导等分量表上得分显著高于师范大学生。学生对自己的能力、未来、与他人关系以及成功的可能性的担心，分散了他们对当前学习任务或测验的注意力，从而导致自责和非理性的焦虑。焦虑是指某种实际的、类似担忧的反应，或者是对当前或预计对自尊心有潜在威胁的任何情境具有一种担忧的反应倾向。适度的焦虑水平可能会成为一种动力源促进学生的学习，但过度的焦虑会使学生注意力无法集中，对学习产生不利影响。许多有能力的学生常常因为焦虑而分心甚至无法继续学习，从而无法表现出他们真正的知识和技能水平。师范生在焦虑分量表上得分低于非师范生，说明师范大学生表露出了较高的焦虑，他们需要学会一些如何处理焦虑和减少焦虑的方法，以便能把精力集中在学业上。

认知心理学家认为，运用精加工和组织等信息加工策略，有助于学生在已知信息和要学信息之间建立联系，从而增强有意义的学习。专家和新手之间的差异不仅表现在他们所拥有的知识量上，还表现在组织知识的方法上。组织策略是将信息由繁到简、由无序到有序，系统有效地编排。组织过的材料给人简明扼要、一目了然的感觉。组织策略是信息加工重要形式，它不仅能有效地识记与提取材料，也能有效地加强与提高对材料的理解和表述。组织策略是优秀学习者的常用策略，桑代克等人在学习地图的研究中发现，好的学习者更有可能使用组织策略。国内研究也表明，优等生比差生更善于使用组织策略。组织策略主要包括归纳法、列提纲和画网络图法等。精加工策略就是使人们更好地理解和记住正在学习的东西而作的充实意义的添加、构律或生发。简单地说就是把新知识和已有知识有效地联系起来，增加新信息意义的加工。精加工策略和组织策略均属于信息加工的范畴，但组织策略的作用是在于构建或突出新知识点之间的内在联系，使信息易于编码；精加工策略则是使新知识与已有知识取得联系，增进对新知识的理解。经过精加工的信息进入已有知识网络中，在以后需要唤起的时候容易检索，即使直接检索出现困难，也能够通过网络间接地把它推导出来。因此，精加工策略在学习过程中发挥重要的作用，是高效率地获得知识的基本条件之一。已有较多研究表明，能否使用精加工策略是成功学习者与非成功学习者的重要区别。温斯坦的研究揭示成功大学生常常使用精加工策略，而不成功的大学生则使用了机械复述。施米克和格罗夫的研究也表明，成功大学生比不成功大学生更频繁地回答一些精加工的事例。精加工策略主要包括类比法、比较法、自我提问技术、扩展和引申和先行组织法等。师范生在信息加工方面不如非师范大学生，说明师范生需要学会如何增强所学信息的意义、如何组织信息，如复述、总结、类比、分类、列提纲和推理等，这些技能和策略对于自学或者课堂学习都是极其有效的。

学习环境中常常存在着许多促进有效学习特别是自学的学习辅助手段。如教科书等学习材料中的标题、特殊符号、标记、例子、图表、概要、脚注、小结和复习材料等帮助提示信息，往往指明了学习材料的重点与难点，充分利用这些线索能够使学习获得重要信息。显然，是否知道与能否运用这些辅助手段是衡量独立学习有效性的重要指标。师范生得分低说明：与非师范大学生相比，他们需要重视和学习使用各种学习辅助手段并形成适合于自己的助学策略，如阅读材料时使用标记划出重点，积极参加小组讨论等。

作为面向基础教育的高等师范教育，其主要任务之一是培养合格中小学教师——青少年知识的传授者和能力的培养者。高师院校为此开设了体现师范性特色的教育学科理论课程：教育学、心理学、学科教学论、教育技术学等。然而，在对师范大学生与非师范大学生的学习策略比较中，我们并没有发现蕴涵了丰富学习策略知识的教育学、心理学和学科教学论等课程对于提高大学生的学习策略水平产生影响的踪迹。考虑到大学一年级新生入学不久，可能无法反映师范教育与非师范教育的差异性，我们又对师范院校与非师范院校的二、三年级学生分别进行了比较研究，结果表明，二、三年级的师范生与非师范生均在动机和焦虑量表上存在显著差异；三年级师范生与非师范生还在选择要点和自我测试上存在显著差异；结果还显示师范大学生学习策略水平随年级而下降的趋势较非师范大学生明显，比较结果没有显示出师范大学生学习策略水平显著优于非师范大学生的充分证据，（见表 8－12）。我们不能不认为，从策略教学角度来看，师范大学生的师范性特点并未完全体现出来，本应有助于师范学生提高学习策略的教育学科课程没有充分发挥应有的作用。该是加强高师院校学习策略教育的时候了。

表 8－12　师范生与非师范生学习策略年级差异比较（*M*±*SD*）

	二年级			三年级		
	师范生	非师范生	*P*	师范生	非师范生	*P*
态度	29.07±4.94	28.58±4.83	0.215	28.14±4.83	28.30±5.06	0.705
动机	25.44±4.80	24.21±4.52	0.001**	24.68±4.90	23.85±4.65	0.051*
时间管理	25.19±5.62	25.19±5.06	0.998	25.05±5.02	24.29±5.47	0.093
焦虑	27.65±5.07	28.57±4.91	0.024*	27.22±5.24	28.20±5.24	0.035*

续表

	二年级			三年级		
	师范生	非师范生	P	师范生	非师范生	P
专心	23.77±5.31	23.39±5.27	0.372	23.79±5.13	22.99±5.39	0.083
信息加工	24.09±5.07	24.48±5.20	0.339	23.81±4.95	24.57±5.08	0.082
选择要点	16.81±3.10	16.94±3.02	0.602	16.84±2.87	16.27±3.11	0.030*
学习辅导	23.34±4.54	23.12±4.38	0.536	23.56±4.32	23.52±4.08	0.917
自我测试	22.70±4.54	22.27±4.42	0.226	22.48±4.23	21.54±4.13	0.012*
考试	27.07±4.46	27.43±4.42	0.320	27.32±4.10	27.26±4.75	0.885

2. 师范大学生学习策略水平的年级差异分析

对于不同年级师范生测查的结果表明，师范大学生学习策略水平随年级增高总体呈下降趋势，一年级学生学习策略水平要高于二、三年级，三年级大学生学习策略水平在总体上低于其他年级，仅在考试、学习辅导分量表上略高于一、二年级，我们的假设没有得到证实。这一结论与国内其他学者关于学生学习策略水平的研究结论较为一致。我们尚不清楚导致这种现象的共同原因，但我们认为师范生学习策略水平随年级而下降的现象与学生对大学生活的适应度、心理的成熟度和不同年级学生的学习特点有关。一年级师范生迈入大学校门不久，还未完全实现从中学生到大学生的角色转变，迎接高考前的学习习惯依然影响着他们，能够积极主动地应用各种学习策略以求在各种考试中获得满意成绩。比较而言，一年级师范生的焦虑量表得分最低，我们认为这是因为大学一年级是大学生活的适应阶段，刚刚进入校门不久的大学生不得不面临“尖子自我”的消失、学习上的不适应、人际关系的不协调和不会安排自己的生活等种种不适应问题，因此他们的焦虑水平较高。一年级师范学生的学习辅导量表得分较低，这也从一个侧面反映出一年级新生对高校学习生活的不适应，他们还没有“学会”利用各种辅助手段和工具自学。二年级的大学生已经忘却高考的噩梦，学习压力减轻，又没有高年级的就业压力，因此焦虑水平达到最低，采取各种有效策略促进学习的积极性却相对下降，在表 8 - 12 中我们可以看到，二年级师范大学生的焦虑分量表得分最高，而其他多数量表较之一年级却有所下降。三年级师范大学生的焦虑水平又有所升高，这与大学生即将面临的是否考研深造和就业压力等发展问题不无关系。随着年级的增长，师范大学生的学习、能力等概念发生变化，他们不仅要学习课本知识应对考试，还要学习与他人交往，培养和锻炼各种能力，就业压力和兴趣的转变还使一部分师范生注意转移到其他专业或领域，他们充分利用各种学习辅导手段，自学能力增强，在表 8－12 中表现为学习辅导策略随年级增高而增高。师范大学生学习策略水平呈现出随年级增高而下降的趋势令人不安。说明，尽管学习策略的发展与个体的成熟与发展密切相关，在一定程度上能够自发获得，但良好系统的策略获得依然需要有效教育的干预。高师院校学习策略教育势在必行。

3. 师范大学生学习策略水平的性别差异分析

研究表明，男女师范大学生在态度、动机、信息加工和考试等分量表上的差异达到非常显著性水平，男生的信息加工能力要明显高于女生，女生在态度、动机和考试等量表上得分则显著高于男生；在其他分量表上男女学生得分没有显著差异，男生在焦虑、选择要点和自我测试分量表上得分略高于女生，女生在时间管理、专心、学习辅导等分量表上得分略高于男生，女师范生的学习策略水平在总体上略高于男师范生。

我们认为，首先传统的重男轻女的思想观念的原因和现实的社会职业性别歧视，使得女大学生面临极大的压力；获得社会认可体现自身价值以及未来拥有满意工作的渴望，是女师范生学习动机的重要组成。与男师范生相比，女师范生的焦虑水平较高，学习动机水平较高，学习态度更积极；她们的自我监控学习能力比较强：更善于利用考试策略，更注重借助一些外在的辅助手段来帮助学习，如合理地安排学习时间，寻找适合的学习环境，向教师和同学寻求帮助等。因而在学习策略总体水平上高于男生。其次，男女学生不同的认知风格也是导致他们不同学习策略择用倾向的重要原因。所谓认知风格，是在完成认知任务时影响其方式、方法的某些人格和动机因素。国内学者研究发现，男女师范大学生在思维方式上有较大差异，女生倾向于理想型和综合型的思维方式，男生倾向于分析型的思维方式，理想型思维方式重视情感和意志，分析型思维方式重视使用分析、现实实用的策略。我们的研究从另一侧面证实了这一观点。我们的研究结果也说明对于师范大学生的学习策略教育应根据其性别和不同认知风格采取因材施教的方法，加强对女大学生的信息加工策略的指导，帮助男大学生调整学习态度，增强学习动机，提高应试技巧等。

4. 师范大学生学习策略水平的文理科差异分析

调查显示，理科师范生在态度、时间管理和自我测试等 3 个分量表的得分上明显高于文科大学生。在其他分量表上文理科师范生并未体现出显著差异，理科生在动机和焦虑策略上略高于文科生，文科生在专心、信息加工、选择要点、学习辅导和考试策略上略高于理科生。我们认为，相对于文科专业而言，高等师范学校理科专业课程（如高等数学）难度较大，学习任务较重，学生想要通过考试并不容易，必须付出一定努力。因此，理科师范学生对待学习的态度较为积极，学习动机较强，更能有效地进行时间管理。也由于理科学生需要完成大量学习任务，能够充分认识到自我测查对于提高学习效率的重要性，他们善于测试自己对知识信息理解的掌握情况，并以此为反馈，对知识信息的缺陷进行弥补和复习。平日里的较为充分准备也使他们对考试充满自信，焦虑水平反而下降。文科学生需要阅读大量材料，因此他们获取材料有效信息的学习技能相对较高，但平时学习压力不大，反而使许多文科学生养成了“临时抱佛脚”的不良习惯，由于担心考试失败，焦虑水平自然就比较高。我们认为，师范文科学生需要重新认识学校对于未来生活和发展的重要性，调整对自己、学校乃至对社会的不正确态度，树立适当的学习目标，使自己在未来的学校生活中能够良好地适应并取得成功。

（三）关于学习能力知觉与学习策略水平关系分析

能力知觉（Perceived ability）实质上是个体对自己能力的自信程度，表现为个体对完成某一任务的较强或较弱的自信心。能力是复杂的，学校情境中的能力知觉，主要指学生对自己顺利完成学业任务的知觉。一些学者研究发现，能力知觉是自我效能感的重要内容，能力知觉通过影响有意义的认知参与活动影响学生的学业成绩。国内外大量研究表明，学生的学习策略与学业成绩有显著相关，学生学习策略运用水平高，则学业成绩相对较好。（Zimmerman，1992；刘志华等，1993；Gary 等，1994；Albali，1997；刘儒德，1997；周国韬等，1997；温斯坦，1998；谷生华等，1998；刘卫华等，1998；王振宏等，2000）。已有研究证实能力知觉和学习策略均能对学业成绩产生影响，它们之间是否相关这一问题却少有研究，本研究试图初步探讨大学生学习策略与能力知觉的关系。我们认为，相信自己有能力的学生也应该相信自己胜任学业课程。结合对国外学者相关研究的参考，我们设计了一道问题，要求学生自我评定学业成绩，我们认为自我评价既反映了学生的学业成绩，自我评价的过程实质上也反映了学生对自己的学习能力知觉。

ANOVA 检验显示，师范大学生的学习能力知觉水平与学习策略水平的正相关达到了极显著的水平，能力知觉水平高的学生学习策略水平高，能力知觉水平低的学生学习策略水平低。我们认为，有意义的认知参与过程是学习者积极主动地运用各种方法和策略解决问题的过程，学习者能力知觉水平高，对自己充满信心，则能够调动学习积极性，克服各种困难，运用各种学习策略坚持完成学习任务，策略运用的水平也较高；学习任务的完成又能促进学习者的能力知觉。这一结果也验证了 Miller 等人的观点，能力知觉通过影响有意义的认知影响学生的学业成绩。

研究结果也为师范大学生学习策略教学的必要性提供了依据和新思路。首先，已有研究证明，中等生在学习策略训练中受益最大。大多数师范大学生能力知觉水平处于中等水平，从另一侧面反映出大多数师范大学生的学习成绩处于中等水平，因此有必要在高师院校展开学习策略教学，提高师范大学生学习策略水平将能大面积提高大学生的学习成绩并促进学生的能力知觉水平的提高。其次，尽管师范大学生的生理发展已经成熟，但心理发展仍在继续，通过教育干预提高他们的能力知觉水平可以提高他们使用学习策略的意识和水平。

（四）本研究的不足和未来研究展望

1. 研究不足

由于笔者能力有限和客观条件的诸多限制，本研究存在如下不足。

首先，本研究因条件限制仅限于在本科生中抽取被试，忽略了对专科学生的调查，使样本的代表性受到了影响。未来应进一步扩大样本取样范围，使研究结果更具有代表性。

其次，本研究使用的学习策略调查问卷系国外引进版本，经笔者等多人翻译、讨论和验证等过程才最终定稿并在大学生中施测，尽管统计结果显示调查问卷在总体上具有较好的信度和效度，但仍然表现出与国外研究结论的差距，反映出东西方文化背景的差异对问卷使用的影响。今后的研究应结合中国国情对本调查问卷进行修订，使其更适合于我国大学生的实际情况。

第三，本研究初步探讨师范大学生学习策略水平与学习能力知觉的相关，但由于客观条件限制且缺乏学生的原始成绩，也就无法深入探讨学生的学习策略、学习能力知觉和学业成绩的关系，关于学习能力知觉的调查仅表现为一道问题，未来研究应设计和编制多个题项的学习能力知觉调查以进一步验证我们的研究结论。

2. 研究展望

21 世纪，人类迎来了科学技术与社会迅猛发展的知识经济时代。知识的急速膨胀和更新与个人掌握知识有限的矛盾日益突出，“今天一个科学家，即使夜以继日地阅读，也只能读完有关他本专业全部出版物的5%”（德国未来学家哈根·拜因豪尔）。传统意义上的学习已无法使个体应对科学技术与社会迅猛发展带来的挑战，“学会学习”、“终身学习” 成为一个人毕生面临的发展任务。正如美国未来学家阿尔温·托夫勒所说，未来的文盲不再是目不识丁的人，而是没有学会怎样学习的人。应对知识经济时代带来的新的国际竞争挑战，培养最重要的战略资源——具有创新知识、精神、实践能力，能够适应时代要求和未来挑战的“主动”的“会学”的终身学习者将成为世界各国教育改革的重要目标。“中共中央国务院关于深化教育改革，全面推进素质教育的决定”明确规定：“智育工作要转变教育观念，改革人才培养模式……培养学生的科学精神和创新思维习惯，重视培养学生收集处理信息的能力、获取新知识的能力、分析和解决问题的能力、语言文字表达能力以及团结协作和社会活动的能力。”教育部颁布的《基础教育课程改革纲要（试行）》也指出要使学生“具有初步的创新精神、实践能力、科学和人文素养以及环境意识；具有适应终身学习的基础知识、基本技能和方法；使获得基础知识与基本技能的过程同时成为学会学习和形成正确价值观的过程。”学习策略不仅是学会学习的主要心理机制，还是创造学习不可或缺的重要条件，其重要性已经得到教育界、学术界的充分认识，我国正在推行的基础教育新一轮课程改革明确规定将学习策略作为英语学科课程的教学目标之一。

时代和社会要求我国基础教育必须培养具有创新能力的策略型学习者。然而，作为向中小学生传授学习策略的未来教育者——师范大学生的学习策略水平却不免让人担忧：在我们对师范大学生与非师范大学生的学习策略进行比较时，并没有发现师范大学生的学习策略优于非师范大学生的证据；师范大学生的焦虑水平较高，应对焦虑的处理水平也远远低于非师范大学生；师范大学生的学习策略水平不仅没有随着年级而上升，反而有所下降。有关研究表明，教师是否会指导学生学习与他们自身的学习方法有关（Ridley，Mc Combw，& Taylor，1994；Clark，1998）。自己使用策略进行学习的教师更可能把学习策略指导作为他们课堂教学的一部分，相反，本身学习就缺乏学习策略的教师，在教学时就不会意识到学习策略指导的重要性，更不会有意识地去这么做。师范大学生毕业后多数将走上教育岗位成为中小学教师，他们的策略掌握和使用水平，将直接影响他们的策略教学水平。师范大学生的策略水平欠佳的状况必然会导致中小学学习策略教学的不足。因此，师范大学生的学习策略水平亟待提高。

影响学习策略掌握和运用的因素众多，包括学习风格、知识背景、信念、态度、动机、情感、性别、家庭和民族等，就本研究来说，我们仅从学校教育的角度出发，从教师和学生两方面讨论提高师范大学生学习策略水平的对策。

学校教育与学生的学习策略的发展水平有着一定的影响。玛里琳（Marillyn，1983）以成人为被试的实验结果显示，学生的元记忆发展水平主要与被试所处的教育环境，所受的教育程度有关。学校如果是开放的、民主的、受学生喜欢的，学生获得的学习策略就会越多，其水平也会越高；反之，获得的策略就会越少，其水平也会越低。研究发现，7 岁到 11 岁学生深层方法和成就方法的下降与学校生活的质量有关。当学生认为他们喜欢学校，学校是有用的，他们的教师是公平的时候，他们的深层方法和成就动机分数最高。还有研究发现，在一个传统的以课堂讲授为主的医科学校中，深层方法和成就动机随年级增长而陡降，但在另一所以问题教学方法为主，看重创造性培养的医科学校中，表层方法低，深层方法高，而且随着年级增长变得越来越高。（Watkins 和 Hattie，

1990）

师范大学生学习策略随着年级增高而降低在某种程度上是否也可以归因于高师院校传统的而不开放的教育环境？通过与部分大学生的交流我们得到了肯定的答复。随着年级的增高，师范大学生对学校的不满程度也增加，他们普遍认为学校教学内容陈旧落后，教师教学方法传统而单调，学校教育无法满足他们未来职业的需要等。学习“无用论”导致学习积极性下降，对于学习策略的自觉运用水平自然也会下降。因此，高师院校应着力于为学生建设开放而创新的良好教育环境，以促使师范大学生学习策略水平得到有效的提高。

第九章

大学生学习适应及其与学业成就的关系研究

一、问题的提出

学习适应对整个大学的学习和生活都有很大的影响，有研究表明，当前大学生的学习适应状况不太乐观，整个大学阶段大学生在不同程度上均存在学习适应问题。相当一部分学生表现出学习态度消极，缺乏学习目标、专业兴趣缺乏、学习成就动机不高、不适应大学的学习管理、教学模式、自主调节学习能力不足以及对学习环境不适应等方面的问题。

国内已有研究表明，学习适应性与学生的学业成就具有紧密的联系，良好的学习适应性能促进学生更顺利地完成学习任务，并取得较好的学业成就。杨雪梅、叶峻（2001）通过调查小学生的学习适应性情况，发现小学生的学习适应性水平随成绩提高而提高。由此，他们认为成绩可能是影响学生学习适应性的重要因素①。然而，王佩丹、郭楚如（2004）等人通过研究也发现，小学生的学习适应性与语文、数学成绩和平均分显著相关，他们得出的结论却是：小学生的学习适应性对学习成绩具有一定影响②。田澜、肖方明、陶文萍（2002）研究发现，较好的学习适应性是学生取得良好成绩的重要保证。学习适应性水平偏低是导致部分学生虽然智力正常但学习成绩不良、达不到正常发展水平的一个重要原因③。聂衍刚、蔡笑岳、张卫（2005）研究发现：学生的学习适应性好，学习方法科学，能提高学业成绩；相反，学生的学习适应不良，则会导致学业不良，影响到他们未来的发展与成才④。王佩丹、郭楚如、林勇强（2004）等研究认为：学生的学习成绩与学习适应性可能存在某种联系，学生

---

① 杨雪梅，叶峻．小学生学习适应性发展的研究［J］．四川心理科学，2001（3）：36－37

② 王佩丹，郭楚如，林勇强．学习适应性与学习成绩的关系［J］．健康心理学杂志，2004，12（3）：228－231

③ 田澜，肖方明，陶文萍．关于中小学生学习适应性的研究［J］．宁波大学学报（教育科学版），2002，24（1）：41－44

④ 聂衍刚，蔡笑岳，张卫．初一学生人格特征、学习适应性与学习成绩关系的研究［J］．心理与行为

的学习适应性越强，学习成绩就会越好①。隋光远、李晶（2004）研究发现：优生的学习适应性水平普遍良好，而差生的学习适应普遍不良，学习适应不良是导致差生出现的一个重要原因②。

国外对大学生的学习适应性的研究也证明学习适应性与学生的学业成就之间存在密切的关系。

二、大学生学习适应状况调查

（一）对象与方法

在皖南医学院、安徽工程科技学院、安徽师范大学、安徽医科大学、安徽工业大学等院校选取大学生进行研究。共发放问卷 900 份，删除无效问卷，共得到 813 份有效问卷。

采用大学生学习适应状况问卷，本问卷由研究者自行编制，问卷共有 31 个有效题项，包括 6 个因素，分别是学习方法、学习热情、学习态度、专业兴趣、学习动力和学习环境。经检验，问卷具有较好的信效度。

采用集体施测的方式，以班级为集体，由主试宣讲指导语，待他们完全理解要求后发放问卷开始作答。测查过程中，被试在遇到不理解的项目时可随时询问，测查过程约 30 分钟。填写完毕后，由主试收回问卷。

调查结果运用 SPSS13. 0 for Windows 和 LISREL8. 7 统计软件进行相关统计分析。

（二）研究结果

1. 大学生学习适应状况的特点

（1）性别和是否独生子女差异

分别以大学生性别和是否独生子女为自变量，对大学生学习适应状况进行独立样本 t 检验。从表 9 - 1 可以看出，在整体上，男女大学生学习适应状况没有显著性差异。在各因素上，男女生在学习方法、学习热情、专业兴趣和学习环境等方面存在显著性差异；独生和非独生子女大学生的总体学习适应状况以及各因素上都不存在显著性差异。

---

① 王佩丹，郭楚如，林勇强．学习适应性与学习成绩的关系［J］．健康心理学杂志，2004，12（3）：228 - 231

② 隋光远，李晶．初中优生和差生学习适应性的比较研究［J］．心理科学，2004，27（3）：643 - 646

表9－1 大学生学习适应状况的性别和是否独生子女差异（$M\pm SD$）

	男（N=401）	女（N=412）	t	独子（N=208）	非独子（N=604）	t
总体适应状况	105.84±14.18	107.59±14.63	−1.734	106.60±14.13	106.74±14.52	−.124
学习方法	25.24±3.82	24.21±3.94	3.802***	24.56±3.87	24.77±3.93	−.679
学习热情	15.49±3.68	16.41±3.52	−3.658***	16.02±3.66	15.93±3.62	0.310
学习态度	41.22±6.84	40.52±6.82	−1.147	24.63±4.61	24.79±4.28	−.483
专业兴趣	13.16±3.22	13.81±3.07	−2.973**	13.42±3.23	13.51±3.14	−.360
学习动力	16.73±3.27	17.07±3.50	−1.461	17.16±3.20	16.81±3.45	1.306
学习环境	10.64±2.13	11.15±2.06	−3.469***	10.81±2.18	10.93±2.09	−.676

（2）生源地和学校类别差异

分别以大学生的来源和学校类型为自变量，对大学生学习适应状况进行独立样本 t 检验。从表9－2可以看出，在整体上，不同来源的大学生学习适应状况没有显著性差异。在各因素上，不同来源的大学生学习适应状况也不存在显著性差异；不同学校类型大学生的总体学习适应状况亦不存在显著性差异，但在学习方法、学习态度、专业兴趣和学习环境等因素上都存在显著性差异。

表9－2 大学生学习适应状况的生源和学校类别差异（$M\pm SD$）

	农村（N=500）	城镇（N=313）	t	本科（N=588）	专科（N=225）	t
总体适应状况	107.18±14.28	105.99±14.64	1.140	106.77±13.74	106.59±16.10	0.159
学习方法	24.92±3.88	24.40±3.96	1.866	25.02±3.64	23.95±4.48	3.506***
学习热情	16.01±3.59	15.87±3.69	0.527	15.98±3.61	15.91±3.69	0.244
学习态度	24.95±4.28	24.45±4.49	1.583	24.95±4.28	24.26±4.54	2.001*
专业兴趣	13.52±3.09	13.44±3.28	0.347	13.24±3.02	14.14±3.42	−3.644***
学习动力	16.88±3.32	16.93±3.49	−0.192	16.88±3.32	16.96±3.58	−0.291
学习环境	10.90±2.10	10.90±2.12	−0.054	10.71±2.10	11.38±2.06	−4.080***

（3）职务背景变量差异

以大学生所担任职务与否为自变量，对大学生学习适应状况进行独立样本 t 检验。从表9－3可以看出，在整体上，是否学生干部的大学生学习适应状况存在显著性差异。在各因素上，在学习方法、学习态度和学习环境等因素上都存在显著性差异。

表 9-3 大学生学习适应状况的职务背景变量差异（$M±SD$）

	学生干部（N=500）	非学生干部（N=313）	t
总体适应状况	108.94±12.99	105.96±14.81	2.554**
学习方法	25.51±3.58	24.45±3.99	3.347***
学习热情	16.03±3.67	15.92±3.62	0.407
学习态度	25.40±3.98	24.54±4.47	2.444**
专业兴趣	13.52±3.10	13.47±3.18	0.202
学习动力	17.26±3.28	16.78±3.42	1.720
学习环境	11.21±1.94	10.80±2.15	2.431*

（4）年级差异

以大学生年级为自变量进行单因素方差分析。从表 9-4 可以看出，大学生学习适应总体状况存在显著性差异（$P<0.001$），表现为随着年级的升高呈现先下降后上升的趋势；在各因素上，学习方法、学习热情、学习态度和学习动力年级差异显著；多重比较表明，大学生学习适应总体状况大一和大二、大三之间差异显著，大二和大四之间差异显著；在各因素上，大一与大二之间的学习方法、学习热情、学习态度和学习动力等因素差异显著；大一与大三之间的学习热情、学习态度和学习动力等因素差异显著；大二和大三之间学习方法差异显著；大二和大四之间学习方法、学习热情和学习态度差异显著；大三和大四之间学习态度差异显著。

表 9-4 大学生学习适应状况的年级差异（$M±SD$）

	大一（N=109）	大二（N=332）	大三（N=241）	大四（N=131）	F
总体适应状况	111.96±12.38	104.50±14.93	106.17±14.70	109.02±12.82	8.888***
学习方法	25.13±3.47	23.92±4.17	25.25±3.84	25.41±3.38	8.018***
学习热情	17.71±2.52	15.43±3.56	15.78±3.85	16.16±3.73	11.646***
学习态度	26.83±3.70	23.92±4.39	24.40±4.27	25.80±4.25	16.209***
专业兴趣	13.09±3.23	13.52±3.23	13.39±3.25	13.94±2.71	1.557
学习动力	18.06±3.31	16.74±.40	16.72±3.34	16.69±3.37	5.000**
学习环境	11.13±2.09	10.97±2.12	10.64±2.16	11.02±1.96	1.906

表 9-5 不同年级大学生学习适应状况的事后平均数差异检验

	Ⅰ	Ⅰ-Ⅲ	Ⅰ-Ⅳ	Ⅱ-Ⅲ	Ⅱ-Ⅳ	Ⅲ-Ⅳ
总体适应状况	7. 460***	5. 789***	2. 948	-1. 671	-4. 512**	-2. 841
学习方法	1. 204**	-0. 125	-0. 284	-1. 329***	-1. 488***	-0. 159
学习热情	2. 284***	1. 939***	1. 555***	-0. 345	-0. 729*	-0. 384
学习态度	2. 916***	2. 432***	1. 033	-0. 483	-1. 882***	-1. 399**
专业兴趣	-0. 426	-0. 294	-0. 847*	0. 132	-0. 420	-0. 553
学习动力	1. 320***	1. 346***	1. 377**	0. 026	0. 057	0. 030
学习环境	0. 161	0. 489*	0. 113	0. 327	-0. 048	-0. 376

（5）专业差异

以大学生专业为自变量进行单因素方差分析。从下表可以看出，大学生学习适应总体状况存在显著性差异（$P<0.01$），表现为体育>文科>理科>医科>工科；在各因素上，学习方法、学习热情、学习态度、专业兴趣和学习环境年级差异显著；多重比较表明，大学生总体学习适应状况在文科和工科、工科和体育之间差异显著；在各因素上，文科和工科之间在学习热情、学习态度、学习动力和学习环境上差异显著；文科和体育之间在学习方法和学习态度上差异显著；文科和理科之间在学习方法和专业兴趣上差异显著；文科和医科之间在学习环境上差异显著；工科和体育在学习方法、学习态度、专业兴趣和学习环境上差异显著；工科和理科之间在学习环境上差异显著；体育和理科之间在学习态度和专业兴趣上差异显著；体育和医科之间在学习态度上差异显著。

表 9-6 大学生学习适应状况的专业差异（$M \pm SD$）

	文科（N=316）	工科（N=199）	体育（N=67）	理科（N=152）	医科（N=79）	F
总体适应状况	107. 54±15. 22	103. 87±13. 68	110. 97±12. 33	106. 88±14. 35	106. 76±13. 74	3. 698**
学习方法	24. 17±4. 20	24. 59±3. 86	25. 85±3. 40	25. 37±3. 62	25. 03±3. 48	4. 218**
学习热情	16. 34±3. 45	15. 30±3. 90	16. 16±3. 85	15. 78±3. 48	16. 23±3. 51	2. 830*
学习态度	24. 85±4. 43	24. 04±4. 06	27. 12±4. 26	24. 72±4. 57	24. 24±3. 90	6. 754***
专业兴趣	13. 72±3. 34	13. 30±3. 24	14. 21±2. 84	13. 00±2. 90	13. 35±2. 83	2. 409*
学习动力	17. 19±3. 57	16. 41±3. 10	16. 41±3. 54	17. 02±3. 32	17. 19±3. 23	2. 187
学习环境	11. 25±2. 10	10. 24±2. 19	11. 22±2. 12	10. 99±1. 96	10. 72±1. 80	7. 974***

表 9-7　不同专业大学生学习适应状况的事后平均数差异检验

	i-ii	i-iii	i-iv	i-v	ii-iii	ii-iv	ii-v	iii-iv	iii-v	iv-v
V	3.664**	-3.432	0.656	0.779	-7.096***	-3.007	-2.885	4.089	4.211	0.122
V1	-0.413	-1.676**	-1.194**	-0.851	-1.262*	-0.780	-0.437	0.482	0.825	0.343
V2	1.049***	0.180	0.562	0.117	-0.868	-0.486	-0.931	0.381	-0.063	-0.445
V3	0.814*	-2.265***	0.137	0.614	-3.079***	-0.677	-0.200	2.402***	2.879***	0.477
V4	0.420	-0.487	0.715*	0.367	-0.907*	0.295	-0.053	1.202**	0.854	-0.348
V5	0.781*	0.790	0.173	0.003	0.009	0.607	0.778	-0.617	-0.786	-0.170
V6	1.013***	0.263	0.529*	-0.987***	-0.750***	-0.485	0.237	0.502	0.265	

注：i 表示文科　ii 表示工科　iii 表示体育　iv 表示理科　v 表示医科

2. 大学生学习适应状况与学业成就的相关分析

对全体大学生被试的学习适应状况与被试的学业成就作相关分析，以查明大学生学业成就是否与其学习适应状况之间存在显著性相关，并进行了相关系数的显著性检验。结果如下表 9-8 所示，大学生学习适应状况与学业成就之间存在显著相关。

表 9-8　大学生学习适应状况与学业成就的相关分析

	Q_1	Q_2	Q_3	Q_4	Q_5	Q_6	Q
Q_1							
Q_2	0.315***						
Q_3	0.522***	0.354***					
Q_4	0.228***	0.412***	0.384***				
Q_5	0.490***	0.383***	0.541***	0.324***			
Q_6	0.259***	0.440***	0.331***	0.302***	0.307***		
Q	0.712***	0.689***	0.793***	0.621***	0.744***	0.566***	
P	0.508***	0.229***	0.451***	0.192***	0.430***	0.235***	0.510***

注：Q_1 学习方法　Q_2 学习热情　Q_3 学习态度　Q_4 专业兴趣　Q_5 学习动力　Q_6 学习环境　Q 学习适应状况　P 学业成就

3. 大学生学习适应状况与学业成就的回归分析

以学业成就为因变量，学习适应状况各因素为自变量，进行逐步回归分析。结果表明，学习方法、学习态度与学习动力对大学生学业成就具有较好的预测作用。学习方法对学业成就的预测能力最强，其单独解释率达到 25.8%，其次分别是学习态度和学习动力，三者的联合解释率达到 32.4%。（见表 9-9）

表9-9 学习适应状况对学业成就的回归系数显著性检验

因变量	自变量	R	$R2$	F	B	β	t
学业成就	常数				27.761		11.132***
	学习方法	0.569	0.324	129.15	1.017	0.327	9.219***
	学习态度				0.532	0.190	5.185***
	学习动力				0.602	0.167	4.662***

三、结果分析

（一）大学生学习适应状况特点分析

1. 性别和独生子女差异

从性别差异来看，男女生学习适应总体状况虽然不存在显著差异，但女生要优于男生，这与中小学生的性别差异研究是一致的。① 男生的学习方法显著优于女生，因为男生对自己的学习期望值较高，更注重学习活动的批判性，对知识的具体运用和创造要求较高，因此对高校的讨论式的、探究式的学习方式适应较好；而在学习热情、专业兴趣和学习环境方面女生显著优于男生，究其原因可能是因为本研究所选取的被试中偏文科院校的和文科专业的相对较多。一般来说女生在文科方面是强项，喜欢自己的专业，自然学习热情就高，学习适应状况就较好些。

2. 生源和学校类别差异

本研究结果表明，来自不同地区（城镇和农村）的大学生学习适应状况不存在显著性差异，这与徐小军的研究结果相驳，原因可能是由于研究时间和样本的差异造成的，徐小军的研究是在几年前进行的，那时城乡的经济差异较大，政府对农村的教育投资和重视程度不够，而目前国家不断的加强对农村的教育投资和提高对农村教育的重视程度，解决了农村学生上大学的后顾之忧，这提高了农村学生的学习热情和学习动力，他们不但想上大学而且要选择和自己相符合的专业学习，这一切使农村和城镇大学生的学习适应状况相持衡。

研究结果还显示，总体来说，本科生学习适应状况要好于专科生，但不存在显著性差异。研究认为差异不显著，可能是因为本研究所调查的外贸英语和汉语言文学专业是所选专科院校中的优势专业。另外一般来说，专科院校大学

① 田澜，肖方明，陶文萍．关于中小学生学习适应性的研究［J］．宁波大学学报（教育科学版），2002，24（1）：41-44

生与本科院校大学生相比，在学习方法、学习态度方面都要逊色，而在专业兴趣和学习环境上专科生要显著优于本科生，可能是因为首先专科生对自己的期望值相对本科生要低些；另外专科大学生所学的专业实用性、操作性较强，理论层次不高，因此这种专业的学习相对于他们现有的能力来说，存在一些优势，自然就能较好地适应大学的学习环境。

3. 职务背景变量差异

本研究结果显示，是否为学生干部的大学生总体学习适应状况存在显著性差异，在各因素上，学生干部的学习方法、学习态度和学习环境得分显著性高于非学生干部群体。这可能是因为学生干部不仅是实现学校与学生之间联系的沟通者，是学校开展学生工作所必需依靠的力量，而且无论在工作上还是在学习上都应该是同学们的楷模，所以作为学生干部，工作的事情较多，学习时间就会少些，这就要求他们在学习上刻苦钻研，善于抓紧一切时间搞好各门功课的学习。善于摸索并找出一套适合自己特点的学习方法，提高学习效率。另外学生干部可以把在工作中形成的能力运用到学习中，因此这又培养自己的实际工作能力和创造能力。但反过来也会促进他们提高学习效率。现代科学认为学习效率与紧迫感有很大关系。换言之，工作并非一定会影响学习。另外学生干部具有良好的体质，始终保持旺盛的工作精力，所以他们具有良好的心理素质和环境适应能力。因此学生干部群体学习适应状况就会好于非学生干部。

4. 年级差异

研究结果表明，在整体上，大学生学习适应状况存在显著的年级差异，呈现出随年级升高先下降后升高的趋势，大二和大三的学习适应状况最低，这与以往的研究结果不尽一致。①② 这可能是出于以下原因，由于在测量时间的安排上，在对大一进行测量时，他们才进校一个多月时间，学习更多的是进行入学的常规教育，大一新生更多的是带着刚入学时的新奇感，学生还没有真正的投入到学习中去，没有充分的体会和感受到大学的学习和高中的学习的本质不同。所以这时他们还没表现出充分的学习不适应。如果到一年级中期或后期进行测试，这时可能一年级的学习适应状况的分数不会这么高。但到大二、大三时由于学习任务的加重，压力的加大，更重要的是感到前途的渺茫或者感到毕业还遥遥无期，有的受到大学里一些不良思想和行为的影响，如沉迷于网络，疲于奔命于各种社交活动等，学习热情降低，学习态度不端正，学习动力不强等造成了大二和大三时期学生的学习适应状况相对较低。而到大四时，由于学生的独立能力逐渐增强，善于自我管理和自我调节了，加上就业的压力，大学生突

① 冯廷勇，徐小军．大学生学习适应性：结构、发展特点与影响因素研究［M］．重庆：西南师范大学，2004

② 冯廷勇，李红．当代大学生学习适应的初步研究［J］．心理学探新，2002，22（1）：4－48

然慢慢地醒悟过来，觉得该自己承担责任的时候了，有很大一部分学生选择了考研，而不管是考研还是求职，他们都要加紧专业知识的弥补，端正学习态度，挑灯夜读，经过前面几年的磨炼，学习方法也更趋于科学有效。所以学习适应状况较之以前开始提高。显然在年级差异上，大学生学习适应状况存在一定的不平衡性，表现在总体和部分因子上存在显著的年级差异。这表明不同年级存在不同的学习适应问题，而不像以前认为的那样，只有大一才是学习最不适应的时期，这在冯廷勇、徐小军的研究中已经得到证实。从本研究中可以发现，大二和大三是总体学习适应状况相对较低的时期，因此提醒教育和心理工作者要注意大二和大三的学习适应教育和辅导，在各个年级要有针对性加强相应的学习适应问题的辅导。

5. 专业差异

研究结果表明理工类大学生的学习适应总体状况不如其他专业包括文科和体育类专业，其中调查的医科类大学生大多数也偏理科，这与冯廷勇、王华容等人的研究结果相一致[①]。这可能与他们所学的专业性质和所处的环境有关，大部分理工类学生在理工类大学学习。而理工类大学的人文关怀气息比较弱，在对学生的人文管理和适应心理指导方面不及文科类学校。同时这些专业学生接触的大部分是数字或定理等程序化的知识，不像文科专业的学生，对一些人文素养知识了解得比较多，因此，他们在获得相关的学习心理适应指导方面的机会就比较多。理工类学生在重视专业素养提高的同时，忽视了人文素养的提高，继而出现了一系列学习适应心理问题。这一结果提醒我们对于不同专业的大学生应进行有针对性的学习适应心理辅导，特别要重视理工类大学生的学习适应心理辅导。

（二）大学生学习适应状况与学业成就的关系分析

至于学习适应的差异是否影响到学习成绩，很值得探讨。王佩丹的研究发现小学生的学习适应与其语文、数学和平均分成绩均显著相关，生活适应与数学成绩显著相关[②]。说明应该关注小学生的适应问题，尤其是学习适应。有关非智力因素对学生学习成绩的影响已经得到认可和重视。林崇德等认为学生对学校学习生活的适应问题，实际上也是一个非智力因素问题[③]。学校和教师应充分重视学生的适应问题，为学生创造一个良好的学习生活环境，有意识地解决好学生的适应问题，可能会起到事半功倍的效果。隋光远、李晶认为学生的学习适应性直接影响着学生的学习效果，初中优生和差生的学习适应性存在极

① 王华容．大学生学习适应性及其影响因素研究［M］．南京：南京师范大学，2006

② 王佩丹．学习适应性与学习成绩的关系［J］．健康心理学杂志，2004，12（3）：228－231

③ 林崇德，沈德立主编．智力的培养［M］．杭州：浙江人民出版社，1996

显著的差异，优生的学习适应性水平普遍良好，而差生的学习适应普遍不良，适应不良的检出率相对较高，存在问题较多①。

这说明学习适应不良是导致差生出现的一个重要原因。而大学阶段的学习特点与小学和中学阶段有着明显的不同，大学生的学习比中学生更复杂更高级，同时也更为自觉、更为独立，大学阶段注重学习的广博性、专业性和精深性、自主性和创新性等。在大学里，考试分数并不是衡量学业成绩最重要的指标，人们更看重的是综合能力的培养和全面素质的提高。

本研究结果显示，大学生学习适应状况与学业成就之间存在显著性正相关。皮尔逊相关系数在0.074～0.519之间，进一步的回归分析显示，学习方法、学习态度与学习动力对大学生学业成就具有较好的预测作用。学习方法对学业成就的预测能力最强，其次分别是学习态度和学习动力。这一结果表明，大学生学习适应状况越好，学业成就水平越高，反之，大学生学业成就水平越高其学习适应状况亦会越好。这种现象可能由于大学生在大学阶段掌握了与中学阶段不同的学习方法所致，大学生要学会利用现代高科技的学习手段来掌握、运用所学的知识。在大学里，学习内容所包括的信息量越来越大，单凭坐在教室里苦读书是难以适应的。大学生必须通过多种渠道（如互联网），获取大量的信息，并充分利用现代多种高科技教学手段（如计算机教学）来掌握、运用自己所学的知识，提高自己的能力。端正学习态度，明确专业课的学习目标，主动克服各种学习困难，不断提高学习兴趣；对公共课，能认识到其实用的价值，努力把对公共课的间接兴趣转化为直接学习兴趣；对选修课的学习，能克服仅仅停留在浅层的了解和获知现象层面上，增强学习动力。所以大学生有了良好的学习方法、端正的学习态度与适度的学习动力，就会有良好的学业表现。

四、结论

1. 大学生学习适应

总体状况存在显著性的年级和专业差异，表现为随着年级的升高呈现先下降后上升的趋势，体育>文科>理科>医科>工科。

2. 大学生学习适应状况和学业成就的关系特征

大学生学习适应状况与学业成就之间存在显著性相关。学习方法、学习态度与学习动力对大学生学业成就具有较好的预测作用。学习方法对学业成就的预测能力最强。

① 隋光远，李晶．初中优生和差生学习适应性的比较研究［J］．心理科学，2004，27（3）：643－646

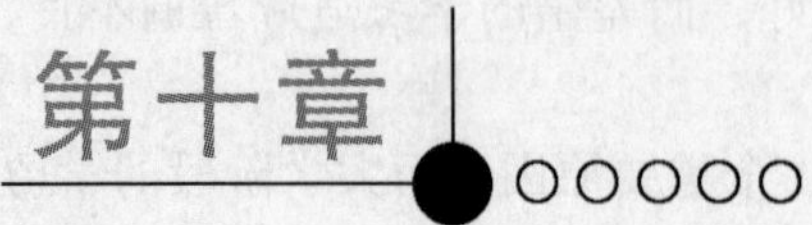

大学生学业情绪的现状及其教育

一、大学生学业情绪的现状研究

（一）研究对象

本研究采用整群随机取样的方法于 2008 年 11～12 月对安徽师范大学、安徽农业大学、皖南医学院、安徽工程科技学院、皖西学院、安徽信息职业技术学院和安徽医科大学学校等七所高校大学生进行施测，共发放问卷 1100 份，回收有效问卷 978 份，有效回收率为 88.9%。被试情况见表 10－1。

表 10－1 被试基本情况

	性别		学历			年级				专业				
	男生	女生	专科	本科	硕士研究生	大一	大二	大三	大四	文科	理科	工科	医学	农学
人数	487	491	120	738	120	184	185	185	184	212	245	263	258	

（二）研究工具

自编大学生学业情绪问卷，共分为六个维度：积极高唤醒、积极低唤醒、消极高唤醒、消极低唤醒、中性高唤醒、中性低唤醒共 36 个项目。采用 Likert 式五点计分法，分为“非常不符合”，“比较不符合”，“不确定”，“比较符合”，“非常符合”五个等级，分别计为 1 分、2 分、3 分、4 分、5 分。采用 SPSS13.0 和 LISREL8.70 软件对所得数据进行统计分析处理。

（三）数据的搜集程序

以班级为单位集体施测，问卷当场回收。研究者为主试，要求被试充分理解问卷项目后务必按照自己的真实情况答题，时间 10 分钟。

对回收的问卷进行真实性和完整性的检查，首先，问卷未答题项目超过 10 道的予以剔除；其次，同一答案选择项目数超过 16 题的也予以剔除；最后，作答有明显反应倾向的予以剔除（如条目答案都选择一个或答案以某种规律呈现）。

（四）研究结果

1. 大学生学业情绪总体状况

表 10－2　总样本在各因子及总问卷上的得分情况

	平均数 Mean	标准差 *SD*	项目数 Item	M/Item
消极低唤醒	20.07	5.65	14	4.01
积极低唤醒	10.69	11.14	5	3.56
消极高唤醒	12.14	12.18	4	3.01
中性低唤醒	16.10	3.08	4	3.22
积极高唤醒	20.30	2.24	5	3.02
中性高唤醒	12.70	1.98	4	3.18

本问卷的编制采用 Likert 自评式 1～5 点评分制，取 3 分为参考值。从表的结果可以得出：

（1）大学生学业情绪各因子的均分为 3.52，大于接近 3.0，表明大学生学业情绪各因子的状况都很高。

（2）消极低唤醒得分较高（*M/Item*＝4.01），说明大学生消极情绪比较高且普遍存在。究其原因，我们认为，可能是样本选择的所在学校都是非“211”的高校，这些高校的学生与“211”学校的毕业生相比，可能对前景有悲观的倾向；另外，这几年高校毕业生就业压力大也是一个原因。

（3）消极高唤醒和积极低唤醒两个因子的得分差不多（*M/Item* 在 3.01－3.02 之间），说明大学生学业情绪两级分化的现象不是很明显。

2. 不同背景大学生学业情绪的差异检验

（1）性别上的差异检验

采用独立样本 t 检验考察大学生学业情绪的性别差异，结果见下表 10－3：

表 10－3　大学生学业情绪性别差异的主效应分析（$n=978$）

因子	男（$n=487$）	女（$n=491$）	t	P
	$M±SD$	$M±SD$		
消极低唤醒	19.94±3.47	20.20±2.63	－1.339**	0.181
积极低唤醒	10.88±2.30	10.50±2.17	2.660**	0.008
消极高唤醒	12.05±2.16	12.22±1.79	－1.411**	0.159

（续表）

因子	男（n=487） M±SD	女（n=491） M±SD	t	P
中性低唤醒	16.62±3.29	15.57±3.53	4.826	0.000
积极高唤醒	20.58±3.70	20.03±3.72	2.337**	0.020
中性高唤醒	13.03±2.53	12.38±2.45	4.083	0.000
总　分	209.69±25.12	205.59±23.78	2.618**	0.009

结果显示，男生的积极学业情绪要多于女生，而女生的消极学业情绪要多于男生。这表明，学业情绪对女生的影响可能要大于男生，应该更加关注女生的消极学业情绪。

（2）本专科对学业情绪的主效应分析

进一步分析年级对积极高唤醒、积极低唤醒、消极高唤醒、消极低唤醒、中性高唤醒、中性低唤醒学业情绪的主效应，结果见表10-4。

表10-4　大学生学业情绪年级差异的主效应分析

因子	专科生 M±SD	本科生 M±SD	研究生 M±SD	两两比较
消极低唤醒	2.814±0.030	2.906±0.028	2.820±0.038	本>专
积极低唤醒	3.146±0.036	3.065±0.033	2.955±0.045	专>本>硕
消极高唤醒	3.545±0.047	3.600±0.043	3.360±0.058	专>本>硕
中性低唤醒	2.062±0.026	2.017±0.024	1.975±0.033	专>研
积极高唤醒	1.926±0.027	1.836±0.025	1.846±0.033	专>本
中性高唤醒	1.813±0.017	1.726±0.011	1.846±0.021	研>本>专

从表中数据可以看出：

对消极低唤醒情绪来说，本科生显著高于专科生（P=0.025），本科生和研究生（P=0.068）、专科生和研究生（P=0.898）差异都不显著；

对积极低唤醒情绪来说，专科生显著高于研究生（P=0.000）、本科生也显著多于研究生（P=0.019），专科生和本科生（P=0.057）差异不显著；

对消极高唤醒情绪来说，专科生显著高于研究生（P=0.019）、本科生显著多于研究生（P=0.001），专科生和本科生（P=0.386）差异不显著；

对中性低唤醒情绪来说，专科生显著高于研究生（P=0.037），专科生和本科生（P=0.205）、本科生和研究生（P=0.299）差异都不显著；

对中性高唤醒情绪来说，专科生显著高于本科生（P=0.014），专科生和研究生（P=0.061）、本科生和研究生（P=0.813）差异都不显著。

对中性高唤醒来说，研究生显著高于本科生（P=0.000）、本科生也显著多于专科生（P=0.019），专科生和本科生（P=0.057）差异不显著。

3. 年级上的差异检验

采用单因素方差分析考察大学本科生学业情绪的年级差异，不同年级的大学生在积极高唤醒、积极低唤醒、消极高唤醒、消极低唤醒、中性高唤醒、中性低唤醒学业情绪表现出的差异，结果见表10－5。

表10－5　不同年级的大学生在学业情绪心理素质上的差异比较（$M±SD$）

	大一（N=347）	大二（N=391）	大三（N=205）	大四（N=35）	F	P
消极低唤醒	20.53±3.08	20.04±3.26	19.50±2.62	19.31±2.73	5.686**	0.001
积极低唤醒	11.12±2.13	10.64±2.15	10.06±2.45	10.69±2.24	10.118**	0.000
消极高唤醒	12.05±2.04	12.14±2.05	12.38±1.72	11.51±1.99	2.348	0.071
中性低唤醒	16.44±3.35	15.96±3.60	15.75±3.36	16.25±3.24	2.099	0.099
积极高唤醒	20.68±3.76	19.94±3.74	20.25±3.57	20.89±3.65	2.721*	0.043
中性高唤醒	12.96±2.60	12.42±2.54	12.71±2.51	13.34±2.03	3.606*	0.013

本研究发现，除了愉快类学业情绪之外，悲伤类学业情绪、恐惧类学业厌恶类学业情绪、焦虑类学业情绪和惊讶类学业情绪都存在明显的年级差异。对恐惧类学业情绪、焦虑类学业情绪和惊讶类学业情绪来说，不同年级大学生的总体学业情绪素质水平差异极其显著（P<0.05），从平均分上来看大一年级学生消极低唤醒和积极高唤醒因子上上得分最高，大四次之，大二和大三较低。在消极低唤醒、积极低唤醒、积极高唤醒、中性高唤醒因子在各个年级上的差异也达到了显著水平，具体表现为两头高中间低的“U”型分布，分数由高到低再由低到，从各因子得分情况来看，四个因子都达到显著差异（P<0.05），总问卷的年级差异呈“U”型曲线（见下图10－1）

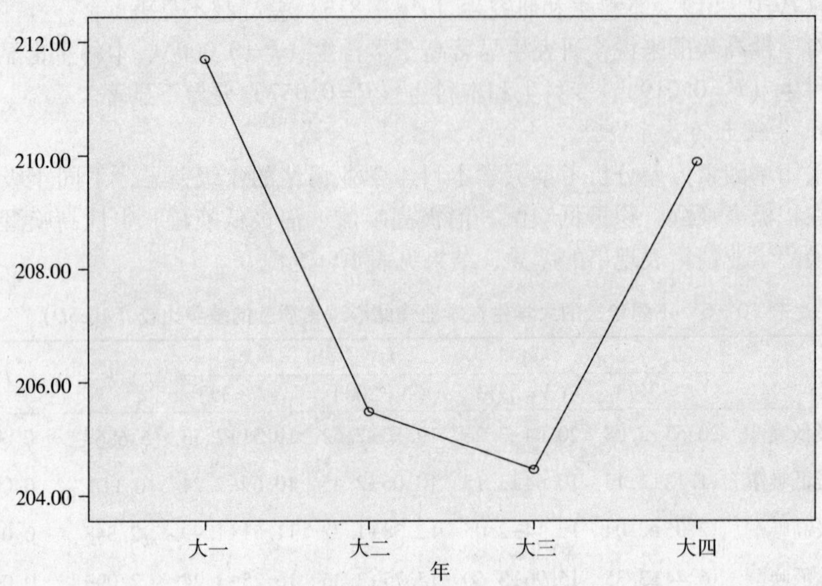

图 10－1 大学生学业情绪心理素质总分的年级发展趋势

4. 专业上的差异检验

大学生学业情绪专业上的差异比较结果见表 10－6。

表 10－6 大学生学业情绪的专业差异比较（*M*±*SD*）

	文科（*N*=212）	理科（*N*=245）	工科（*N*=163）	农学（*N*=162）	医学（*N*=196）	*F*	*P*
消极低唤醒	20.00±2.93	19.97±3.01	20.60±3.55	19.69±3.01	20.15±2.90	1.963	0.098
积极低唤醒	10.50±2.26	10.65±2.25	10.84±2.36	10.97±2.03	10.57±2.25	1.335	0.255
消极高唤醒	12.18±1.89	12.53±1.71	12.48±2.02	11.27±2.23	12.05±1.93	12.035**	0.000
中性低唤醒	16.20±3.33	15.99±3.50	16.28±3.27	17.16±3.66	15.08±3.23	8.543**	0.000
积极高唤醒	20.47±3.74	20.18±3.51	20.71±4.06	20.56±4.06	19.73±3.76	1.987	0.094
中性高唤醒	12.71±2.29	12.75±2.41	12.82±2.56	13.10±2.85	12.22±2.47	2.918*	0.020

结果显示，不同专业大学生在消极高唤醒、中性低唤醒、中性高唤醒因子上存在显著的差异（$P<0.05$），而在消极低唤醒、积极低唤醒、积极高唤醒上，各专业间不存在差异。在积极低唤醒平均分得分上，工科和农科专业大学生的得分最高，文科、理科专业大学生的得分处于中等水平，医学专业大学生的得

分最低。在消极高唤醒因子得分上，各专业存在显著的差异，表现为理科、工科专业学生的得分明显高于其他专业学生的得分，而理科和工科专业的学生在积极高唤醒因子上的得分显示出一定的优势。

二、大学生学业情绪的特点与教育

（一）特点

1. 大学生学业情绪总体特征

数据分析结果显示，从总体上来看，青少年学业情绪由多到少依次排列为：消极高唤醒>积极低唤醒>消极低唤醒>积极高唤醒>中性低唤醒>中性高唤醒，居于首位是消极高唤醒学业情绪，其次是积极低唤醒学业情绪情绪，再次是消极低唤醒学业情绪。可见，大学生学习过程中体验到的消极学业情绪明显多于积极学业情绪，这是个值得思考和关注的问题。原因可能有两方面：

学习、就业压力大。大量的调查都把学习压力和就业压力排在大学生压力源的首位（江光荣等，2000；楼玮群等，2000；李文道等，2000）。现代社会竞争日趋激烈，学业成绩和学习能力是衡量个体能力高低的唯一标准。因而父母、老师、用人单位总是对大学生寄予高的期望，而中国人在人和环境互动中的社会取向是注重家族、权威、关系和他人。具体来说，就是关注他人如何看待自己，别人对自己有什么期望，特别是和自己关系密切的人。因此，从这个角度来看，学习压力和就业压力是通过人际关系的互动而产生的。大学生对这些重要他人的要求、期望和态度的感知，会成为他们学习过程中的压力源。

现实自我与理想自我的差距明显。大学时期是“心理自我”开始发展和成熟的时期，也是自我意识发展的关键期。他们不仅能把自我表现作为客体加以评定，而且试图按照自己的愿望塑造自己、统一自己，出现了对“理想自我”追求。但是，由于他们在生理和心理上还没有完全发育完善、社会阅历浅、经验缺乏，不能正确对待现实中出现的问题，使现实自我难以完成理想自我所期望的目标，尤其是在学习生活中出现挫折或失败时，如成绩下降，恋爱失败问题等，理想自我与现实自我的冲突会加剧，影响了心理上的平衡，引起厌恶、悲伤、恐惧和焦虑等不良情绪反应。

2. 青少年学业情绪的性别差异

本研究发现，对大学生来说，六类学业情绪都存在显著的性别差异。

本研究发现男生的积极学业情绪要多于女生，而女生的消极学业情绪要多于男生。这跟很多文献中的结论一致，有关大学生考试焦虑的研究都发现了显著的性别差异，女生的焦虑水平显著地高于男生。这提示我们，学业情绪对女生的影响可能要大于男生，应该更加关注女生的消极学业情绪。本研究同时发现，专科生的积极学业情绪显著高于本科生，而本科生的消极学业情绪显著高于专科生。学业情绪对学习有着直接和间接的影响，学业情绪与学习动机、学习策略、学习效能、学业成就都有着密切的关系。那么，为什么本科生的积极学业情绪显著少于专科生呢？可能是因为专科生觉得自己学历低，就业上、学习上需要努力，否则就业就没有优势可言。

3. 大学生学业情绪的年级和专业特点

本研究发现，不同专业大学生在消极高唤醒、中性低唤醒、中性高唤醒因子上存在显著的差异（$P<0.05$），而在消极低唤醒、积极低唤醒、积极高唤醒上，各专业间不存在差异。在积极低唤醒平均分得分上，工科和农科专业大学生的得分最高，文科、理科专业大学生的得分处于中等水平，医学专业大学生的得分最低。在消极高唤醒因子得分上，各专业存在显著的差异，表现为理科、工科专业学生的得分明显高于其他专业学生的得分，而理科和工科专业的学生在积极高唤醒因子上的得分显示出一定的优势。

现代社会“学而优”的思想仍然比较深入人心。学业成就作为社会评价人才的重要标准仍然很流行。因而，就业也就成为大学生最为直接的学习动力，在如此紧张压抑的环境中，学生感受到的是竞争的残酷性，对自己能力的怀疑和对未来生活的不确定感，因而经常感到迷茫、伤感。

另外一方面，大学时期正是大学生开始经历从校园学生角色向职业人员角色转换的关键时期，与中学生相比，学习已不再是生活唯一的主题，巨大的就业压力和繁重的学习负担一样，成为他们生活的重要组成部分。由于他们可以对于课程的选择有了一定的自主权，加上他们的心理和生理发展都达到了相对成熟的阶段，因此，在情绪调节过程中，他们能够更多地采用成熟型的情绪调节策略（求助、解决问题）（贾海艳，方平，2004）。

4. 大学生学业情绪发展趋势

在整个青少年期，各类学业情绪的发展表现出不同的发展趋势。对消极高唤醒、中性低学业情绪来说，各年级差异不明显，变化比较平稳。其他四类学业情绪都存在明显的年级变化趋势。

对消极学业情绪来说，本科达到最高水平，从初中到大学呈现倒“U”型趋势；

对恐惧类学业情绪来说，初中时期是最高水平，直到大学，随着年级的增长逐渐明显下降；

对厌恶类学业情绪来说，从初中到高中有所增加，高中时期达到最高水平，到了大学急剧下降；

对焦虑类学业情绪来说，初中时期是最高水平，直到大学，随着年级的增长逐渐缓慢下降；

对惊讶类学业情绪来说，初中时期是最高水平，以后随着年级增长有所下降，高中和大学时期变化不大。

（二）教育建议

《论语》中“知之者不如好之者，好之者不如乐之者”的观点表明，以积极情感为支撑的“乐学”是教学活动过程中的一个较高的境界。“积极的学习情感和主动学习精神的养成，比学习方法、技巧的掌握具有更深刻的意义，对人一生的发展有更持久的影响”（联合国教科文组织总部中文科译：《教育—财富蕴藏其中：国际21 世纪教育委员会报告》）。本研究发现，学生在学习过程中体验到的消极情绪明显多于积极情绪。积极情绪会促进元认知策略的使用，而消极情绪会阻碍元认知活动的进行，进一步削弱自我调节学习的效率。

本研究表明，学习过程中存在一些负面的影响因素，使学生不能以积极的情绪状态投入学习，如课堂情境中老师不当的教育方式，学生自身消极的成败归因和较低的情绪调节能力等等，鉴于此，仅提出以下两点教育建议：

1. 优化教学环境

首先，建立良好的师生关系。教师是青少年学习生活中的重要他人，和谐融洽的师生关系有利于师生之间的知识传递，所谓“亲其师而信其道”就是这个道理。因此，必须改变老师不当的教育方式。学校应加强对教师师德人品的培养和教育行为的监督。

其次，激发学生的学习兴趣。充分发挥学生的主动性，鼓励学生自己思考问题解决问题。

第三，鼓励学生进行合作学习。卢晓红（2001）通过实验方法证明，合作学习宜于学习者相互帮助、减轻学习压力，对于成绩较差的学生影响较大，缓解焦虑效果显著。

2. 加强情绪辅导，增进学生心理健康

情绪辅导的内容和要求是使学生的情绪变化做到“目标适宜，方式适当，反应适度，并以积极情绪为主”（刘华山，1998）。教师应指导青少年了解自己的情绪情感特点，学会处理学习过程中出现的各种消极情绪和冲突情绪，增强情绪的自我调控能力。在此，介绍一种情绪辅导课程——理性情绪教育。

理性情绪教育 R（atinoalEmotvieEducatino，简称 REE）来源于艾理斯的理性情绪疗法（RET），是 RET 在学校情境中的一种应用。REE 是一种适用于一般班级教学、预防性、教育性的辅导课程，它围绕着认知、情绪以及两者之间的关系展开，其基础在于使学生认识到认知是决定情绪的关键因素，自己必须对自己的行为及情绪负责，其核心是使学生学会辨别非理性信念并与之辩论。

它强调个体自我接纳的哲学，目的在于培养学生理性独立思考的能力，及接受自己、不苛责他人的生活态度，成为一个自我充分发展的人。

国内刘宣文和梁一波研究（刘宣文等，2003）证实，理情教育课程的开设受到学生、家长的欢迎，理情教育适合于我国青少年学生。因其理论的简单、具体，教学方法的生动、多样，教学内容的生活化和实用性，十分适合成长中的初中生的需要。

另外，目前在教育实践中，已开展了很多有关学生成败归因训练的应用研究，把情绪情感因素纳入其框架中，采取多种教育形式，也是很有必要的。

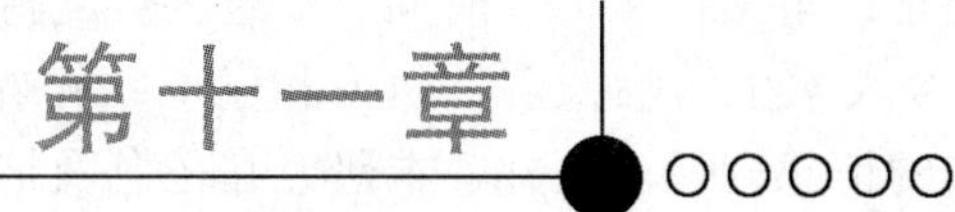

大学生情感倦怠的初步研究

一、问题的提出

（一）情感倦怠及其学业情感倦怠

倦怠这个概念最早产生于美国。1961 年，美国作家格林尼在《一个枯竭的案例》（A Burn-out Case，Greene）中提到一名事业有成的建筑师，在功成名就之后，突然发现工作带给他的不再是一开始的热情和满足，而变成了日复一日不堪忍受的精神压力。在历经了痛苦和折磨之后，他终于放弃了自己的工作，逃往非洲原始丛林，开始了另一种生活。这是一个职业倦怠的案例，当时引起了西方人的广泛共鸣。1974 年美国精神分析学家 FreudenBerger 首次将倦怠（Burnout）应用在心理健康领域，从此以后，"倦怠"这个词进入了美国大众的语汇，用来特指"从事助人职业的工作者由于无法应付外界超出个人能量资源的过度要求而产生的身心耗竭状态"。

近三十年来，倦怠一直是心理学研究的热点问题。1988 年，Pines 与 Aronson 将倦怠解释为长期的情绪消耗导致身体、情感和心理的耗竭。三年后，Farber 于 1991 年将职业倦怠定义为在个体输入与输出平衡中与工作相关的认知失调。Maslach 等人将倦怠（Maslach Burnout Inventory-MBI）区分为情感耗竭、去人格化倾向和个人低成就感三个部分。其中，情感耗竭（Emotional exhaustion）是倦怠的一个重要因子，是指个体的情感资源被过度消耗，使个体感到疲乏不堪、精力丧失，这种疲劳可能会伴随由于不能像过去一样提供良好服务而导致的挫败感和紧张状态。去人格化倾向（Dehumanization）指个体对待服务对象的负性的、冷淡的、过度疏远的态度，倾向于以对待无生命物体的方式来对待自己的工作对象，尽量减少与工作对象的交往，在必需与工作对象的交流中，经常使用一些贬损的语言。个人成就感降低（Reduced personal accomplishment）指的是个体对自己进行负性评价的趋势，个体对于所从事工作的胜任感和从工作中获得的成就感降低，经常感觉到自己的工作缺乏进步，甚至是在原有的水平上有所降低。

情绪耗竭是倦怠研究的一个重要因子，与工作压力、时间、缺乏社会支持和人际角色混乱等因素相关[①]。由于当今大学生面临太多的压力和竞争，情绪疲乏、情感厌倦已成为大学生普遍面临的情感问题。因此，本研究在倦怠及情感研究的基础上，改变研究对象，将情绪耗竭用在大学生个体上，以探求大学生的情感心理健康，并根据大学生的实际境况提出了情感倦怠的概念。

情感倦怠（Emotional Burnout）主要指个体长期受到内外界刺激、压力致使其无法应付超出个人能量和资源的过度要求，心理能量损耗过多，由此而产生的心理极度疲惫、情感过度耗竭的症状。通常表现为情感封闭，情感时常处于冷漠和透支状态，对生活、工作、学习缺乏热情与活力，对人际交往感到力不从心，对所从事的工作、学习有效性降低，动机减弱，并长时间感到疲惫，悲观厌世等消极症状。由于情感受个体的主观体验，生理唤醒和认知评价三者作用[②]，因此，情感倦怠受多种因素影响，并对个体的学习、工作和生活产生不良的影响。

通过对大学生的人生观、价值观和健全人格的教育，不断提高其自我修养和自我教育；通过完善人际交往，形成和谐的亲情、友情，建立真正的爱情；通过合理规划，保证有效学习和生活愉快等措施可以缓解大学生情感倦怠。

（二）国内外情感倦怠的相关研究

国外研究情绪情感耗竭的文章颇多，但较多使用“情绪耗竭”、“情感透支”、“情感枯竭”等相关术语来进行理论和实证研究。Miller（1990）等人在Maslach 和 Jackson 研究的基础上提出了倦怠的第一个因子——情感枯竭，指工作中的情感被其他因素过度消耗，导致情感处于枯竭状态，此过程中普遍伴随着疲劳感。Michielsen 等人通过比较普通疲乏与情绪枯竭，得出个体的情绪枯竭是由耐久力引起，而一般性疲劳是由于紧张力导致，同时也认为在情绪耗竭过程中伴有疲劳感因素（Chris and Robert，2004）。Schaufeli 等人（1998）对情绪耗竭有着更深入的研究，认为个体的情绪耗竭是由一系列的认知、情感、工作负荷、时间紧张、缺乏社会支持和角色压力等多种因素综合作用而形成。Lee（1993）等人通过一项多元分析研究得出支持上述这些关系的证据。Hobfoll（1993）等人提出了 COR 理论，该理论认为人们争取获得和保持他们认为有价值的事情（如资源，而社会支持就是这样一种资源），当资源消失或受到威胁时，压力就会产生，如果个体不能有效地通过部署或采用新资源来处理压力，

---

① Inge, H., Peter, M. J., Jan de Jonge, et al. (2003).. Specific determinants of intrinsic work motivation, emotional exhaustion and turnover intention: A multisample longitudinal study. Journal of Occupational and Organizational Psychology, 76: 427 - 450.

② 张履祥，葛明贵．普通心理学［M］．合肥：安徽大学出版社，2002：309 - 310.

那么压力的长期持续必定会加剧情感耗竭。由于肾上腺素增高会导致心率和血压的升高，当压力长期持续时，最终也会导致个体出现精力耗竭和情绪枯竭的消极状态。工作负荷和社会支持同样是影响情绪耗竭的因素，缺乏社会性支持以及工作方面的过度需求会使个体持续产生负担过重的现象和长期性的情感透支（Janssen, *et al*, 1999）。

国内“心身耗竭”的研究，主要对象是医护人员和幼儿教师。因为护理人员和幼儿教师的工作性质具有相似特征，他们在工作时间内精神始终处于绷紧状态，并且对服务对象不能有任何的情绪发泄，致使他们产生“心身像被掏空了一般”的感觉。朱姝等人使用 MBI、SCL－90 和生活满意度量表对 326 名护理人员进行测查，研究得出护士群体的心身耗竭现象比正常人明显、其心理健康水平偏低、个人成就感较低，也因此提出了一些干预措施。“心身耗竭”的研究实际上就是个体的心理能量和生理能量被大量消耗，对工作、生活失去兴趣，表现出心力交瘁、体力不支的症状。

国内关于大学生情感倦怠的研究只有几篇文章，且多为理论性文章。杨浩等人讨论了多媒体课堂教学中，由于教师频繁地使用课件教学，与学生缺乏肢体、语言以及情感交流，致使大学生产生情感倦怠。作者认为大学生的情感倦怠是由于教师和学生之间缺乏必要的交流，从而出现的一种相互之间的情感冷漠和疲乏状态。戴丽等人（2007）在理论研究基础上结合现实问题曾经探讨过在校大学生的情感倦怠和人格健全，界定了大学生情感倦怠的概念，提出在校大学生的情感倦怠存在四种类型（亲情倦怠、爱情倦怠、友情倦怠和师生关系倦怠），并分析导致大学生产生情感倦怠的成因，给出缓解大学生情感倦怠和健全个体人格的相关措施。社会转型和知识经济既带来了机遇又提出了挑战，当今大学生面临更多的情感困惑。加之学校教育和家庭教育忽视人文性、过分强调工具性的倾向，忽略情感教育，使学生容易产生在情感上重获取、轻付出，事事以自我为中心的不良情感。因此，研究大学生的情感倦怠具有重要意义。

（三）大学生学业情感倦怠的意义

本研究的目的在于编制大学生情感倦怠问卷，通过对大学生情感倦怠的研究，可以使教育者及大学生自身对情感倦怠有个初步的了解，以便教育者有针对性地治疗和干预有情感倦怠症状的学生，也可以为大学生进行情感倦怠自测提供依据，最终实现维护大学生心理健康和提高其心理素质的目的。基于以上原因，本研究对在校大学生进行情感倦怠的测量与分析，从而增强其对实践的指导和应用价值，并促进理论研究的深入发展。

首先，情感倦怠的研究是大学生心理健康发展的客观需要。大学阶段是人生发展的重要时期，大学生是一个特殊的群体，担负着我国现代化建设的重任，他们面临多重的竞争和压力，在学习、生活中不可避免会遇到各种情感问题。有研究表明，大学生的情感现状令人担忧：一方面，大学生在情绪情感认知上存在许多“盲点”，如自我意识过强、不能正确的评价自己、情绪管理能力不足等；另一方面，大学生在情感实践上存在许多“误区”，如在实际生活中，容易产生激情，情感体验较为丰富，但情绪波动性大，心理承受力差，面对困难、挫折惊慌失措，逃避或抱怨，有的甚至以结束生命的极端方式来解决问题。如果大学生的亲情、爱情、友情等问题解决不当，不仅影响大学生当前的学校生活，还可能影响他们未来的感情生活，甚至可能影响其一生。

其次，情感倦怠的研究是学校心理健康研究的迫切需要。近年来，大学生网络成瘾、凶杀和虐待事件以及自杀和自杀未遂等校园事件的频繁发生，表明了当代大学生人格不健全和情感不健康。西方一些研究表明，大学生的自杀率比一般人群高50%。一项研究指出，大约13%的大学生试图自杀，近50%的大学生在校期间曾考虑过自杀（Mishara，1982）①。另一项研究也表明②，大约44%的大学生曾经有过自杀念头，其中2%的学生试图自杀（Rudd，1989）。可见，大学生的心理存在隐患。网络论坛中曾报道：2002年中国内地报道大学生自杀事件27起，19人死亡；2004年这一数据是68起，48人死亡；2005年是116起，83人死亡，共有23个省份报道了大学生自杀事件，发生大学生自杀的高校有100所左右。并且报道中提到2005年自杀的大学生中，本科生占的比例最高达53.4%；其次为硕士生（12.1%）、专科生（8.6%）和博士生（6.0%）。从年级来看，高年级的自杀人数均多于低年级，而且毕业班学生由于面临情感、学业、就业的压力和矛盾，自杀人数最多③。这些惊人的数字逐年上升以及近年来发生的马加爵事件、震惊世界的美国校园枪杀案等等表明高校大学生的情感问题严重，应引起多方关注。情感倦怠不仅影响了行为个体的身心健康，也与高等教育培养全面发展的人才目标相悖。

最后，情感倦怠调查问卷的编制是研究大学生情感健康的一个测量工具。大学生情感与其身心健康的关系十分密切，加强情感调适，培养积极良好的情感体验，既是大学生心理健康发展的需要，又是思想教育工作的重要任务。情感倦怠是倦怠研究的细化，是针对倦怠研究中的一个具体因子而展开的，不仅可以丰富和完善其理论研究，而且可以为今后的实证研究提供一个测评工具。

---

① Mishara, B. L.（1982）. College students’ experience suicide and reaction to suicidal verbalizations: A model of pevention. Journal of Community Psycology, 10: 142－150.

② Rudd, M. D.（1989）. The prevalence of suicidal ideation among college students. Suicide and Life－Threatening behavior, 19: 173－183.

③ 解析大学生自杀现象. http: //www. tynews. com. cn/tywbmap/2006－08/14/content_2434063. htm.

（四）大学生学业情感倦怠的结构分析

心理学认为，情绪、情感（Emotion）是人对于客观事物是否符合自己的需要而产生的态度体验，也是一个人心理活动的外在表现。情感经常被用来描述社会性高级感情，一般认为，具有稳定而深刻社会含义的感情性反应叫做情感。大学生的情感是指在特定的时空范围内对客观世界的一种相对稳定的行为反应，但是面对知识经济、社会转型、过多的压力和竞争，大学生的学习和情感生活极易受到影响而产生波动与变化，这种变化久而久之会导致大学生心理问题的出现。大学生正处于成人发展的初期，学习和情感是大学生校园生活的重要组成部分，大学生有着比一般人更为丰富的情感需求和更活跃的内心世界，由于知识、阅历的限制，他们常常感到迷茫、困惑和焦虑。有研究表明：出现心理问题或障碍的大学生中，有超过60%的人表现为情感上的问题与矛盾（唐勇，2006）；并且在新时期大学生的情感具有不稳定性，时常处于波动、迷茫和抉择之中，亲情、友情和爱情之间的冲突常使大学生感到困惑（林王荣，2006）。因此，这个群体比其他成年人更需要关心、理解和帮助。关注大学生的情感，是提高学习效率、激发学生原创力的需要，更是学生自身成长、发展的内在需要。

情感是个体在认识过程中对周围现实的各种刺激所做出的微妙反应，是个体对现实世界的主观态度和表现，是一种独特的反应形式。情感在人的生活中占有重要位置，对人的行为能够产生一定的影响。当代大学生由于面对多种压力和竞争，心理问题加剧，情感问题已成为当代大学生群体中比较突出和普遍的问题。高校教学活动是具有多方面教学目标和自身特点的高级、复杂的教学活动，在这活动过程中，师生双方进行着知识、信息的传递、反馈，进行着思想的交流，也发生着情感的变化和交流。教师如能充分调动和利用情绪和情感的积极因素，必将有利于增强大学生的学习积极性，发挥其智力水平，有利于提高大学生对教学内容的接受性和理解性，促进其身心健康发展。而当今，多媒体教学使得教师更多地依赖微机课件，疏远了学生，与学生缺乏较多的肢体语言以及情感交流，致使大学生容易产生倦怠情绪①。

由于情感属于个体的主观体验，因此可以从外显层面和内隐层面来认识个体的情感倦怠现象。外层的情感倦怠主要通过人际交往障碍、情感封闭性、情感控制等因素来表现；内层的情感倦怠通过对学习的厌恶感觉、对自我效能的否定等因素来体现。大学生的情感倦怠既可由外因导致，也可能由内因引起，主要指个体持续受到刺激、压力致使其无法应付外界超出个人能量和资源的过

① 杨浩，刘晓余．刍议多媒体课堂教学中的情感倦怠［J］．甘肃科技纵横，2005，34（4）：136.

度要求，而产生的情绪情感、心理等方面的耗竭状态。情感作为稳定的心理状态，受着多种因素的制约，以各种形式与强度的情绪反应表现出来。因此，对大学生情感的研究可以通过情绪的各种反应和情感的多种表现形式来预测个体的心理健康水平。现有研究只是简单介绍了大学生产生情感问题的影响因素，且多为经验分析和理论推理，缺乏定量的实证研究，从综合的角度结合定性和定量方法研究大学生情感就变得极为重要。

基于以上的理论研究及实际考察，在分析和考察职业倦怠量表和学习倦怠量表的基础上，结合考虑引起情绪情感倦怠的个体因素和环境变量，我们初步构建了大学生情感倦怠（Emotional Burnout）的结构成分，它大致包括外层的情感倦怠和内层的情感倦怠两个维度，而外层情感倦怠又可以表现为个体承受力、人际交往障碍、情感封闭性和情绪耗竭等4个方面；内层情感倦怠主要包括学习厌倦感、情绪胜任感和自我效能感降低3个方面。①个体承受力指个体在面对突发问题时心理上所产生的反应，表现出逃避、颓废或显现出顽强的毅力等现象，如："遭遇失恋时，想到一死百了"；②人际交往障碍是指个体在人际交往过程中表现出对他人的去人格化，如："我厌烦同学之间的虚情假意"；③情感封闭性表现为情感较为抑郁，大学生时常感到孤独、寂寞，同学之间难以沟通、不能相互理解等，如："我喜欢沉浸在自己的空间里，那样才有安全感"。④情绪耗竭是指由于外界原因，情绪被过度消耗，表现出自卑苦闷、情绪低落、悲观厌世等消极状态，如："我常常不因为什么就感到情绪低落、绝望颓废"。⑤学习厌恶感是指个体对待学习的情感和态度，表现出厌烦、精神萎靡、全身无力等现象，如："整天上课使我感到很厌倦"；⑥情绪胜任感指个体能驾御自己的情绪，在情绪胜任方面有积极感，如："我能调节自己的情绪以适应社会"；⑦自我效能感降低指个体过于消极地评价自己的能力和成就，如："我想即使我努力也不能完成学业"。

二、大学生情感倦怠的量表编制

（一）开放式问卷

1. 研究目的

进一步了解大学生情感倦怠的特征表现，完善大学生情感倦怠问卷的结构假设，收集、整理与形成大学生情感倦怠预测问卷的条目。

2. 研究方法

(1) 研究被试

随机选取安徽师范大学、安徽工程科技学院大二和大三年级122名大学生进行开放式问卷的测量，其中文科 43 人，理科 38 人，工科 41 人，大二年级 77 人，大三年级 45 人。回收率为 100%。

（2）研究程序

编制了大学生情感倦怠开放式问卷，共四题，让学生在课堂上以纸笔回答，回答的字数不限、回答内容越多越好。

（3）研究材料

问题一：亲情、爱情和友情三者对您来说哪一个最重要？写出理由。

问题二：您认为大学生的情感问题程度严重吗？

问题三：结合自身谈谈导致大学生产生情感问题的主要因素有哪些？

问题四：结合自身谈谈大学生情绪情感的外在表现为：________

内在表现为：________

3. 结果与讨论

对开放式问卷的结果进行归纳整理，具体结果如下。

问题一：亲情、爱情和友情三者你觉得哪一个最重要？写出理由。

表 11－1　问题一的回答结果及频次分布

回答结果	频次	男生	女生	主要理由
亲情	97	26	71	1、友情和爱情，最终都会转化为亲情； 2、亲情是无私、真诚、“血浓于水”的感情。
爱情	22	4	18	1、爱情能够陪伴你走完一生； 2、爱情能够分忧解愁，能与你共渡难关。
友情	3	3	0	3、友情是实现自我价值的重要支柱和动力。

在整理学生答卷时，“认为亲情和爱情比较重要”，女生人数明显多于男生，这说明女生比较看重亲情和爱情，体现出女生感情细腻、重家庭重爱情，与常理相符；在回答“友情重要”的 3 份答卷中，全是男生，这表明男生比女生更注重友谊，也体现了男、女生的性格差异和志趣不同。

问题二：你认为大学生的情感倦怠程度严重吗？结果见表 11－2。

表 11－2　问题二的回答结果及频次分布

回答结果	重度倦怠	中度倦怠	轻度倦怠	没有倦怠	合计
男生	23%	6%	7%	8%	44%
女生	34%	8%	13%	1%	56%
总人数	57%	14%	20%	9%	100%

因为本次开放式调查样本来自大二、大三学生，处于此阶段的学生学业压力繁重，面对多种考试，大部分学生还要经受着不同程度来自亲情、爱情和友情的情感困扰，因此，认为情感倦怠处于“重度”的占一半人数以上。

问题三：结合自身谈谈导致大学生产生情感问题的主要因素有哪些？

回答结果主要有：①思念亲情，却又想摆脱父母的过高期望；②爱情观模糊，不知道该怎样经营爱情：没有恋人的，却时常处于单恋、该不该谈恋爱和怎样谈恋爱等诸多矛盾的漩涡中；有恋人的，却因两人之间的小摩擦经常遭遇情感的困扰，偶尔还会有失恋的恐惧心理。③友情的冷漠和人际交往的压力：与教师的情感交流、与同学的交往以及与舍友之间的关系常令人困惑。④生活中的小事情、小矛盾也会使大学生感到情感倦怠。

表11－3　影响大学生情感问题的主要因素及频次分布

影响	亲情	爱情	友情	人际	学业	经济	情感	社会
因素	压力	困惑	冷漠	交往	压力	压力	压抑	情绪
频次	14.3%	18.4%	10.2%	12.5%	12.1%	9.8%	16.2%	6.5%

由上表结果可知，大学生的情感倦怠主要受情感（亲情、爱情和友情）、人际交往和学业压力这三个方面的影响，其中情感占了近60%，这足以体现出情感是影响大学生校园生活的主要因素。

问题四：结合自身谈谈大学生情绪情感的外在表现为：________

内在表现为：________

回答结果：分别从两方面探讨大学生的情绪情感倦怠，其外在表现为：①人际交往过程中的各种困惑，如“不擅交际，对怎样处理人际关系感到困惑”等；②情绪情感耗竭过多，如“苦恼别人不理解我的情感”等；③不能有效地控制情绪情感，如“我控制不好自己的情绪，时常与恋人（或同学）争吵”；④情感意识不明确，如“我无法与别人进行正常的情感交流”；⑤情感封闭性，不愿敞开自己的情感与别人分享，如“没有一个可以诉说心情的好朋友”；⑥对情感的不适应，如“经常遭受情绪情感的折磨”。

内在表现为：①内心厌恶学习，如“想到要去上课我就精神萎靡、全身无力”②能够胜任情绪，如“对未来充满信心并能正确地评价自己”③自我成就感降低，如“即使我努力也不能做得更好”④感到心理疲劳，如“时常觉得自己的心好累”。

4. 结论

（1）影响大学生情感倦怠的因素有多种，包括情感、人际、学业、经济压力等多种因素；

（2）大学生情感倦怠的表现形式分为外在和内在两方面：外在形式有人际

交往过程中的各种困惑、情绪情感耗竭过多、不能有效地控制情绪情感、情感意识不明确、情感封闭性和对情感的不适应；内在形式有内心厌恶学习、不能够胜任情绪情感、自我成就感降低和感到心理疲劳。

（二）预测问卷的探索性研究

1. 研究目的

编制适用于国内样本的大学生情感倦怠调查问卷，探讨大学生情感倦怠的结构维度，提供该问卷部分的信效度指标。通过问卷的验证性因素分析考察构想模型与实际模型的拟合度、项目及各因素之间的关系。

2. 研究方法

（1）研究被试

安徽师范大学、安徽大学、安徽建筑工业学院、皖南医学院、安徽工程科技学院大一、大二及大三600名本科生进行预测，收回问卷578份，回收率为96.33%，其中有效问卷523份，有效率为90.48%。被试基本信息见表11－4。

表11－4　预测被试的基本情况

	性别		年级			专业			
	男	女	大一	大二	大三	文科	理科	工科	医学
人数	276	247	246	225	52	75	153	138	157
比例%	52.77	47.23	47.04	43.02	9.94	14.34	29.25	26.39	30.02

（2）项目收集形成初始问卷

首先，将访谈调查与开放式问卷收集到的资料进行综合分析后，修改最初理论构想并确定大学生情感倦怠的基本维度，再根据访谈和开放式问卷收集的条目，参考国内外相关问卷的论述和项目，选择有代表性和普遍性的条目，拟定出大学生情感倦怠的最初题项。

最后，请有关专家评价最初题项的适当性并加以修改后，编制出大学生情感倦怠的预测调查问卷。该问卷包括86个项目，其中包括10道测谎题和12道反向计分题。问卷采用Likert自评式5点量表法，分为“非常符合”、“比较符合”、“不确定”、“比较不符合”和“非常不符合”5个等级，分别记5分、4分、3分、2分和1分。

（3）研究程序

以班级为单位进行集体施测，按照统一的指导语和方法指导学生答题。芜湖市所做的问卷由本人亲自施测，外地问卷采用邮寄的方式，委托有关教师帮忙协助调查，邮寄时随寄“问卷施测注意事项”。

施测时间为2007.3～2007.5，对回收到的试卷进行真实性和完整性的检查。首先根据10道测谎题来排查无效问卷，其次，问卷未答题项超过6道的予以剔除，作答有明显反应倾向的予以剔出（如条目答案都选择一个或答案以某种规律呈现）。

（4）统计处理

所得数据采用 SPSS13.0 统计软件进行数据分析。

3. 结果分析

（1）项目分析

采用两种方法对问卷条目的区分度进行分析，一是采取求临界比率（简称 CR 值）的方法。二是采用相关法计算各题项与问卷总分的相关。

综合两种统计结果，结合项目构想，决定删除 16、23 等 7 个题项。

用剩余的题项进行探索性因素分析，再根据以下四个标准：①项目因素负荷值大于 0.4，即$\alpha>0.40$；②共同度大于 0.16，即 $h2>0.16$；③“概括”负荷大于 0.50，即 $a2/h2>0.5$；④每个条目最大的两个“概括”负荷之差大于 0.25，即 $a1-a2/h2>0.25$，又删除 29 个题项。

最后剩余的 40 个项目和 6 道测谎题（减去 4 道测谎题）构成大学生情感倦怠的正式问卷。

（2）量表的探索性因素分析

对数据进行了 Bartlett 检验，其检验值为 6640.790，自由度为 780，显著性水平为 0.000，极其显著，说明各题项之间有共享因素存在。同时样本适当性度量值 KMO 数值为 0.928，表明数据样本适宜进行因素分析。

采用主成分分析法和方差最大正交旋转法再次对剩余的 40 个题项进行探索性因素分析，并依据因素的特征值大于 1、各因素需符合陡阶检验（见图 11-1）、每个因素至少包含 3 个题项、因素比较好命名等分析标准对因素分析的适当性进行考察。因子结构及各项目间的因子负荷见表 11-5；因子的特征值和贡献率见表 11-6。

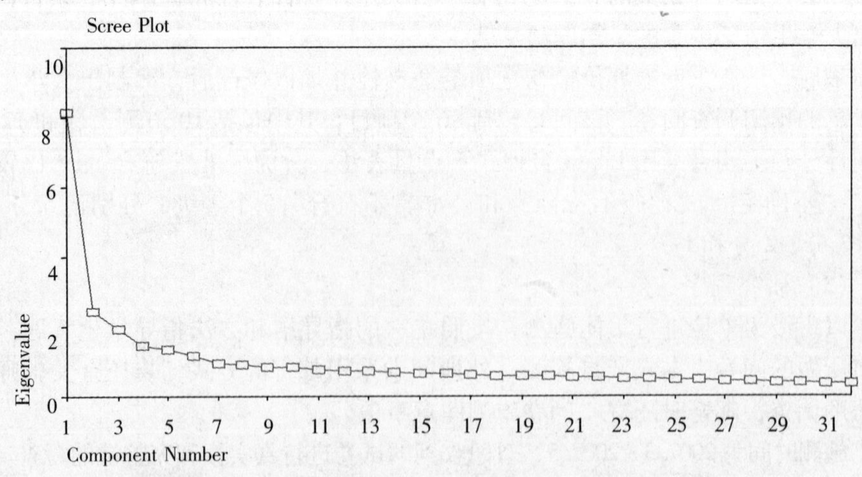

图 11-1 大学生情感倦怠问卷探索性因素分析的碎石图

表 11-5 因子结构及各项目间的因子负荷

F_1		F_2		F_3		F_4		F_5		F_6		F_7		F_8	
题项	负荷	题项	负荷	题项	负荷	题项	负荷	题项	负荷	题项	负荷	题项	负荷	题项	负荷
V26	0.749	V74	0.685	V64	0.712	V38	0.737	V3	0.682	V23	0.568	V68	0.676	V19	0.613
V42	0.691	V73	0.595	V57	0.698	V8	0.736	V81	0.654	V17	0.537	V72	0.481	V7	0.552
V78	0.608	V67	0.558	V56	0.669	V2	0.731	V77	0.578	V6	0.519	V41	0.478	V66	0.487
V28	0.597	V75	0.547	V76	0.657	V65	0.624	V21	0.483	V70	0.499				
V22	0.573	V83	0.516	V63	0.562	V39	0.552	V18	0.451						
V85	0.469	V49	0.510												
V34	0.451	V62	0.497												
V53	0.428														

注：56、57、63、64、66、72 为反向计分题，统计分析时已做了相应的转换。*F*1 - *F*8 代表因子 1-因子 8，下同。

表 11-6 各因子的特征值及贡献率

因素	特征值	贡献率	累积贡献率
因子 1	10.056	25.140%	25.140%
因子 2	2.635	6.588%	31.728%
因子 3	1.986	4.966%	36.694%
因子 4	1.525	3.813%	40.507%
因子 5	1.397	3.492%	43.999%
因子 6	1.272	3.181%	47.180%
因子 7	1.143	2.857%	50.037%
因子 8	1.109	2.773%	52.810%

上述结果表明，大学生情感倦怠问卷的 40 个项目在各自的公共因子上都有较高的负荷值，并且抽取的八个公共因子的累积贡献率超过 50%，因此，所构建的大学生情感倦怠结构是较为理想的。

由于各因素之间有较高的相关度，考虑对这 8 个因子进行了二阶因素分析，分析结果表明 KMO 值为 0.881，卡方值为 1449.168，d*f* 为 28，解释总变异量为 61.213%，显著性为 0.000，说明变量间有共享因素存在，适宜进行二阶因素分析，因此建构了大学生情感倦怠的二阶结构模型（见表 11-7）。

表 11-7 一阶因子在二阶因子上的负荷、共同度及特征值

	维度一					维度二		
	F_6	F_1	F_2	F_5	F_8	F_7	F_3	F_4
负荷	0.802	0.774	0.751	0.726	0.634	0.809	0.733	0.692
共同度	0.663	0.659	0.723	0.550	0.483	0.679	0.615	0.527
特征值			3.887				1.010	
贡献率			48.592				12.621	

(3) 问卷的结构分析

该模型为二阶多因素结构，一阶因子中的 F_6、F_1、F_2、F_5、F_8 构成维度一，共 27 个项目，命名为外显情感倦怠（External Emotional Burnout），指个体在感知、记忆以及组织和加工情绪情感过程中所体现出来的情感倦怠。本研究表明大学生在日常生活中由于人际交往困惑、情感遭遇挫折、经济压力等所引发的情绪情感倦怠；F_7、F_3、F_4 构成维度二，共 13 个题项，命名为内隐情感倦怠（Internal Emotional Burnout），指不同情绪和情感给个体带来的倦怠感受，是心理活动的内在体验。

本研究表明当代大学生对学习、情感以及效能感方面的独特体验：过低评价自己，生活满意度较低，厌学厌世倾向较为严重。

本研究因素命名主要遵循以下原则：一是参照理论模型的构想命名，即看该因素的题项主要来自理论模型的哪个维度，哪个维度的贡献题项多，就以哪个构想维度命名；二是参照题项因素的负荷值命名，即一般根据负荷值较高的题项所隐含的意义命名。因此，将预测问卷抽取的 8 个因素命名为：F_1：情感封闭、F_2：情绪耗竭、F_3：情绪胜任感、F_4：学习厌倦感、F_5：情感意识、F_6：人际冲突、F_7：自我效能感、F_8：情绪控制。

（F_1）情感封闭。包括项目：V26 我总是觉得孤独，没有一个可以诉说心情的好朋友；V42 没有人与我保持相互理解的特殊关系；V78 没有人能在长时间里让我感到亲密无间等 5 个项目。

（F_2）情绪耗竭。包括项目：V74 我很苦闷周围人不理解我的情感；V73 我过分关注以往的言行使我经常处在内疚和悔恨中；V62 我的悲观、对事物的否定常使我感到心力交瘁等 9 个项目。

（F_3）情绪胜任感，包括项目：V64 我对未来充满信心并能正确地评价自己；V57 我能调节自己的情绪以适应社会；V56 我总是精力充沛、对未来充满信心和希望等 7 个项目。

（F_4）学习厌倦感。包括项目：V38 整天上课使我感到很厌倦；V8 一想到要去上课我就精神萎靡、全身无力；V2 学习是令人厌烦和单调无味的等 5 个

项目。

（F_5）情感意识。包括项目：V3 我经常怀疑自己的爱情，内心充满矛盾；V81 的爱情观不明确，经常感到困惑；V77 我总觉得和爱自己的人无法进行正常的情感交流等 5 个项目。

（F_6）人际冲突。包括项目：V23 与同学相处困难常使我感到很累；V17 宿舍冲突使我感到很郁闷；V6 人际交往的冷漠使我感到很压抑等 4 个项目。

（F_7）自我效能感。包括项目：V68 我想即使我努力也不能完成学业；V72 大学的生活多美好，我从没动过轻生的念头；V41 想到自己的未来渺茫，我真想离开这个讨厌的世界 3 个项目。

（F_8）情绪控制。包括项目：V19 时常觉得自己的心好累；V7 我时常与恋人（或同学）争吵，情感消耗巨大；V66 我很洒脱，很少受情绪情感的折磨 3 个项目。

（4）量表的信度分析

内部一致性信度和分半信度。Henson（2001）认为，在先导性研究中信度系数在 0.5 至 0.6 之间就可以接受。本问卷的内部一致性信度（Cronbacha 系数）和分半信度见表 11－8。由表可知，大学生情感倦怠的两个维度及各因子的内部一致性系数都在 0.517 至 0.837 之间，分半信度也多在 0.544 以上，各因素的分半信度都达到了极显著水平，这表明该问卷具有较好的信度，说明本研究所建构的大学生情感倦怠的结构模型是稳定可靠的，可以作为大学生情感倦怠的测量工具。

表 11－8　各因子的内部一致性信度、分半信度

	维度一					维度二			总问卷
	F_6	F_1	F_2	F_5	F_8	F_7	F_3	F_4	
各因子α	0.656	0.818	0.805	0.690	0.517	0.563	0.777	0.779	0.921
维度α			0.837				0.680		
分半信度	0.638***	0.807***	0.797***	0.700***	0.544***	0.552***	0.726***	0.752***	0.922***

重测信度检验。选取安徽师范大学化学专业 55 名大学一年级学生作为重测被试，历经 50 天时距，测得第一次总分与第二次总分之间的相关系数为 0.609。由于重测信度受两次测验情境差异、时间间隔长短等因素的影响，又因为本研究测量的是个体的情感倦怠，而情感受情境影响较大（被试第一次施测是刚进校的大学一年级学生，经过近两个月的大学生活，其认知和情感方面可能已发生了较多的变化），因此，本研究的重测信度为 0.609，系数稍微偏低，但在可接受的范围内。

（5）问卷的效度分析

效度指测量的有效性，即一个测验对它所要测量的特质准确测量的程度。一个测验总是为了一定的目的而编制的，如果能正确地测量出所要测的东西，这就是高效度的测量。

通过国内外文献综述、结构式访谈、开放式问卷确定本问卷的题项，并请有关心理学教授、教师、研究生分别从问卷的结构、项目的排列、问卷的指导语等方面进行评定。专家经过评定认为，该问卷表述清晰，无歧义，能够客观地反映出自身的情感倦怠，可以有效地测量个体情感倦怠的程度，说明本问卷具有较好的内容效度。

结构效度也是检验问卷效度的常用方法。根据因素分析理论，各因素之间应该具有中等程度的相关，如相关程度过高则说明各因素之间有重合，如相关程度过低则说明某些因素并非理想。

要构造健全的项目所需要的项目和测验的相关度应在 0.30 和 0.80 之间，这意味着项目的组间相关约在 0.10 和 0.60 之间，在这些相关全距之内的项目才能为测验提供满意的可靠性和有效性。但各因素与总分之间的相关程度应高于相互之间的相关，既能保证各因素之间有区别度，又能确定问卷测量的是同一心理特征。

本问卷各因素之间及与总分的相关度见表 11－9。

表 11－9　各因素、维度及与总分之间的相关系数矩阵

F_1	F_2	F_3	F_4	F_5	F_6	F_7	F_8	M_1	M_2	Total
F_1	1									
F_2	0.605**									
F_3	0.413**	0.448**								
F_4	0.288**	0.420**	0.378**							
F_5	0.483**	0.524**	0.277**	0.336**						
F_6	0.601**	0.596**	0.350**	0.270**	0.434**					
F_7	0.351**	0.431**	0.478**	0.382**	0.252**	0.277**				
F_8	0.408**	0.529**	0.363**	0.315**	0.425**	0.434**	0.295**			
M_1	0.854**	0.860**	0.479**	0.415**	0.722**	0.776**	0.420**	0.645**		
M_2	0.443**	0.552**	0.801**	0.812**	0.378**	0.384**	0.704**	0.419**	0.561**	
Total	0.805**	0.848**	0.644**	0.599**	0.682**	0.725**	0.566**	0.638**	0.958**	0.775**

注：*F* 代表因子，*M* 代表维度。

结果表明所有项目都基本符合心理测量学的标准，情感倦怠的各个因素之间呈中等程度的相关，而每个因素与总分之间呈高度相关，这说明各个因素所测的内容具有相互区别性，存在一定的独立性，但又是测量同一心理现象，因

此本研究所构建的结构比较合理且能接受，可以作为后继研究的测评工具。

效标效度检验。本研究选取了部分学生作为被试，采用心理症状自评量表（SCL－90）作为效标量表，计算SCL－90与本问卷之间的相关系数，以考察本问卷的效标效度。心理症状自评量表（SCL－90），包括躯体化、强迫等10个症状因子，共90个条目，每个条目采用5级评分制，症状从“无”到“严重”分别给1~5分，得分越高，表明症状越明显。结果显示，大学生情感倦怠问卷与SCL－90的相关系数为0.631（$N=292$，$P<0.000$），表明效标效度较好。

4. 结论

将探索性因素分析与理论构想模型的维度相比较发现，二者基本吻合，且所构建的大学生情感倦怠调查问卷的信效度经检测均较理想，因此，本研究可以得出大学生情感倦怠的结构模型（见图11－2）：

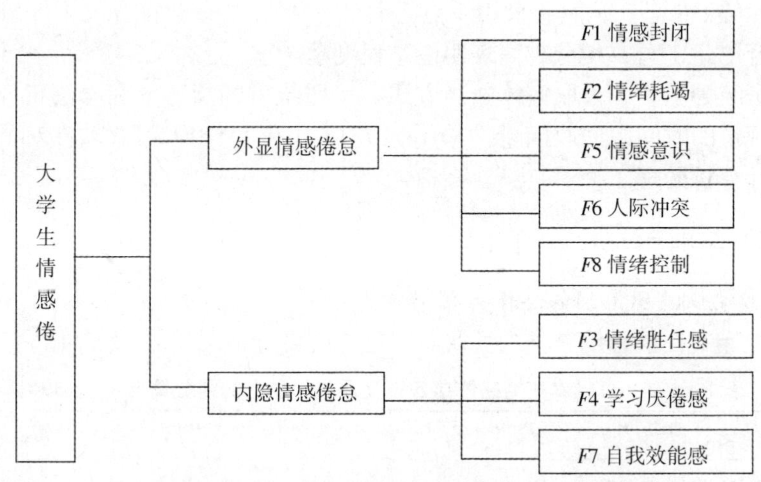

图11－2　大学生情感倦怠的结构模型

三、大学生情感倦怠的调查研究

（一）被试

本研究采用整群随机取样的方法于2007年10~12月间对北京大学、北京理工大学、安徽师范大学、安徽农业大学、安徽工程科技学院、安徽建筑工业学院、滁州学院、安徽信息职业技术学院和安徽高等医学专科学校等九所高校大学生进行施测，共发放问卷1000份，回收有效问卷894份，有效率为89.4%。被试情况详见表11－10。由于个体的兴趣态度与情感倦怠之间存在关系，因此，在问卷的设置中添加了学习兴趣一栏，让学生对自己的兴趣程度进行自测，结果显示学习兴趣高者244人、中等556人，低者94人。

表11-10　被试基本情况

	性别		来源		职务		年级				专业				
	男生	女生	城市	农村	学生	干部	大一	大二	大三	大四	文科	理科	工科	医学	农学
人数	408	486	313	581	716	178	273	249	276	96	310	103	209	168	104
比率%	45.6	54.4	35.0	65.0	80.1	19.9	30.5	27.9	30.9	10.7	34.7	11.5	23.4	18.8	11.6

（二）施测

自编大学生情感倦怠调查问卷，该问卷包括40个题项和6道测谎题，其中9道题项需反向记分。问卷采用5点记分法，即从“完全符合”记5分到“完全不符合”记1分，得分越高表明倦怠程度越严重。

以班级为单位，采取集体施测方式，按照统一的指导语和方法指导学生答题，在规定的时间内回收问卷。采用SPSS13.0和LISREL8.70软件对所得数据进行统计分析处理。

（三）结果与分析

1. 大学生情感倦怠的总体状况

总体样本在情感倦怠各维度及总问卷上的得分情况见表11-11。

表11-11　总样本在情感倦怠各维度及总问卷上的得分情况（N=894）

	F_1	F_2	F_3	F_4	F_5	F_6	F_7	F_8	M_1	M_2	Total
均值 M	18.1	16.5	12.7	10.3	11.7	9.1	5.3	8.2	63.5	28.3	91.8
标准差 SD	5.9	5.3	3.6	3.8	4.3	3.4	2.4	2.6	17.7	7.5	22.8
项目数 Item	8	7	5	5	5	4	3	3	27	13	40
M/Item	2.26	2.36	2.54	2.06	2.34	2.28	1.77	2.74	2.35	2.18	2.30

本问卷的编制采用Likert自评式1~5点评分制，取3分为参考值。从表11-11的结果可以得出，大学生情感倦怠各题项的均分为2.30，小于且接近3分，因此，大学生情感倦怠程度不是非常严重，但也需多加注意。一阶因子中 F_3 和 F_8 因子的 M/Item 得分较高，显示了大学生在情绪控制和情绪胜任感方面有欠缺，这提醒高校应在培养大学生情绪控制能力方面下工夫，提高大学生自信心和自尊感，加强情绪胜任感和自我效能感等方面的健康教育。

2. 大学生情感倦怠的差异比较研究

考察大学生情感倦怠的性别、来源和职务差异，结果除性别无显著差异外，来源和职务的差异均达统计学显著性，见表 11－12。

表 11－12　不同来源、职务的大学生在情感倦怠上的差异比较（M±SD）

	来源		t	P	职务		t	P
	农村（N=581）	城市（N=313）			学生（N=716）	学生干部（N=178）		
外显倦怠	64.943±17.456	60.789±17.758	3.374	0.001	64.113±17.702	60.978±17.334	2.124	0.034
内隐倦怠	28.487±7.362	28.010±7.713	0.910	0.363	28.658±7.553	26.961±7.069	2.717	0.007
总问卷	93.430±22.330	88.799±23.437	2.907	0.004	92.771±22.872	87.938±22.245	2.536	0.010

由上表可以得知，大学生情感倦怠的性别差异不显著（P>0.05），这与 Stenlund 等人（2007）的研究结果不符。在来源因素上，农村学生外显情感倦怠维度和总问卷的得分均高于城市学生（P<0.01），这与齐玉龙（2005）的研究结果相符。家庭环境、经济条件和父母教育方式不同是农村学生情感健康水平低于城市学生的重要原因。另外，农村学生具有自卑心理，不善于处理人际关系，不喜欢与人交流沟通，因此情感意识相对匮乏，在应急情况下可能会导致行为不当。在职务因素上，学生干部外显情感倦怠维度、内隐情感倦怠维度和总问卷的得分均低于普通学生（P 为 0.007～0.034），这表明学生干部的情感心理要优于普通学生，可能原因是干部经常与学生、教师进行沟通交流，善于处理人际关系，并具有良好的自我意识，在管理自己的情绪情感方面体现出较强的胜任感

（1）年级的差异检验。

考察大学生情感倦怠的年级差异，不同年级的大学生在外显情感倦怠维度和内隐情感倦怠维度及总分上均表现出极其显著的差异，结果见表 11－13。

表 11－13　不同年级的大学生在情感倦怠上的差异比较（M±SD）

	大一（N=273）	大二（N=249）	大三（N=276）	大四（N=96）	F	P
外显倦怠	60.363±16.738	67.811±18.351	65.228±18.054	56.167±12.969	14.873	0.000
内隐倦怠	24.835±6.868	30.675±7.307	29.801±7.342	27.865±6.346	35.299	0.000
总问卷	85.198±21.382	98.486±23.267	95.029±23.175	84.031±16.838	21.708	0.000

研究结果表明，不同年级大学生的情感倦怠状况差异较大，其中大二年级学生的情感倦怠在四个年级中表现最为严重，大一和大四学生表现出较轻的情感倦怠，二、三年级的情感倦怠程度较为严重，这一结果与现实情况相符合。大一学生由于刚刚步入大学校园，一切事物对他们来说都是新鲜好奇的，对大学的向往和伟大的理想都即将实现，因此，对于大学一年级新生来说，他们还不具有情感倦怠，或者说只具有轻微的倦怠情绪。但是，对于二、三年级的大

学生来说，经过一年时间的学习和生活，发现大学生活并没有自己当初想象的那么完美，经常会遇到各种各样的烦恼。另外，二、三年级的学习任务较为繁重，英语等级考试、计算机等级考试和各种资格证书的考试接踵而来，加上没有太多的时间去经营亲情、爱情和友情，问题长时间堆积就会出现多种的情感烦恼，诸多因素导致二、三年级的大学生情感耗竭过多，感到压力、负担繁重，以致产生情感倦怠。大学四年级的学生由于经历过三年的磨砺，对情感含义理解得更为透彻深刻，加上学习课程减少，面临毕业、憧憬美好的未来，因此，大四学生的倦怠情绪程度较轻。

为进一步了解各年级间的差异，对研究做多重比较分析，结果如表11－14：

表11－14 不同年级差异多重比较结果（*MD*）

	大一			大二		大三
	大二	大三	大四	大三	大四	大四
外显倦怠	−7.449***	−4.866**	4.196*	2.583	11.645***	9.062***
内隐倦怠	−5.840***	−4.966***	−3.029***	0.874	2.810**	1.936*
总问卷	−13.288***	−9.831***	1.167	3.457	14.455***	10.998***

方差分析结果表明，大学生情感倦怠的年级差异表现得较为明显。在外显情感倦怠维度和内隐情感倦怠维度上，除大二年级对大三年级无显著差异外，其余各个年级的差异均达统计学显著性。在总问卷的比较上，大一对大四、大二对大三的差异不够显著，其余各组的比较均显示出明显的差异性。

（2）专业的差异检验（见表11－15）

表11－15 不同专业的大学生在情感倦怠上的差异比较（*M*±*SD*）

	文科（*N*=310）	理科（*N*=103）	工科（*N*=209）	医学（*N*=168）	农学（*N*=104）	*F*	*P*
外显倦怠	62.581±16.570	60.913±20.232	63.124±16.582	63.726±18.080	69.096±18.697	3.440	0.008
内隐倦怠	27.990±7.621	26.252±7.575	28.431±7.374	29.006±7.274	30.019±7.130	3.868	0.004
总问卷	90.571±21.628	87.165±25.777	91.555±21.461	92.732±23.243	99.115±23.771	0.092	0.003

结果表明，专业差异对大学生情感倦怠的影响极为明显。在各因子和总问卷上，文、理科学生的情感倦怠得分较低，工科和医学专业学生的情感倦怠得分处于中等水平，而农学专业学生的情感倦怠得分显著地高于其他专业。这反映了文、理科学生的情感倦怠程度较轻，而农学专业学生具有较严重的倦怠情绪。这可能与专业性质和学科特点有关联，因为专业性质决定未来的职业取向，文、理科学生大都来自师范院校，专业课程设置使得文、理科学生学习较为轻松，可以自由支配更多的时间，因此，他们在情感方面具有较少的烦恼；工科

和医学的学生比较重视专业技术和职业技能的培养，注重理论结合实际，强调动手操作能力，因此，工科和医学的学生相比文、理科学生来说，由于专业性质，要求他们在学习上花费更多的时间，则其在情感方面投入的时间、精力相对较少，由此出现的情感困惑相对较多。本研究中农学专业的样本是来自本省某大学的大三学生，由于本省经济属于不发达地区，学生未来的就业前景不是很理想，加之处于大学三年级，正是学业较为繁重的时候，因此，农学专业的大学生具有严重的情感倦怠是可以理解的。

为了进一步了解各专业间的具体差异，对研究做多重比较分析，结果见表11-16。

表11-16　不同专业差异多重比较结果（*MD*）

	文科				理科			工科		医学
	理科	工科	医学	农学	工科	医学	农学	医学	农学	农学
外显倦怠	1.668	-0.544	-1.146	-6.516**	-2.212	-2.814	-8.184***	-0.602	-5.972**	-5.370**
内隐倦怠	1.738*	-0.440	-1.016	-2.029*	-2.178*	-2.754**	-3.767***	-0.575	-1.589	-1.013
总问卷	3.406	-0.984	-2.161	-8.544**	-4.390	-5.567*	-11.950***	-1.177	-7.560**	-6.383*

结果表明，在外显情感倦怠维度、内隐情感倦怠维度及总分上，不同专业间的差异主要集中在农学对文科、理科、工科和医学的差异。外显情感倦怠维度上，文科和理科、工科和医学均无显著差异；理科与工科和医学也无显著差异；工科和医学同样差异不显著。在内隐情感倦怠维度上，文科和工科、医学差异不显著，医学和工科、农学也未达统计学显著性，其余表现出明显的统计学显著性。总问卷上，除理科对医学、农学对其他各专业表现出显著性外，其余均不具有显著差异性。

（3）学习兴趣程度的差异检验。

学习兴趣对大学生的情感倦怠存在一定的影响，且差异较为显著，见表11-17。

表11-17　不同学习兴趣的大学生在情感倦怠上的差异比较（*M*±*SD*）

	高组（*N*=244）（*M*±*SD*）	中等组（*N*=556）（*M*±*SD*）	低组（*N*=94）（*M*±*SD*）	$F_{(2)}$
外显倦怠	58.332±16.623	65.277±17.516	66.298±18.610	14.884***
内隐倦怠	24.062±6.797	29.460±6.722	32.628±8.580	71.163***
总问卷	82.393±20.874	94.737±22.091	98.926±24.767	32.001***

结果显示，大学生兴趣程度不同对大学生的情感倦怠存在较大的影响，具

有中等程度学习兴趣的人数占62.19%，占总人数的一半以上，但高、中、低组的大学生在外显情感倦怠维度、内隐情感倦怠维度和总问卷上均表现出显著的统计学意义。尤其是低兴趣组在各个因子上的得分均高于高兴趣组、中等兴趣组，这说明学习兴趣低的大学生，其情感倦怠也较为严重。因为兴趣能够激发情感，兴趣低落的学生对做任何事情都表现出没精打采，精神萎靡，因此，兴趣能够预测个体的情绪倦怠。

为进一步了解不同程度的学习兴趣之间的差异，对各组进行多重比较分析，结果显示中等兴趣组与低兴趣组除在外显情感倦怠维度和总问卷上无显著差异外，其余各组之间均达统计学显著性，见表11－12。

表11－18　不同学习兴趣差异的多重比较结果（*MD*）

	高组		中等组
	中等组	低组	低组
外显倦怠	−6.945***	−7.966***	−1.021
内隐倦怠	−5.399***	−8.566***	−3.167***
总问卷	−12.344***	−16.532***	−4.188

3. 大学生情感学习倦怠的状况研究

通过对大学生情感倦怠总体状况的描述性统计分析发现，大学生情感倦怠的总体状况不是很严重，其总分处于中等偏低水平（2.30<3），这也许解释了大学生中确实存在情感倦怠，但是没有引起充分重视的原因，这是重智轻情教育的一大缺陷。不可否认，大学生在校的主要任务是学习，但是恰逢18～22岁的青年时代，情感也是大学生谈论的主要话题。许多案例表明，20世纪90年代以来，恋爱与性问题带来的心理冲突已经成为大学生常见的心理问题之一，谈恋爱成了高校不可忽视、也是见似平常的现实，并且少数大学生存在滥用“情感”的倾向。本研究的结果显示，大学生情感倦怠的现状暂时不令人担忧，但在情绪控制和情绪胜任感方面得分较高，表明大学生在这两个方面有欠缺，这与处于青春期的大学生性格易冲动和不能驾驭自己的情感事实相吻合。近几年，大学生因情感问题走上绝路的惨案频见报端，足以说明本研究的价值。

四、分析与讨论

（一）大学生情感倦怠的结构模型

本研究在处理数据和理论建构的关系上采取较为严谨的态度。完全根据数据来建构理论是不恰当的，因为数量上的相关并不一定能表示客观上的真实联系，数据和模型的吻合也只能表示数据不否定研究者所建立的理论模型，但不能说明模型的正确。同时，有意忽视数据所暗示的信息，完全以理论为中心，也不是科学的。因此，必须在充分注意数据表达信息的同时，发挥思维的能动性，进行合理的理论建构，然后进一步收集数据验证理论，修订理论。本研究在文献综述的基础上，根据结构访谈、专家评定、开放式问卷、预测问卷的探索性和验证性因素分析来构建大学生情感倦怠的结构模型。

由探索性因素分析得到的问卷结构为一阶 8 因子二阶 2 因子模型，高阶的 2 因子结构为外显情感倦怠维度和内隐情感维度，分别从外层和内层两方面来整合个体的情感倦怠，这具有一定的理论根据。美国心理学家沙赫特于 1962 年提出了情绪情感的二因素理论，他认为情绪既来自于生理反应的反馈，也来自对导致这些反映情境的认知评价，因此，生理唤醒和认知评价相互作用并决定着情绪。本研究认为情感倦怠是由于个体长时间面对竞争、压力而导致产生的情绪情感、心理等方面的耗竭状态，长期持续压力对个体身心发展危害极大，因此，关注大学生的情感倦怠并采取有效措施消除这种倦怠就显得尤为重要。

本研究从外显情感倦怠维度（包含 5 个因子）和内隐情感倦怠维度（包含 3 个因子）全面阐述了情感倦怠的结构。外显情感倦怠维度主要体现了大学生在校园生活中所感知到的情绪情感倦怠。生活在信息时代，网络、媒体拉近了人与人之间的有形距离，却疏远了心与心的距离。同学之间的交往、舍友间的相处让大学生们领略到友情的冷漠和压抑，因此封闭自己。因为彼此的不信任，宁愿坐在电脑前与陌生人相互欺骗，却不愿意与现实中的亲友进行友善的交流。许多大学生将情感寄托于网络，将有限的时间用在无聊的网聊、网恋上，导致了现代社会多种的生理疾病和心理疾病。内隐情感倦怠维度从侧面间接描述了大学生对学习、情感的独特感受。由于当代大学生面对太多的竞争和压力，历经紧张的七月后如愿考上了大学，刚进入大学不久就耳闻目睹学长们找工作的艰辛，继而对自己的前途焦虑，在理想与现实的冲突中耗费有限的精力和情感，长时期的持续就会导致自信心丧失、不能客观地评价自我，以至发生学业、情感和生活上的不良行为。

（二）大学生情感倦怠与学习心理健全

一个人情感品质可以外化，因为人具有社会性，总要交往、做事，在这一过程中就能表现出他的情感品质到底如何。朱小蔓教授把这种影响和作用力称之为“情感力”，情感力的强弱、大小则导致不同的人具有不同的人格特质及工作决心和毅力。当今大学生暴露出情感性人格素质欠缺的诸多问题，提示社会、学校等多方应多加关注，切实加强这方面的教育：从大学生发展的实际出发，加大情感理论教育，深刻认识和正确处理成人与成才的关系，使学生掌握并具有高尚的情感性人格。大学生在学校生活中，人际关系处理不当、宿舍中的小争吵、与异性的情感问题都是很平常的事情，生活在群居社会中，谁不会遇到一些烦心的事情呢？很少有教育工作者去关注这些看似平常却暗含险情的小事，但是，由于年轻人难以控制自己的情绪情感，这些小事在某些导火索的催化下，会酿成不可挽回的大祸。“我们所面临的‘新世代’，从伦理的角度向我们的情感素质培养（包括对自身的修养和下一代的教养）提出了许多新的课题，能不能正视它们，并采取明慧的情感姿态解决它们，将决定着我们以及下一代能否愉快、幸福地生存。”① 因此，教育工作者应积极了解大学生的个性心理，关注他们的情感生活，培养他们处理事情的信心，努力减少其倦怠心理以降低校园悲剧的再次发生。

① 金马．情感智慧论［M］．北京：北京出版社，1989：28.

第十二章

大学生核心自我评价及其相关研究

在心理学概念的研究中，一直存在着精确性和宽泛性之争。Cronbach 将心理学家分成了两类，一类称之为概念研究中的劈开者（Splitter），他们寻找概念间的差别，并将其分成一个个元素来研究。一类是概念的模块式研究者（Lumper），即把狭小的概念融合为一个宽泛概念结构的人①。在人格研究过程中，也有研究者将这两种方法加以整合，使用不同等级的概念来描述人的差异②。一方面分类越细，可以越精确地区分特定的特质；另一方面，当需要概括而简练地描述一个人格特征时，宽泛的、包容性高的上级概念，比下级概念显得更有效率。

随着人格整合研究的不断深入，核心自我评价（Core Self-evaluation，CSE）的概念被提出并逐渐受到学者们的重视。Judge 等人（1997）提出"核心自我评价"的概念，认为核心自我评价包含四个特质：自尊、一般自我效能、神经质和控制点。Judge 等人（2001）的研究表明，这四个特质在含义上存在很高的相似性，元分析也证实四个特质之间存在高相关。事实上，很多研究结果都为这一结论提供了经验性的证据③。从逻辑上看，个体在对自己有着较高的认可程度、认为自己是"有能力的、出色的、成功的和有价值的"，在许多情境下都可以做得很好，相信自己有能力控制周围的环境，也较不容易体验负面情绪的影响，并显现较多的情绪调节等。

核心自我评价作为一种相对持久和基础的对个体自身能力和价值持有的最基本评价，可以集中反映个体的内在人格特征。虽然"完美的一成不变的自我一致性是找不到的"④，但是个体所特有的根源性特质（如核心自我评价）对促

---

① Cronbach, L. J. (1956). Assessment of individual differences. Annual Review of Psychology, 7: 173-196

② Lubinski, D. Dawis, R. V. Aptitude, skills and proficiencies. In: Dunnette, M. D. Hough, L. M. (Eds.). Handbook of industrial and organizational psychology (2nded). Palo Alto, CA: Consulting Psychologist Press, (3): 1-59

③ 杜卫，张厚粲，朱小妹．核心自我评价概念的提出及其验证性研究［J］．心理科学，2007，30(5)：1057-1060

④ Allport, G. W. (1937). Personality: A psychological interpretation. New York: Holt, Rinehart and Winston, 332

进个体人格发展、预测个体行为是相当重要的。诸多研究已经证实，核心自我评价在对工作态度、工作行为的预测上，尤其是在工作绩效、工作满意度等研究中扮演着重要的角色，为理解人格倾向与行为变量关系的心理机制提供了一种新的研究取向。

"人格是稳定和一致的吗?"是始终困扰人格心理学家的一个问题。一般来说，我们越了解的人，我们越能较好地预测他们的行为；然而，即使是我们非常了解的人，我们也时常会惊奇地发现他们在一些特殊情境中竟有相当大的行为差异。情境力量在影响人类行为过程中所起的作用不容忽视。在关于核心自我评价的研究中，中国本土文化、不同的研究领域所带来的差异，绝不能简单等同于西方的有关研究。从西方工业与组织心理学中引入的核心自我评价理论，在中国文化背景下是否同样适用?核心自我评价的结构在学生群体中是否可以验证?大学生的学习态度与行为是否受到核心自我评价的影响?这些问题，成为我们在研究大学生心理时所关注的课题。

一、核心自我评价的理论及其进展

（一）核心自我评价概念的界定

"核心自我评价"一词起源于工业组织心理学中有关工作满意度的研究。传统上对于工作满意度的研究有三种取向：情境或工作特征取向（认为工作满意度源于工作特征和工作环境）、人格取向（人具有稳定的人格特征，比如特质，它独立于工作特征或工作情境而影响到人们的工作满意度）和个体与情境相互作用取向（工作满意度是人格特质与工作环境相互匹配的结果）。Judge, Locke, Durham（1997）从8种不同类型的著作文献（哲学，临床心理学研究，临床的心理学实践，工作满意度研究，压力研究，青少年发展理论，人格理论和社会心理学理论）中提取相关证据，介绍了"核心评价"的概念，它是按照整体化原则对理解工作满意度中个体的基本评价，是人们潜意识所持有的对自身、对他人、对现实（世界）最基准的评价①。这一概念借鉴了Packer"核心评价"（Core Evaluations）的概念，认为不同的评价处于不同水平，那些针对特定情境的评价受到更深层次的、更为基本的评价影响，这些基本的评价叫做"形而上学的评价"或"核心评价"，它是所有其它评价的基础。

Packer使用树来做类比：个体的核心评价如同树干，树枝和树叶代表着与特定情境有关的评价。如同树干的特性决定着枝叶的发展类型一样，个体的核

① Judge, T. A, Locke, E. A, Durham, C, C. (1997). The Dispositional Causes of Job Satisfaction: A Core Evaluations Approach.

心评价也影响着其他所有的次级评价[①]。例如，“生活是一场权力斗争，由于弱小，我注定要失败”（消极核心评价），“人们生来没有好与坏，每个人都能创造自己的价值，包括我在内”（积极核心评价），“人们不是天生就有善恶之分的”，“成功是可以得到的，快乐是有可能的”等等都是常见的核心评价。

核心自我评价属于核心评价的一种。核心自我评价是个体对自身能力和价值所持有的最基本评价，是一种相对持久和基础的对自己作为一个个体的评价[②]。高核心自我评价者的特点是自信、自我价值感强，认为自己有能力，远离焦虑，在各种不同的情境下总是对自己抱有积极的评价。

Judge 等人（1997）界定核心自我评价有三条标准：以评价为中心、基本性和广泛性。以评价为中心是指相对于描述性而言，不仅是对事实的陈述，还包括对程度的评价；基本性是指位于表面特质之下的根源特质；广泛性是指特质的范围要更为广泛和全面，Allport（1961）把特质划分为首要特质和次要特质，首要特质是个体最广泛、最有概括性的特质。特质的范围越广泛，它越能影响到一个人各方面的行为。根据这三条标准，Judge 等人（1997）提出核心自我评价包含以下 4 种特质：自尊（Self-esteem）、一般自我效能（General Self-efficacy）、控制点（Locus of Control）、神经质（Neuroticism）。

虽然目前已有研究者推测核心自我评价可能还包含除这四种特质之外的其他特质，如正性情感和负性情感等，但绝大多数有关核心自我评价的研究均是将重点放在这四种特质上面。

1. 自尊

自尊是人们对自己作为一个人的最基本的总体价值判断。自尊作为对自身的积极评价，表明个体在多大程度上相信自己是有能力的、重要的、成功的和有价值的[③]。Harter（1990）认为自尊是个体追求自身价值实现的一种内在动力，是个体内在心理活动的动态系统，反映的是个体整体的自我接受程度、自我欣赏程度和自我尊敬程度[④]。自尊是个体行为的主要动力，是自我结构中具有评价意义的成分，是与需要相联系的自我态度体验，也是个体身心健康的决定因素。许多研究者都认为自尊是一种相对稳定的人格特质，它形成于青少年后期且不容易改变。

---

① 转引自杜建政，张翔，赵燕．核心自我评价：人格倾向研究的新取向［J］．心理科学进展，2007，15（1）：116

② Judge, T. A., Bono, J. E.（2001）. Relationship of core self-evaluations traits——self-esteem, generalized self-efficacy, locus of control, and emotional stability——with job satisfaction and job performance: A meta-analysis. Journal of Applied Psychology, 86（1）：80-92

③ Coppersmith, S.（1967）. The antecedents of self-esteem. San Francisco, freeman,

④ Harter, S. Causes, correlates, and the functional role of global self-worth: a life-span perspective. In: Sternberg R J, Kolligan J.（1990）. Competence Considered. Yale University Press: New Haven, 67-97

已有大量证据表明，个体的自尊水平与其工作满意度呈正相关，自尊水平越高，工作满意度水平越高。Dogson 和 Wood（1998）的研究表明，自尊较高的员工在面对困难时能保持乐观，从而更有可能获得成功[①]。而根据 Korman（1970）提出的自我一致性理论[②]，人们总是在努力保持自己的信念、态度与行为之间的一致性，高自尊的个体更有可能根据自己的兴趣来选择未来的职业，从而导致较高水平的工作满意度，而且他们还会用采取行动和坚持自己的认知方式来强化自己的信念。

2. 一般自我效能

班杜拉（Bandura）于1977 年首次提出“自我效能”这一概念，随后又进一步发展和完善了自我效能理论。作为自我的一个方面，自我效能是个体以自身为指向的一种思维形式，是指个体对自己能否在一定水平上完成某一行为活动所具有的信念、判断或主体的自我感受[③]。个体自我效能的判断可以在水平、强度和一般性（普遍性）三个维度上变化。Judge（1997）把一般自我效能定义为：一般自我效能是个体对自己处理生活中的事件、完成任务以及取得成功的基本能力的估计。一般自我效能最类似于特质而很少依赖于具体情境，是在一个跨情境的综合水平上，个体对自己能够做得多好的判断，是基本的应对能力、表现能力和成功能力的估计，决定了任务特异的自我效能。

研究表明，高自我效能的员工处理困难情境时显得更有效，而在失败面前显得更有毅力，从而影响了他们的工作满意度。国内王才康和刘勇（2000）的研究显示，自我效能高的被试不容易产生各种焦虑[④]。答会明（2002）的研究表明，大学生较高水平的自信、自尊，以及自我效能有助于个体调控自己的行为和心境，减少面对挫折时的躯体化倾向、神经症性及精神病性反应等[⑤]。这些研究结果都与核心自我评价的理论不谋而合。

3. 神经质

神经质（其反面即情绪稳定性）指个体情绪的波动状况[⑥]，是“大五”人格特质之一，指个体显现较少的情绪调节以及易体验负面情绪影响（恐惧、敌

---

① Dodgson，P. G.，Wood，J. V.（1998）. Self-Esteem and the Cognitive Accessibility of Strengths and Weaknesses after Failure. Journal of Personality and Social Psychology，75：178-197

② Korman，A. K. Toward an hypothesis of work behavior. Journal of Applied Psychology，54：31-41

③ Bandura，A.（1997）. Self-efficacy：The exercise of control. New York：Freeman.

④ 王才康，刘勇．一般自我效能感与特质焦虑、状态焦虑和考试焦虑的相关研究［J］．中国临床心理学杂志，2000，8：229-230

⑤ 答会明．父母教养方式与孩子的自信、自尊、自我效能及心理健康水平的相关研究［J］．中国健康教育，2002，18：483-486

⑥ Barrick，M. R.，Mount，M. K.（1991）. The big five personality dimensions and job performance：A meta-analysis. Personnel Psychology，44：1-26

意、沮丧等）的倾向。情绪稳定性低的个体容易担心、害怕、有压力以及感觉无助，情绪稳定性高的个体则没有这种倾向①。在特质中，神经质与情绪的关系密切，Watson & Clark（1984）的研究②发现神经质与负性情绪，如恐惧、悲伤、内疚、敌意等有较强的相关；在负性情绪诱发过程中，神经质与负情绪维度之间也存在着高相关，而高神经质容易引起较多的负情绪。另外，在神经质维度上得分高的人趋向不稳定、有负罪感以及胆小羞怯（Costa & McCrae，1992）③。

4. 控制点

"控制点"的概念最早是由海德（Heider，E.）、韦纳（Weiner，B.）提出的，控制点指行为是由特殊情境下的期望和强化价值所决定的，"控制点"理论是由罗特（Rotter，J. B.）对心理控制源进行研究并发展起来的归因理论。罗特发现，人们对成功或失败的归因是大不相同的。有的人将之归因为自身内在因素，有的人则将之归因为外在不可控制因素。罗特称这种取舍机制为控制点，它反映了一个人对行为结果的领悟方式是积极主动的还是消极被动的。

罗特将控制点分为二类：一类是内在控制点，另一类是外在控制点。这样，他就把个体分为内控型和外控型两种。将行为与随后的结果视为一致者为内控型，这些人认为他们的行为可以决定他们的命运；将行为之后的结果视为机遇、运气等其他外部因素作用者为外控型，这些人认为自己无法掌握自己的命运。"控制点"自提出后已得到很多研究人员的关注。人们生活的很多方面都与控制点有关，研究表明内控的学生学业成绩更好（Findly & Cooper，1983），在小学生、中学生和大学生中都存在这种情况，在成年人当中尤其明显。Spector 认为④，具有高控制点的个体停留在一个自己不满意的地方的可能性相对较小。大部分研究都表明了控制点和人的适应性有关，总的来说内控者在大多数适应指标上都比外控者好。

本研究认为核心自我评价是个体在针对特定情境对自身进行各种具体判断和评价时，所持有的对自身能力、态度、性格和价值等的最基准评价，具有以评价为中心、基本性和广泛性的特点，是一种相对持久和基础的对自己作为一

---

① Costa，P. T.，McCrae，R. R.（1989）. Revised NEO Personality Inventory（NEO PI-R）and NEO Five - Factor Inventory（NEO-FFI）. Psychological Assessment Resources

② Watson，D.，Clark，L. A.（1984）. Negative affectivity：The disposition to experience aversive emotional states. Psychological Bulletin，96，465-490.

③ Costa，P. T.，Jr.，McCrac，R. R.（1995）. Solid ground in the wetlands of personality：A reply to Block. Journal of Personality and Social Psychology，117，216-220.

④ 转引自 Judge，T. A.，Bono，J. E.（2001）. Relationship of Core Self-Evaluations Traits Self-Esteem，Generalized Self-Efficacy，Locus of Control，and Emotional Stability2with Job Satisfaction and Job Performance：A Meta-Analysis. Journal of Applied Psychology，86：80-92

个个体的评价。包括自尊、一般自我效能、控制点、情绪稳定性（神经质）四个主要人格特质。

核心自我评价作为一种对自身能力及价值的基本判断，这一概念有别于我们熟知的自我意识、自我概念、自我评价等。自我意识（Self-Consciousness）把自己与他人区分开，形成独特的人格，是隐藏在个体内心深处的心理结构。自我意识是指个体对自我及其与周围关系的意识，包括个体对自身的意识和对自己与周围世界关系的意识两部分。概括地说，自我意识是个体对自己作为客体存在的各方面的意识，即个体对自己心身状态的觉察和认识，包括认识自己的生理状况（如身高、体重、形态等）、心理特征（如兴趣、爱好、能力、性格、气质等）以及自己与他人和周围世界的关系（如个体的人际关系、自己在群体中的地位和作用等）[①]。其内涵表现为认识、情感、意志三种形式，即自我认识、自我体验、自我调节。

心理学家对自我概念（Self-Concept）的看法并不一致。概括地说，自我概念是一个动态的心理结构，指一个人基于个体的经验和对环境的认知，对自己的生理、社会、心理等方面的意识。包括几个部分：关于自己的记忆；关于自己的特质、动机、价值以及能力的信念；最想成为的理想自我；预期要扮演的可能自我；对自己积极或消极评价；关于别人怎么看待你的信念等[②]。自我概念属于自我意识的认识范畴，包括自我观察、自我图式、自我评价等，自我概念的发展水平能反映整个自我意识的发展水平。自我评价是自我概念的重要组成部分，是自我意识的一种重要形式，是主体对自己思想、愿望、行为和个性特点的判断和评价，是个体对自身状况所作的肯定与否定的判断[③]。

综上所述，核心自我评价与自我意识、自我概念、自我评价之间存在一定的交叉融合，既相互区别又紧密联系。核心自我评价是核心评价中关于自我的部分，是对自身的核心评价，同时又包含了自我意识、自我概念的部分核心内容，是自我概念结构中自我评价的基础。它通过影响个体在具体情境中的自我评价，对个体的自我概念发展起作用，而自我概念与自我意识又是密不可分的，个体的核心自我评价也为其自我意识添加新的内容。四者之间的关系如图 12-1 所示。

（二）核心自我评价结构的验证

在现有研究中，核心自我评价的四个特质（自尊、一般自我效能、神经质和心理控制源）只是被单独地、或被作为完全独立的变量应用于某项研究。虽

① 俞国良．社会心理学［M］．北京：北京师范大学出版社，2006：187

② Brown，J. D.（1998）. The Self. New York：McGraw-Hill：132

③ 朱智贤．心理学大词典［M］．北京：北京师范大学出版社，1989：994

然研究证实这四种核心特质与工作满意度均有一定程度的相关①。但人格变量对工作行为（工作满意度、工作绩效等）的预测效度并不高②。因此，Judge 等人将这四种重要的人格特质整合在一起，来解释人格是如何影响工作满意度的，以更有效地解释和预测工作行为。由于这四种人格特质都是个体对自身的基本看法，是个体对自身整体或某些方面的评价，因此 Judge 等人认为它们背后存在一个潜在的高阶因素结构，即核心自我评价。

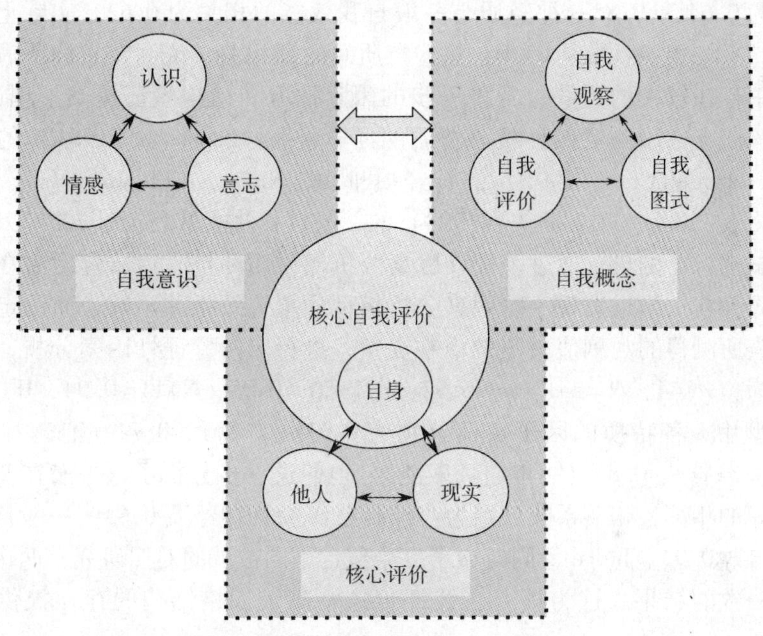

图 12－1　核心自我评价的概念关系示意图

Judge 等（2001）首先假定核心自我评价这一理论的正确性，对 169 项相关研究进行元分析，研究其四个特质与工作满意度和工作绩效的相关。结果表明，自尊、一般自我效能、控制点、情绪稳定性四种核心特质与工作满意度校正后平均相关系数分别为：0.26、0.45、0.32、0.24，与工作绩效的校正后平均相关系数分别为：0.26、0.23、0.22、0.19③。说明这四种特质对工作满意度和工作绩效有着一定的预测作用，而这些相关系数间的接近性为进一步验证四种特

① Judge，T. A.，Locke，E. A.，Durham，C. C.（1997）. The dispositional causes of job satisfaction：A core evaluations approach. Research in Organizational Behavior. 19：151－188

② Erez，A，Judge，T. A.（2001）. Relationship of core self－evaluations to goal setting，motivation，and performance. Journal of Applied Psychology. 86（6）：1270－1279

③ Judge T A，Bono J E.（2001）. Relationship of core self－evaluations traits－elf－esteem，generalized self－efficacy，locus of control，and emotional stability－with job satisfaction and job performance：A meta－analysis. Journal of Applied Psychology. 86（1）：80－92

质背后存在高阶因素提供初步依据。

在此基础上，Judge 等对这一可能性进行了严格的验证①。首先，他们对 127 篇文章进行元分析，探讨自尊、一般自我效能、控制点、情绪稳定性四种核心特质是否能体现一种普遍的、共同的中心结构。结果表明，核心自我评价四个维度之间的平均相关系数为 0.60。自尊、神经质、一般自我效能与控制点的相关最低（分别为 0.52，0.40，0.56）；自尊与神经质、一般自我效能的相关分别为 0.64 和 0.85；神经质与一般自我效能的相关为 0.62。实际上，除了控制源，平均相关系数是 0.70，这些特质间的高相关，说明在它们所表达的人格特质中存在较大的重叠，为进一步的因素抽取和结构验证提供了理论依据。其次，该研究选用测量四种核心特质的经典量表：Levenson（1981）的控制点量表、Costa，McCrae（1992）的神经质量表，NEO - FFI，Rosenberg（1965）的自尊量表、Judge，Locke 等（1998）的一般自我效能量表，对 265 名 18 至 40 岁的被试进行了测量，通过验证性因素分析探讨四种核心特质背后潜在的高阶因素是否存在。结果发现一阶因素分析模型的拟合效果并不好，而设定一个由四个量表所测得的观测值决定的潜在变量，进行二阶验证性因素分析，模型的拟合值为：$\chi^2(44, N=251) = 96.02$，RMSEA = 0.05，NNFI = 0.94，IFI = 0.96。在该模型中，各特质的因子负荷分别为 0.91（自尊）、0.74（心理控制源）、0.73（神经质）、0.81（一般自我效能）。他们进一步分析了这一潜在变量与各特质之间的相关，相关系数分别为：控制点 0.82；神经质 0.63；一般自我效能 0.77；自尊 0.93。Judge 等同时做了一个包含不同被试的对照研究，两次研究均得到了一致的结果。这为核心自我评价这一高级人格结构的存在提供了实证依据。

研究表明：自尊、一般自我效能、控制点、情绪稳定性四种核心特质背后存在一种单一的高阶因素——核心自我评价，且核心自我评价与其四个特质之间均存在很高的相关。因此，Judge，Locke（1998）认为这些不同的人格特质代表了一个相同的核心维度——“看待自己的态度”。国内学者甘怡群等（2007）归纳了西方关于核心自我评价的四个特质和它们之间的关系，如图 12 - 2 所示②。

---

① Judge, T. A., Erez, A., Bono, J. E., Thoresen, C. J. (2002). Do the traits self-esteem, neuroticism, locus of control, and generalized self-efficacy indicate a common core constructs? Journal of Personality and Social Psychology, 83: 693-710

② 甘怡群，王纯，胡潇潇. 中国人的核心自我评价的理论构想［J］. 心理科学进展，2007，15(2)：217-223

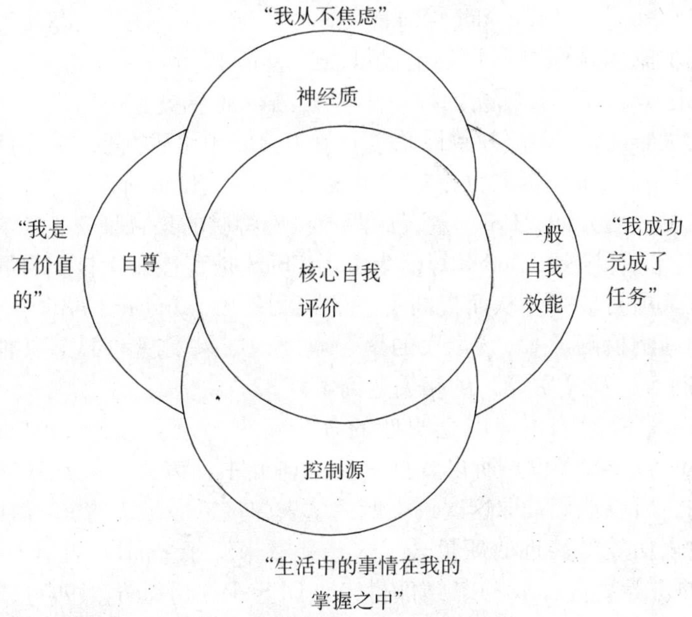

图 12－2　核心自我评价的四个核心特质及其关系

（三）核心自我评价的测量

核心自我评价最初是通过间接测量得来的。先将测量四种核心特质的量表项目集中在一起，然后通过因素分析抽取一种单一的、高阶的因素再进行其他的研究。如 Judge，Locke（1998）对核心自我评价影响工作和生活满意度的研究①；Judge 等（2000）对个性与工作满意度——工作特征的中介作用分析②；核心自我评价与主观幸福感的研究（Judge，Erez，Thoresen & Bono，2002），核心自我评价与工作满意度的研究（Judge & Bono，2001），核心自我评价与工作绩效的研究（Erez & Judge，2001）等。但是这样的研究存在诸多局限性：使得核心自我评价的概念容易和其他特质产生混淆，无法验证它是一种潜在结构或是一种聚合结构；四种分量表集合在一起造成测量项目过多，可能会影响到测量结果的效度③。

2003 年，Judge 等编制了直接用于测量核心自我评价的工具——核心自我

---

① Judge，T. A.，Locke，E. A.，Durham，C. C.，et al.（1998）. Dispositional effects on job and life satisfaction：The role of core evaluations. Journal of Applied Psychology，83（1）：17-34

② Judge，T. A.，Bono，J. E.，Locke，E. A.（2000）. Personality and job satisfaction：The mediating role of job characteristics. Journal of Applied Psychology，85（2）：237-249

③ Judge，T. A.，Van Vianen A E M，De Pater I E.（2004）. Emotional stability，core self-evaluations，and job outcomes：A Review of the evidence and an agenda for future research. Human performance，17（3）：325-346

评价量表（Core Self-Evaluations Scale，简称 CSES）①。该量表基于对相关个人特质测量的文献回顾编制项目，正式量表共包括 12 个条目，全量表采用 1 ~ 5 点 Likert 式记分，在四种独立的样本中（食品行业雇员、医药销售员以及两个不同地区的大学生），内部一致性系数 α 在 0.81 ~ 0.87 之间，重测信度为 0.81（间隔 3 个月），验证性因素分析的结果表明 12 个项目负荷在一个单一维度的结构上。在预测效度方面，CSES 量表比四种核心特质的集合量表更能有效的预测工作满意度和工作绩效，Judge 等认为由于 CSES 是直接测量核心自我评价结构的量表，且其项目较少，从而提高了它的预测效度。Judge（2003）通过对 602 名本科生的施测检测了 CSES 量表的聚合效度，结果发现 CSE 与其他几个量表（自尊、控制点、神经质等）的相关达到了 0.82。

在 Judge 等最近采用美国全国性的青少年纵向调查（National Longitudinal Survey of Youth，NLSY79）所得数据进行的研究中，因原量表在这次调查中并没有被利用，所以他们抽取这次调查所用量表中接近原量表的 12 个项目，构成一个与原量表信效度接近的新量表。这些项目来源于 Pearlin 的个人控制量表、Rosenberg 的自尊量表（SES）、抑郁量表（CES-D，Radloff，1997；Ross & Mirowsky，1989）及 Rotter 的内控——外控量表。全量表采用 1 ~ 4 点 Likert 式记分，内部一致性系数 $\alpha=0.80$。根据此量表所测得分数，采用 $M\pm1SD$ 的方法可将核心自我评价分为积极核心自我评价和消极核心自我评价。将此量表与原 CSES 测量 602 名大学生，得出两个量表之间相关为 0.82，显示了这个量表具有良好的效标关联效度，信效度检验结果均表明，这一量表也可以用作核心自我评价的测量工具②。

CSES 的跨文化研究也得到了较为一致的结果。在西班牙和荷兰国内选取大学生和雇员为被试，采用西班牙和荷兰版本的 CSES 量表进行施测，结果发现量表的信度与效度指标以及验证性因素分析的结果和英文版本的量表基本一致③。

在中国，核心自我评价的测量方式有间接测量，也有直接测量。吴超荣、甘怡群的（2005）验证性研究采用 Rosenberg 编制的 SES 量表，张建新等修订的一般自我效能量表，王登峰修订的罗特心理控制源量表以及陈仲庚修订的艾

① Judge，T. A.，Erez，A.，Bono，J. E.，et al.（2003）. The core self-evaluations scale：Development of a measure. Personnel Psychology，56（2）：303-331

② Judge，T. A.，Hurst，C.（in press）. Capitalizing on one' s advantages：Role of core self-evaluations. Journal of Applied Psychology

③ 转引自：Judge T A，Van Vianen A E M，De Pater I E.（2004）. Emotional stability，core self-evaluations，and job outcomes：A Review of the evidence and an agenda for future research. Human performance，17（3）：325-346

森克人格问卷中的神经质维度，共四个量表对核心自我评价进行测量[①]。程卫凯（2005）采用间接测量方法研究了基层党政干部核心自我评价与生活满意度的关系[②]。张丽对基层民警职业倦怠与核心自我评价的相关研究中，同样采用的是间接测量核心自我评价的方式[③]。

张翔[④]和任志宏[⑤]分别修订了核心自我评价量表，用以直接测量核心自我评价。任志宏以中学生（初二、高二）为研究对象，对 CSES 进行修订后得到 8 个条目的核心自我评价问卷；张翔以企业员工为研究对象，将翻译后的 CSES、开放式问卷以及抽取的四种人格特质量表部分项目进行归类和汇总，最终确定包含 10 个条目的核心自我评价问卷。可见，核心自我评价测量的方式不一致，测量工具不统一，因此核心自我评价测量的标准化仍是当前研究的热点问题。

（四）核心自我评价的应用

1. 核心自我评价与工作满意度、工作绩效的关系

核心自我评价与工作满意度、工作绩效的关系研究是最受关注的，目前诸多研究已证实核心自我评价能有效预测工作满意度、工作绩效。Judge（2000）认为核心自我评价是特定情境评价的基础，个体对自身的核心自我评价越高，其对情境的感受性越好，对生活和工作的情感更为积极，工作满意度也越高；个体对工作的满意度越高，在工作中会表现出更多的积极性和主动性，相应的也会取得更高的工作绩效。

Judge 等（1998）的研究通过对三种不同的样本进行分析，发现当个体自我报告时，工作满意度和核心自我评价的相关为 0.48（$P<0.01$）；当重要他人报告时，两者的相关为 0.36（$P<0.01$）。研究还显示，在核心自我评价对工作满意度的影响中，由内在工作特征的知觉起中介作用的大约占 37%。内在工作特征（Intrinsic Job Characteristics）是指一些工作本身的属性，它包括工作重要性、复杂性、变化性、任务反馈以及任务自主等。具有积极核心自我评价的个体对工作特征的评价较高，所获得的工作回报也较高，由此影响了他们对工作

---

① 吴超荣，甘怡群．核心自我评价：一个验证性因素分析［J］．北京大学学报（自然科学版），2005，41（4）：622-627

② 程卫凯．基层党政干部核心自我评价与工作满意度的关系研究［D］．苏州：苏州大学硕士学位论文，2005：1-63

③ 张丽．基层民警职业倦怠及核心自我评价与其相关的研究［D］．南京：南京师范大学硕士学位论文，2007：1-63

④ 张翔．核心自我评价的测量及其对员工工作态度和工作绩效的影响［D］．开封：河南大学硕士学位论文，2007：1-65

⑤ 任志洪．核心自我评价、班级环境对中学生抑郁影响的多层线性模型研究［D］．福州：福建师范大学硕士学位论文，2007：1-119

的满意度。Judge、Bono 和 Locke（2000）扩展了这一研究，他们认为除主观的内在工作特征外，客观的工作复杂性也对核心自我评价与工作满意度的关系起到中介作用。

Erez 和 Judge（2001）的研究显示，核心自我评价与自我报告的任务动机的相关为 0.39（$P<0.01$），与任务绩效（完成任务的个数）的相关为 0.35（$P<0.01$）；在对保险销售员的研究中，核心自我评价与自我设定目标的相关为 0.42（$P<0.01$），与目标承诺的相关为 0.59（$P<0.01$），与销售动机的相关为 0.32（$P<0.01$），与客观销售绩效的相关为 0.35（$P<0.01$）。从这些数据中可以看出，动机在核心自我评价与工作绩效之间起了中介作用，这种中介作用的效应大约占到50%。

Ronald，Judge（2005）将核心自我评价运用到日本文化背景下，研究表明核心自我评价对工作满意度、生活满意度和主观幸福感具有较好的预测作用，标准回归系数值分别为 0.47、0.52、0.67[①]。国内程卫凯（2005）研究了基层党政干部核心自我评价与生活满意度的关系，回归分析的结果发现核心自我评价的四种特质都进入了生活满意度的回归方程，四个变量联合解释生活满意度 30.2%的变异量，其中一般自我效能的预测力最大，其单独解释量为 19.8%。张翔（2007）的研究表明企业员工的核心自我评价与其工作满意度、工作绩效的正向相关（相关值分别为 0.215，0.380）均达到了显著水平。

Bono 和 Judge（2003）分析了四种核心特质、核心自我评价和工作满意度、工作绩效之间的关系（如图 12－3 所示）。

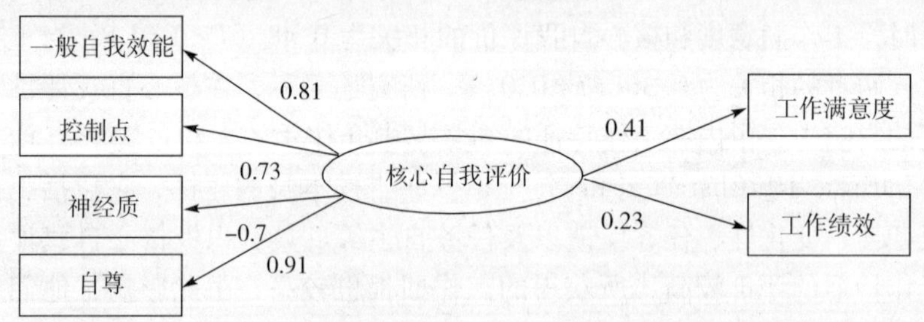

图 12－3 核心自我评价与工作满意度和工作绩效的关系[②]

2. 核心自我评价与其它变量的关系

除工作满意度和工作绩效之外，也有一些研究涉及核心自我评价与其他变量的相关。国外一项关于职业成功的元分析发现，核心自我评价的两个特质

① Ronald，F. Piccolo.，Judge，T. A. et al.（2005）. Core self-evaluations in Japan：relative effects on job satisfaction，life satisfaction，and happiness. Journal of Organizational Behavior，26：965-984

② Bono，J. E.，Judge T A.（2003）. Core Self-Evaluations：A Review of the Trait and its Role in Job Satisfaction and Job Performance. European Journal of Personality，17：5-18

（控制点和神经质）和收入有着显著的正相关，研究者认为核心自我评价可能通过对动机和行为的影响来影响个体的收入（Judge 等，2005）[①]。Judge 等（1999）研究发现[②]，核心自我评价与工资的相关为0.10（$P<0.05$），与职业高原现象的相关为-0.32（$P<0.01$），与职业承诺的相关为0.52（$P<0.01$），而且具有高核心自我评价的企业上层管理者更有能力应对组织变化。Judge 等（2002）在四种不同的样本群体中考察了核心自我评价与生活满意度、快乐感、压力（自我评价工作上的压力）、紧张（生理症状）之间的相关，发现核心自我评价与四者之间的相关分别是0.25，0.56，0.23 和0.24[③]。Judge、Bono、Erez 和Locke（2005）在对183 名大学生和251 名雇员的研究中发现，核心自我评价与自我一致性目标（Goal Self-concordance）呈显著正相关，相关值分别为0.24（$P<0.01$）和0.29（$P<0.01$）[④]。具有积极核心自我评价的个体趋向于选择自我一致性目标，这种选择转而影响目标获得和工作、生活满意度。张丽（2007）的研究表明，核心自我评价对中学生抑郁具有负向预测作用，标准回归系数为0.58，并在班级环境影响学生抑郁中起部分中介作用。

3. 核心自我评价的本土化研究

随着心理学研究本土化的发展，国内学者对中国人的核心自我评价产生了浓厚的兴趣。吴超荣、甘怡群（2005）的研究认为中国人也存在核心自我评价的结构，体现了个体的自尊水平、一般自我效能水平、内外控水平和情绪稳定性水平。他们认为引用西方经典核心自我评价也可以预测中国员工的工作满意度，然而这并不足够，集体自尊对预测中国员工的满意度有着特别重要的意义。甘怡群，奚庄庄（2006）在中国大学生中的研究表明，与大学生学业倦怠有中度相关的人格因素并非包括西方经典核心自我评价的全部成分。比如控制点这个因素，在大学生学业倦怠中不起作用，反映其可能在核心自我评价的成分中不扮演重要角色[⑤]。杜建政（2007）在综述了核心自我评价之后对未来的研究进行展望时指出，核心自我评价理论存在一定的结构问题，譬如核心自我评价概念中是否还包括其它的特质？如消极情感（NA）或积极情感（PA）、乐观主

---

① Timothy, A. J., Charlice H. (In press) Capitalizing on One' s Advantages: Role of Core Self-Evaluations. Journal of Applied Psychology

② Judge, T. A., Thoresen, C. J., Pucik, V., & Welbourne, T. M. (1999). Managerial coping with organizational change: A dispositional perspective. Journal of Applied Psychology, 84: 107-122

③ Judge, T. A., & Heller, D. (2002). The dispositional sources of job satisfaction: An integrative test. In R. Ilies & T. A. Judge (chairs), Dispositional influences on work-related attitudes. Symposium presentation at the Society for Industrial and Organizational Psychology Annual Meetings, Toronto.

④ Judge, T. A., Bono J E, Erez A, et al. (2005). Core self-evaluations and job and life satisfaction: The role of self-concordance and goal attainment. Journal of Applied Psychology, 90 (2): 257-268

⑤ 转引自：甘怡群，王纯．胡潇潇．中国人的核心自我评价的理论构想［J］．心理科学进展，2007，15（2）：217-223

义（Optimism）等；同时还指出在集体主义文化相对浓厚的中国，中国人的自我评价和自我概念更易显著的受到他人的影响[①]。由于文化背景的差异，甘怡群等推测中国人具有与西方人不同的核心自我评价的结构。

在王登峰[②]关于中国人的"大七"人格结构（外向性、善良、行事风格、才干、情绪性、人际关系和处世态度）的研究成果基础上，甘怡群（2007）的研究假设了中国人的四个核心自我评价的特质：善良，反映了中国文化中"好人"的总体特点，它表达个体待人处事的内部价值观和法则，包括对人真诚、宽容、关心他人以及诚信、正直和重视感情生活等内在品质；才干，反映了个体的能力和对待工作任务的态度；处世态度，是个体对人生和事业的基本态度，包括自信和淡泊两个因素。自信，反映了对理想、事业的追求，淡泊指对成就和成功的态度；集体自尊，是个体对自己所属群体的评价性程度。

（五）本研究的基本思路

自 Judge（1997）提出核心自我评价的理论以来，已有大量研究结果表明，核心自我评价是一种稳定的深层人格特质，普遍存在于东西方文化群体中。但是当前对核心自我评价的研究主要集中在职业领域，这一理论也是基于对人格特质在这一领域的应用提出的，而很少有研究涉及核心自我评价在其他领域（如学习领域）的应用。

由于文化背景的差异，核心自我评价在中国人中的应用还缺乏比较严密的论证。国内研究者从影响工作行为的主要人格特征的角度分析，进而提出不同于 Judge 等人的核心自我评价的结构，对于推进核心自我评价的中国本土化研究有一定的启发意义。但 Judge 等人研究的出发点是根据核心自我评价的三个基本特性来确定最符合其特性的四种人格特质，这四种人格特质相关较高，而且对工作态度和行为有一定的预测作用，进而验证核心自我评价的存在。甘怡群等人的假设则是从中国人的人格特征来考虑核心自我评价结构的，与 Judge 等人研究的出发点并不一致。同时，自我评价这类概念的跨文化局限性和跨文化普遍性的结论并不一致，因此核心自我评价理论的跨文化研究值得深入。

在中国文化背景下积极开展核心自我评价的相关研究，可以在该理论上有所创新，拓展学术视野，加强不同文化之间人格自我理论的对话。基于本土化的研究取向，本研究将对核心自我评价理论在中国文化背景下进行验证，并在学生群体中验证核心自我评价理论构想的可行性。在此基础上，进行核心自我

① 杜建政，张翔，赵燕．核心自我评价：人格倾向研究的新取向［J］．心理科学进展，2007，15(1)：116

② 王登峰，崔红．中国人人格量表（QZPS）的编制过程与初步结果［J］．心理学报，2003，35(1)：127-136

评价在大学生学习领域中的初步应用，探讨核心自我评价对大学生专业承诺和学习满意度的影响。一方面可以突破核心自我评价的研究领域，进而推动针对大学生学习领域的核心自我评价研究，丰富大学生人格特征对学习态度、行为和情感的影响研究，提升核心自我评价的理论价值；另一方面有助于我们进一步理解个体人格倾向对个体态度和行为的影响，可以丰富大学生专业承诺和学习满意度影响因素的研究，并在学习领域进一步探讨核心自我评价理论的应用，增强其应用效能。

本研究在广泛搜索文献的基础上，试图通过元分析找出现有研究关于核心自我评价四种特质之间的关系，进一步通过验证性研究证实核心自我评价理论在中国学生群体中的适用性，分析大学生核心自我评价的结构，并深入研究核心自我评价对大学生专业承诺、学习满意度的影响。

二、核心自我评价四种特质的 Meta 分析

元分析（Meta-analysis）是一种将定性分析与定量分析相结合的文献综合方法，英文为“More Comprehensive”，即更加全面或超常规的综合[①]。国内一般译为元分析或荟萃分析等，但更多的称法是“Meta 分析”。美国教育心理学家 Glass（1976）对 Meta 分析的定义是：以综合已有的发现为目的，对单个研究结果进行综合的统计学分析方法。他认为元分析是一种定量分析方法，它不是对原始数据的统计，而是对统计结果的再统计，它应该包含不同质量的研究，目的是寻求一个综合的结论[②]。

简单地说，Meta 分析就是应用特定的设计和统计学方法对以往的研究结果进行整体的和系统的定性与定量分析。它是回顾性的，是对传统综述的一种改进，是概括以往研究结果的一种方法，包括大量的方法和技术，具有全面、系统和定量的特点，可用来对以前的具有不同研究设计和不同时期收集到的资料进行整合。它最初应用于随机对照实验，现已扩大到非实验研究[③]。

目前，核心自我评价理论在职业领域的适用性已被证实，但很少有研究涉及其他领域（如学习领域）。而对学生而言，学习就是他们的职责，作为人格倾向研究的新取向，核心自我评价在对学生的学习行为变量的解释和预测上，是否也具有同样重要的作用呢？目前已有很多研究证实了自尊、一般自我效能、

① Rudner, L. M, Glass, C. V. etal.（2002）. A users to the meta-analysis of research studies. http://www. edres org/ meta/preface. htm. guide.

② Class, C. V., Mcgaw B. Smith M L.（1981）. Meta-analysis in Social Research. Sage Publications: 21-56

③ 黄希庭，张志杰. 心理学研究方法［M］. 北京：高等教育出版社，2005：376

控制点、情绪稳定性与生活满意度和学习成绩有显著相关。何玲（2002）研究证实，青少年自尊与生活满意度的相关为0.5；罗先武（2007）等对192名大学生的研究发现自尊与学习成绩的相关为0.324；王晓红（2005）发现神经质与生活满意度的相关为-0.284等。也有不少研究证实自尊、一般自我效能、控制点和情绪稳定性两两之间显著相关，如胡芸（2005）研究发现自尊与一般自我效能的相关为0.497；吴超荣（2005）得出控制点与神经质的相关为0.346等。

但是，基于研究过程的可变性，针对某两个变量之间的相互关系，各研究者所得的结论并不完全一致，因此有必要综合各相关研究，对其研究结果进行Meta分析，在中国文化背景下对核心自我评价理论进行较为严密的论证，探讨其在学习领域的适用情况。

（一）研究目的与假设

1. 研究目的

本研究试图通过对中文相关文献资料的Meta分析，探讨核心自我评价的四个核心特质（自尊、一般自我效能、控制点、神经质）对学生生活满意度和学业成绩的影响效应，以证实核心自我评价理论在学生群体中适用的可能性；同时，研究核心自我评价的四个核心特质两两之间的相关程度，探讨核心自我评价的四个特质背后存在潜在高阶因素的可能性，为核心自我评价的跨文化和跨领域验证研究提供前期支持。

2. 研究假设

本研究假设自尊、一般自我效能、控制点、神经质与生活满意度之间存在显著相关，且各相关系数值接近；自尊、一般自我效能、控制点、神经质与学习成绩之间存在显著相关，且各相关系数值接近；自尊、一般自我效能、控制点、神经质两两之间存在显著的中等程度相关，且各相关系数值接近。

（二）研究方法

1. 文献检索

（1）文献检索范围

本研究的文献主要通过检索中国知网（www. cnki. net）中的中国期刊全文数据库、中国优秀博硕士学位论文全文数据库以及安徽师范大学图书馆“人大复印资料全文库”镜像站来收集，“检索项”为关键词，“检索词”分别为自尊、自我效能、控制点、心理控制源、情绪稳定性、神经质、生活满意度、学习（业）成绩，“发表时间”为1994～2007，“匹配模式”为模糊。在此基础上结合《全国报刊资料索引（哲学社会科学版）》（2000～2007）就“心理学”

和"教育心理学"条目中的所有论文进行手工检索。另外，对于未报告具体数据（样本人数、相关系数、测量工具）的文献，通过发电子邮件的方式与作者联系，尽可能获取较为完整的研究数据。

（2）文献纳入标准

参考 Judge（2001）的 Meta 分析研究，本研究拟定以下几条文献剔除标准，选出符合要求的文献：

第一，1994～2007 年公开发表或未公开发表的中文一次文献；

第二，排除综述文献和重复报告；

第三，研究对象为中国学生群体，有明确的样本大小；

第四，有关数据资料完整。包括皮尔逊积差相关系数 r 或能转换成 r 的 t 值、F 值、χ^2 值等；

第五，测量量表基本一致。采用陈仲庚修订的 Rosenberg（1965）的自尊量表（SES）、张建新等修订的一般自我效能量表（GSES）、王登峰修订的罗特心理控制源量表（IE）和艾森克人格问卷（EPQ）中的神经质维度等量表，分别测量自尊、一般自我效能、控制点、情绪稳定性或神经质；测量生活满意度的量表表述清晰，测量学习成绩的方式方法表达清楚。实际检索过程中，我们发现使用罗特心理控制源量表（IE）测量控制点的相关研究很少。因此，本研究中也包含了使用成人 Nowicki-strickland 内外控量表（ANSIE）测量控制点的研究，此量表与 IE 量表的相关在 0.44～0.68 之间①，可以认为其效果与 IE 量表的测量效果是相近的。

在文献纳入过程中，首先通过浏览标题排除明显与本研究内容无关的文献，进而对可能相关的文献进行全文通读，根据以上标准选出符合本研究需要的文献，最终入选本研究的文献共有 79 篇，共得到相关系数 138 个。

（3）文献整理与编码

对 79 篇文献的研究者、研究时间、文献题目、测量量表、研究对象、样本量、相关系数进行编码。并将相关系数分为三类：生活满意度分别与自尊、一般自我效能、控制点、神经质之间的相关系数；学习成绩分别与自尊、一般自我效能、控制点、神经质之间的相关系数；各特质两两之间的相关系数。

在整个编码过程中，由作者和另一名心理学专业硕士研究生独立进行编码，事后进行编码一致性分析，一致性系数达 0.949，说明编码内容有较高的信度。

2. 统计分析

本研究采用 Comprehensive Meta-Analysis Version 2.0（CmaV2）专业元分析

---

① 转引自周芹．中学生控制倾向的相关因素及教育干预［J］．教育科学研究，2000，（1）：41-45

软件来进行统计分析①。

（1）效应值及其检验方法

Meta分析的一个重要环节就是对效应值（Effect-Size）的选择，效应值的计算是元分析的基础。合并效应值的指标一般包括两类，一类是用 d 表示，一类是用相关系数 r 表示②。本研究采用关于相关系数的Meta分析统计方法，即皮尔逊积差相关系数（Pearson Product-moment Correlation Coefficient，r）作为表示效应值的计量值，来表示从一个单个研究中得到的变量间关系的大小。

合并效应值的显著性检验，是针对总体效应值为0这一虚无假设进行的，统计量的概率值 $P \leqslant 0.05$，则多个研究的合并统计量具有统计学意义。本研究对效应值的显著性检验采用Fisher Z检验，同时给出合并效应值的95%置信区间（Confidence Interval，CI），提供关于平均相关的变异性估计，拒绝零假设显示我们能95%相信平均不可解释的相关是非零的（Judge，2001）。

（2）异质性检验

异质性检验是Meta分析过程中必须要进行的工作，根据检验结果，选择不同的Meta模型。对合并效应值进行统计一般有固定效应模型（Fixed Effect Model）和随机效应模型（Random Effect Model）。而对于社会科学中的真实世界的数据，研究者常常希望做出非条件推论，随机效应模型往往更加适用③。本研究采用卡方检验的方法进行异质性检验，针对效应值指标 r 的转换值 Z 进行同质性的 χ^2 检验，计算统计量 Q 及其显著性（Q 服从自由度为 $k-1$ 的 χ^2 分布），该方法尤其适合于处理相关研究的情境④。当异质性检验的结果为不显著，即 $P > 0.05$ 时，选择固定效应模型来计算合并统计量。若异质性检验的结果为显著，即 $P < 0.05$ 时，可认为多个研究有异质性，选择随机效应模型进行Meta分析⑤。

（3）发表性偏倚的分析

实际研究过程中，很多因素可能影响Meta分析结果的可靠性，其中文献的发表性偏倚是影响Meta分析结果的一个最重要的因素。本研究采用失效安全数（Fail-safe Number，Nfs）估计Meta分析中研究的发表性偏倚情况。失效安全数的含义是指使Meta-analysis有显著意义的结论逆转的阴性研究个数，可以评价

① Borenstein M，Hedges L，Higgins J，Rothstein H.（2005）. Comprehensive Meta-analysis Version 2，Biostat，Englewood NJ. http：//www. meta-analysis. com/index. html

② 权朝鲁．效应值的意义及测定方法［J］．心理学探新，2003，2：39-44

③ Hedges，L. V，Vevea，J. L.（1998）. Fixed-and random-effects models in meta-analysis. Psycholgical Methods，3：486-504.

④ 毛良斌，郑全全．元分析的特点、方法及其应用的现状分析［J］．应用心理学，2005，11（4）：354-359

⑤ Lipsey，M. W.，& Wilson，D. B.（2001）. Practical meta-analysis. Thousand Oaks，CA：Sage.

结果的稳定性，是将原始研究的检验统计量转换成正态性得分后计算出来的。按照 Rosenthal 所建议的标准①，凡 Nfs 大于 5K+10（K 为纳入的文献数），方可认为发表性偏倚得到有效控制，它反映了 Meta Analysis 结果的稳定性，失效安全系数越大表明结果的稳定性越好。

（三）研究结果

1. 核心自我评价各特质与生活满意度相关的 Meta 分析

根据前期的文献检索和整理，并与 Judge 等人在职业领域中所研究的变量"工作满意度"相对应，本研究分别对自尊、一般自我效能、控制点、神经质与生活满意度的相关进行了 Meta 分析，以期从现有的研究中发现自尊、一般自我效能、控制点、神经质分别与生活满意度的相关程度。通过效应值的异质性检验发现，一般自我效能与生活满意度相关的异质性分析结果不显著（$Q=0.431$，$P>0.05$），应采用固定效应模型进行元分析；其他三个特质与生活满意度的相关的异质性分析结果均为显著（$P<0.05$），采用随机效应模型。四个 Meta 分析研究的失效安全系数 *Nfs* 从 33 ~ 5529 不等，都符合了 Rosenthal（1982）所建议的标准，说明研究的发表性偏倚得到了有效的控制，结果的可靠性较好。

结果显示（如表 12 - 1 所示），自尊、一般自我效能、控制点、神经质与生活满意度相关的平均效应值分别为：0.469、0.341、0.434、0.452，各效应值的置信区间均比较理想。（95% 的 CI 与 $\alpha=0.05$ 的假设检验等价，如果合并的指标是数值变量，那么 95% 的 CI 若包含了 0 则等价于 $P>0.05$，即无统计学意义，若 95% 的 CI 不包含 0（均大于 0 或均小于 0）则等价于 $P<0.05$，即有统计学意义）②。结合对效应值显著性检验的结果，Z 值在 7.951 ~ 13.896 之间，P 均小于 0.05，因此，核心自我评价各特质与生活满意度相关的平均效应值都达到了统计学显著性的水平。

2. 核心自我评价各特质与学习成绩的 Meta 分析

为进一步证实核心自我评价在学生群体中的适用性，与 Judge 等人在职业领域中选取的"工作绩效"这一变量相对应，本研究选取了学生的学习成绩作为相关研究的变量之一，探讨核心自我评价的四个特质与学习成绩的相关程度。根据异质性检验的结果，控制点与学习成绩相关的异质性分析结果不显著，采用固定效应模型进行 Meta 分析；自尊、一般自我效能和神经质与学习成绩的相

① Rosent hal R，Rubin D B.（1982）. Comparing effect size of independent studies. Psychological Bulletin，92（2）：500-504

② 刘关键，吴泰相，康德英 . Meta 分析中的统计学过程［J］. 中国临床康复，2003，7（4）：538-539

关的异质性分析结果均为显著，采用随机效应模型。四个元分析研究的失效安全系数 *Nfs* 从 56~2050 不等，说明研究的发表性偏倚得到有效控制，结果的可靠性较好。结果显示，自尊、一般自我效能、控制点、神经质都与学习成绩存在显著相关，平均效应值分别为：0.371、0.342、0.103、0.327，均达到了统计学的显著水平。除控制点（0.103）之外，平均相关系数（0.327~0.371）均非常接近。（见表 12-2）

表 12-1　核心自我评价各特质与生活满意度相关的 Meta 分析

	K	*k*	*N*	*Mr*（95% CI）	*Z*（p）	*Q*（p）	*Nfs*
自尊	17	20	7123	0.470 （0.384，0.547）	9.566 （0.000）	329.476 （0.000）	4779
一般自我效能	3	3	568	0.341 （0.270，0.409）	7.951 （0.000）	0.431 （0.297）	33
控制点	3	4	1304	0.434 （0.304，0.548）	10.633 （0.000）	22.872 （0.000）	167
神经质	17	22	7424	0.452 （0.384，0.515）	11.599 （0.000）	271.932 （0.000）	5529

注：*K* 为参与元分析的研究数目；*k* 为参与元分析的相关系数的数目；*N* 为被试总数；*Mr*（95% CI）为总体效应值及其95%的置信区间；*Z*（p）为总体效应值的显著性检验值；*Q*（p）为异质性检验的值；Nfs 为失效安全数；下同。

表 12-2　核心自我评价各特质与学习成绩相关的 Meta 分析

	K	*k*	*N*	*Mr*（95% CI）	*Z*（p）	*Q*（p）	*Nfs*
自尊	4	5	1473	0.371 （0.248，0.494）	15.148 （0.000）	29.322 （0.000）	159
一般自我效能	6	12	2669	0.342 （0.235，0.442）	5.962 （0.000）	99.392 （0.000）	512
控制点	5	8	1474	0.103 （0.031，0.174）	2.784 （0.005）	13.461 （0.062）	56
神经质	14	21	6065	0.327 （0.179，0.460）	4.197 （0.000）	768.108 （0.000）	2050

3. 核心自我评价各特质之间相关的 Meta 分析

基于以上 Meta 分析，发现在对生活满意度和学习成绩的影响效应中，自尊、一般自我效能、控制点和神经质的效应值大小是相当接近的，那么，这四个特质背后是否有可能存在一种潜在的高阶因素呢？为此，本研究进行了核心自我评价各特质之间相关的Meta分析，探讨自尊、一般自我效能、控制点和神经质两两之间的相关程度，为证实核心自我评价的四个特质背后存在潜在高阶因素的可能性提供前期依据。

结果显示，自尊与一般自我效能、控制点、神经质的平均相关效应值分别为0.499（$P<0.001$），0.318（$P<0.001$），0.358（$P<0.001$）；一般自我效能与控制点、神经质的相关分别为0.289（$P<0.001$），0.282（$P<0.001$）；控制点与神经质的相关为0.220（$P<0.001$），各效应值的置信区间与失效安全系数的值也表明研究结果达到了统计学意义上的显著性水平，且结果可靠性较好。各特质之间的相关系数从0.220至0.499不等，除控制点与神经质的相关较低外，其余各特质间属于中等程度的相关。（见表12-3）

表12-3　核心自我评价各特质之间相关的Meta分析

	1				2				3			
	k	N	Mr（95% CI）	Nfs	k	N	Mr（95% CI）	Nfs	k	N	Mr（95% CI）	Nfs
2	10	2567	0.499*** （0.428，0.564）	1077								
3	8	4538	0.318*** （0.263，0.371）	569	3	1038	0.289*** （0.232，0.344）	39				
4	11	5175	0.358*** （0.250，0.458）	1265	5	1676	0.282*** （0.107，0.439）	97	6	1648	0.220*** （0.177，0.262）	85

注：* $P<0.05$；** $P<0.01$；*** $P<0.001$；各元分析研究均采用随机效应模型。其中1为自尊；2为一般自我效能；3为控制点；4为神经质。

（四）分析与讨论

1. 核心自我评价在学习领域的适用性

研究表明，核心自我评价的四个特质与生活满意度、学习成绩存在显著的中等程度相关，且平均相关系数比较接近。但控制点与学习成绩的平均相关相对较低（0.103），可能是由于作为一种人格特质，控制点对学生的影响还要通过其他中介因素（认知方式、加工策略等）起作用；同时不论是内控还是外控的学生都有可能采取适合自己的学习方式，最大限度的发挥自身优势，从而米提升学习成绩。此外在关于控制点的相关研究Meta分析中，将两种量表都包含在内，没有很好的考虑两者之间的差异，可能也是造成平均相关系数相对较低的原因之一。

针对核心自我评价各特质之间相关的 Meta 分析结果表明，除控制点与神经质的相关较低外，其余各特质间都有显著的中等程度相关。虽然所得数据与 Judge 在职业领域中所做的结果有所不同，平均相关系数没有达到预期的高相关（0.40～0.85；Judge，2003），但是所有特质间的两两相关均达到了统计学意义上的显著水平，且相关系数较为接近。之所以没有出现预期的高相关，首先是因为研究对象上存在的差异，自尊、一般自我效能、控制点和神经质这些特质在不同的人群中可能会得出不同的测量结果。Judge 的 Meta 分析中所包含的研究对象是工人，排除了研究对象为学生、雇佣者、学生运动员等的研究，而本研究的目的是证实核心自我评价理论在学生群体中的适用性，在资料搜集的过程中，研究对象为在校学生的研究才予以纳入。其次是由于研究数量的问题。本研究所选用的文献资料仅限于中文，由于研究水平、研究习惯的差异，国内大多只是理论上的探讨，相关研究数量非常少，可能在一定程度上影响了 Meta 分析的研究结果。另外，对自尊、一般自我效能、控制点和神经质这些特质的测量多是应用翻译国外的测量量表，在翻译、应用过程中可能存在东西方语言文化、人格特点的差异，造成研究结果的不一致。

2. 中国文化背景下的核心自我评价

在本土心理学日益受到关注的今天，已有大量研究关注了各种理论的跨文化差异。核心自我评价理论是在国外相关研究的基础上提出来的，其核心理念可能更多地体现了国外人群的特质，而将其运用到国内，应该有一个严密论证的过程。

本研究参照 Judge 的研究过程对中国文化背景下核心自我评价在学习领域的适用性进行了文献的 Meta 分析，结果发现与国外研究存在一定的差异，如控制点作用不明显、平均相关值稍低等。这正体现了东西方语言、文化背景和人格特征的差异。国外关于核心自我评价研究的重点在职业领域，而针对学习领域，原有的理论可能存在普遍适用的问题，不同领域理论的应用以及理论的作用机制可能有质的不同。其次，中国人独特的人格特征①以及关于自我的理解②都对核心自我评价的概念提出挑战，甘怡群等提出了善良、才干、人际关系和集体自尊是中国人核心自我评价的四种特质。此外，核心自我评价是否还包含其他人格特质，如正性情感和负性情感、乐观等特质？自尊、一般自我效能、控制点和神经质四种特质的作用机制在中国文化背景下会不会发生变化？这些问题都是本土化过程中亟待解决的问题。

---

① 王登峰，崔红．中西方人格结构的理论和实证比较［J］．北京大学学报（哲学社会科学版），2003，40（5）：109-110

② 杨宜音．自我与他人：四种关于自我边界的社会心理学研究述要［J］．心理学动态，1999，7（3）：58-62

虽然本研究的结果与国外相关研究结果存在一定的差异，但所得数据可以说明核心自我评价在学习领域具有一定程度的适用性，这在一定程度上有助于理解人格倾向与学习行为和学习态度等变量之间关系的心理过程和机制，为实现对其更加有效的预测提供可能。当然，核心自我评价作为一种单一的高阶因素是否存在，它比四种人格特质单独作用是否确实能更好地解释和预测学生的学习行为，还有待于进行进一步的实际验证。

三、核心自我评价的验证性因素分析

（一）研究目的与假设

通过问卷调查中国大学生的自尊、自我效能、控制点和神经质（情绪稳定性）来检验他们背后是否存在一个高阶因子——核心自我评价。为核心自我评价理论结构在中国大学生中的存在与否提供实证依据。我们假设这四种人格倾向在中国大学生群体中存在一个更为高级的结构。

（二）研究方法

1. 研究对象

本研究采用整群随机取样的方法于2007年9月中旬对安徽师范大学、皖南医学院的本科生进行课堂问卷调查，共发放280份问卷，回收有效问卷239份，有效率为85.36%。被试年龄为18岁～22岁，平均年龄为19.45±2.06岁，文科生83人，理科生67人，医科生89人。

2. 研究工具

自尊量表　采用Rosenberg（1965）编制的SES量表，共10个题目，采用1～5点评分[①]，量表的中文版在国内有良好的信效度，得到广泛使用[②]。在本研究中它的内部一致性系数为0.889，分半信度为0.876。

一般自我效能量表　采用张建新等修订的一般自我效能量表，共10题，采用1～5点评分，在众多的跨文化研究中，该量表的内部一致性系数在0.75至0.91之间，具有良好的信度和效度[③]。在本研究中它的内部一致性系数为0.896，分半信度为0.887。

---

① 注：根据杨中芳的研究，第8题在记分中没有包括进去．杨中芳．“自我概念”研究的“以偏概全”．见：杨中芳．如何研究中国人·心理学本土化论文集（修订版）．台北市：桂冠图书股份有限公司，1997：281-302

② 汪向东等．心理卫生评定量表手册［M］．北京：中国心理卫生杂志出版社，1999：318-319

③ 张作记等．行为医学量表［M］．北京：中华医学电子音像出版社，2005：187-188

心理控制源量表　采用王登峰修订的罗特心理控制源量表，量表每项各有两个句子供被试选择，一个为外控，一个为内控，要求被试在每一项中选择一个自己更加相信的句子（迫选）。在王登峰修订量表的过程中内部一致性系数和分半信度分别为0.81和0.78，间隔3周后的重测信度为0.94[①]。在本研究中它的内部一致性系数为0.660，分半信度为0.587。

情绪稳定性　采用了陈仲庚修订的艾森克人格问卷中的神经质维度进行测量[②]。问卷共24个题目，要求被试根据个人的情况针对每个项目选择“是”或“否”。在本研究中它的内部一致性系数为0.866，分半信度为0.852。

3. 研究程序

研究以班级为单位进行问卷调查，由心理学专业教师或研究生指导作答，并当堂回收问卷，学生整个作答过程在10至15分钟之内。研究所得数据采用Microsoft Excel 2003；SPSS 13.0 for Windows 和 LISREL8.71 进行管理与统计分析。

（三）研究结果

1. 四种人格倾向的描述性统计

研究结果显示，四个量表的总均分分别为：自尊（34.17±6.11）；一般自我效能（33.25±5.75）；控制点（11.68±3.59）；神经质（12.38±5.48）。不同专业大学生集体施测后各量表上得分情况如表12-4所示，单因素方差分析结果显示不同专业学生在自尊和神经质维度上存在显著差异。同时我们还构建了核心自我评价的四个因子间的相关矩阵，发现自尊、一般自我效能、控制点和神经质两两之间的相关均达到了显著水平（$P<0.01$），且相关系数显示各特质间存在中等程度的相关（0.300～0.603）（见表12-5）。

表12-4　不同专业大学生自尊、一般自我效能、控制点和神经质的方差分析

自尊	一般自我效能	控制点	神经质	
文科生	33.92±6.72	32.65±6.02	11.84±3.98	12.27±5.31
理科生	36.09±5.59	34.48±5.34	10.91±3.65	10.76±5.91
医科生	32.96±5.58	32.88±5.72	12.10±3.06	13.72±5.00
F（2，236）	5.294**	2.186	2.267	5.819**

① 王登峰．罗特心理控制源量表大学生试用常模修订［J］．心理学报，1991，23（3）：292-297

② 陈仲庚．艾森克人格问卷的项目分析［J］．心理学报，1983，15（2）：211-217

表 12－5　自尊、一般自我效能、控制点和神经质的相关矩阵

	自尊	一般自我效能	控制点	神经质
自尊	1			
一般自我效能	0.603**	1		
控制点	-0.379**	-0.300**	1	
神经质	-0.546**	-0.338**	0.407**	1

2. 核心自我评价的验证

从表 12－5 的相关矩阵中我们发现这四种人格倾向的相关系数达到了中等程度的显著相关，这为进一步进行验证核心自我评价的存在提供了良好的基础。

由于样本量的限制，本研究采用对观测变量进行项目打包（Item Parceling）的方法（即将数个项目组合起来作为潜变量的一个标志变量）来进行验证性因素分析。众多研究表明，即使用最严格的方法对大样本的测量模型进行拟合时，也会存在拟合不良的现象，使用项目打包的方式在小样本中也能提供较好的拟合指标①。具体打包的方法参照吴超荣（2005）研究的方法，将每一个量表进行一个探索性因素分析，然后根据每一个项目在第一个因素中的载荷大小将项目排序，将载荷最大和最小的一批项目分为一组，载荷次大和次小的一批项目分到第二组，而中间的项目则作为第 3 组，3 组的项目数量大致相等。最后将每一组所有项目的得分累加起来作为一个标志变量，从而给每个量表都产生 3 个标志变量②。如在对自尊量表的探索性因素分析中，在第一个因子上的载荷情况排序如下：Z3（0.819）、Z10（0.805）、Z6（0.795）、Z9（0.778）、Z1（0.722）、Z7（0.701）、Z4（0.678）、Z2（0.665）、Z5（0.575）。据此，将 Z3、Z10 和 Z5 三个项目分到第一组，将三个项目的得分相加得到潜变量自尊因子的一个标志变量 SES1，同理得到另两个标志变量 SES2（Z6、Z9、Z2），SES3（Z1、Z7、Z4）。这样，此次验证性因素分析一共得到 12 个标志变量。研究首先计算了他们的相关矩阵，各标志变量两两之间的相关均达到显著水平（$P<0.01$）（见表 12－6）。

---

① Quintana, S. M., & Maxwell, S. E. (1999). Implications of recent developments in structural equation modeling for counseling psychology. Counseling Psychologist, 27: 485-527

② 吴超荣，甘怡群. 核心自我评价：一个验证性因素分析［J］. 北京大学学报（自然科学版），2005，41（4）：622-627

表 12-6 12 个标志变量的相关矩阵

	SES1	SES2	SES3	GSES1	GSES2	GSES3	IE1	IE2	IE3	EPQ (N) 1	EPQ (N) 2
SES2	0. 782										
SES3	0. 644	0. 763									
GSES1	0. 474	0. 522	0. 564								
GSES2	0. 411	0. 488	0. 506	0. 706							
GSES3	0. 426	0. 522	0. 613	0. 808	0. 705						
IE1	-0. 227	-0. 241	-0. 313	-0. 130	-0. 166	-0. 187					
IE2	-0. 209	-0. 200	-0. 226	-0. 235	-0. 188	-0. 280	0. 399				
IE3	-0. 306	-0. 346	-0. 382	-0. 250	-0. 228	-0. 223	0. 421	0. 349			
EPQ (N) 1	-0. 397	-0. 414	-0. 352	-0. 226	-0. 266	-0. 250	0. 214	0. 319	0. 255		
EPQ (N) 2	-0. 502	-0. 517	-0. 421	-0. 277	-0. 285	-0. 328	0. 341	0. 303	0. 264	0. 657	
EPQ (N) 3	-0. 472	-0. 419	-0. 395	-0. 226	-0. 250	-0. 310	0. 243	0. 327	0. 200	0. 709	0. 641

在进行一阶验证性因素分析中，将模型设定为存在四个潜变量，分别对应三个标志变量，潜变量之间允许自由估计。结果显示一阶因素模型拟合良好。(见图 12-4)

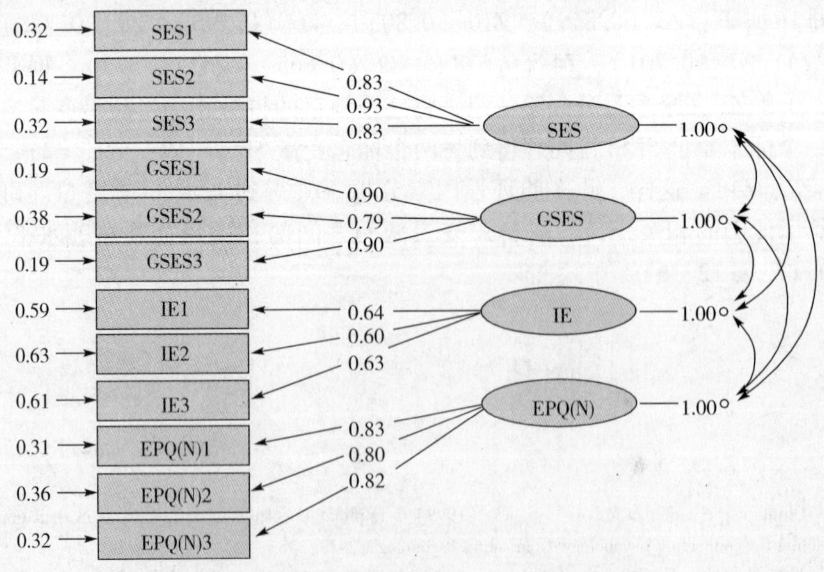

图 12-4 四种量表的一阶因素模型

在因素分析中潜在的一阶和高阶因子之间的结构关系是十分关键的①，高阶因子对一阶验证性因素分析中潜变量之间的相关误差能够做出更好的解释。本研究在一阶验证性因素分析中四种人格倾向之间的相关估计值从-0.37到0.66不等，因子间的相关误差较高。因此研究通过二阶验证性因素分析来解释因子间的高相关误差，进一步验证研究的假设——核心自我评价这一高阶因子的存在。结果发现模型的拟合程度良好，见图12-5。

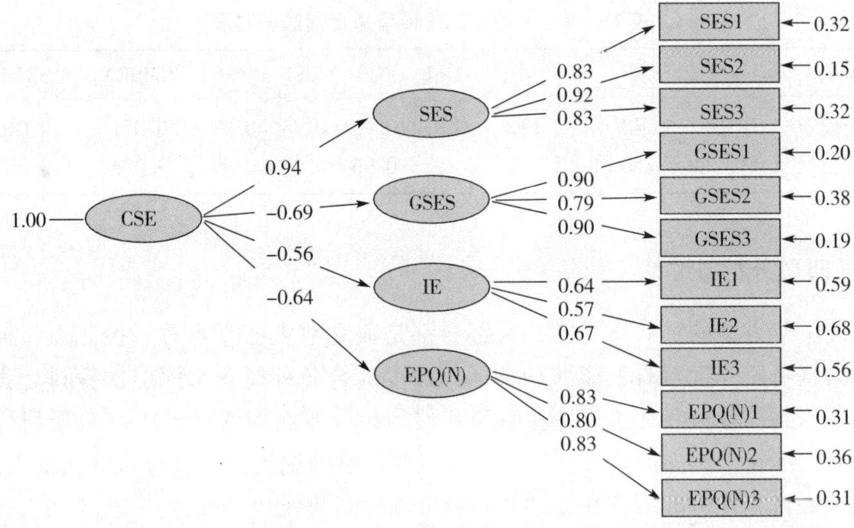

图12-5　四种量表的二阶因素模型

采用验证性因素分析来分析、评价模型的适配度时，一般考虑以下检验指标：首先是χ^2（chi-square）检验，一般用$\chi^2/\mathrm{d}f$作为替代性检验指数。其理论期望值为1，$\chi^2/\mathrm{d}f$的值愈接近1，表示样本协方差矩阵S和估计协方差矩阵E的相似性程度愈高。公认良好模型与数据拟合标准为$\chi^2/\mathrm{d}f<5$。但是χ^2的值对样本容量大小非常敏感②。其次是拟合指数。常用的有“拟合优度指数”GFI（Goodness of Fit Index）、“调整拟合优度指数AGFI（Adjusted Goodness of Fit Index）”、“常规拟合指数”NFI（Normed Fit Index）、“非常规拟合指数”NNFI（Non-Normed Fit Index）“比较拟合指标近似均方根误差”CFI（Comparative Fit Index）、“差别拟合指数”IFI（Incremental Fit Index）、“近似误差均方根”RMSEA（Root Mean Square Error of Approximation）“标准化残差均方根”SRMR（Standardized Root Mean Square Residual）。这几个拟合指数一般在0~1之间，

① Gerbing, D. W., & Anderson, J. C. (1984). On the meaning of within-factor correlated measurement errors. Journal of

② 黄芳铭．结构方程模式：理论与应用［M］．北京：中国税务出版社，2005：141-166

除了RMSEA、SRMR是越小越好外[①]，一般认为，RMSEA、SRMR处于0.05～0.08之间被认为是比较好的吻合，0.08～0.10之间则被认为处于吻合边缘（Marginal Fit）[②]。其他指数越接近1越好，越接近1表明理论模型能够很好地解释原始数据之间的关系，模型拟合度好[③]。需要指出的是GFI、NFI和IFI一般不随样本容量的大小而变化或很少变化，这些指数是较好的适配指标[④]。本研究中一阶、二阶模型的拟合指数见表12－7。

表12－7 一阶、二阶模型拟合指数一览表

模型	χ^2	df	χ^2/df	GFI	NFI	CFI	IFI	RMSEA	SRMR
一阶模型	105.40	48	2.196	0.93	0.96	0.98	0.98	0.071	0.045
二阶模型	110.25	50	2.205	0.93	0.96	0.97	0.97	0.074	0.057

（四）分析与讨论

在关于人格的已有研究中，大部分都是孤立地去考察自尊、控制点、神经质等人格特质，很少有人能够从整体的角度综合各种概念来深层次探讨。我们已经意识到核心自我评价理论在解释和预测行为方面的优势，Meta分析研究给我们的启示在于国内的现有研究为核心自我评价理论提供了强有力的实证支持。那么核心自我评价的结构在大学生是否可以得到验证？

在我们以大学生为被试的研究中，四种人格特质之间存在显著的中等程度相关（0.300～0.603）。这进一步验证了我们Meta分析的结果，同时与Judge（2002），吴超荣（2005）的研究保持一致。最近的一项研究采用Rosenberg的自尊量表、Levenson的控制源量表、Schwarzer等的一般自我效能感量表对289名自来水厂职工进行测量，同样验证了四种人格特质背后存在一个高阶因素，可以有效地代表四种人格特质所测量的部分。这一结果也为本研究在大学生中所做的类似研究提供了实证支持[⑤]。相关分析结果显示高自尊的个体自我效能水平高，情绪稳定，具有典型的内控特征；自尊、一般自我效能与控制点、神经质显著负相关（心理控制源量表得分高表示外控倾向；EPQ的N维度上得分

① Steiger, J. H. (1990). Structure model evaluation and modification: An interval estimation approach. Multivariate Behavioral Research, 25: 173-180

② 刘军，富萍萍．结构方程模型应用陷阱分析［J］．数理统计与管理，2007，27（2）：268-272

③ 侯杰泰，温忠麟，成子娟．结构方程模型及其应用［M］．北京：教育科学出版社，2004：154-165

④ Bentler, P. M. (1990). Comparative fit indexes in structural models. Psychological Bulletin, 107

⑤ 杜卫，张厚粲，朱小妹．核心自我评价概念的提出及其验证性研究［J］．心理科学，2007，30（5）：1057-1060

越高，相应的情绪稳定性就越低），控制点和神经质显著正相关。高自尊、高一般自我效能的个体对自己的评价比较积极，充分信任自己的能力，有很强的完成任务的信念，他们倾向于认为自己应该对任务的完成负责，自己有能力去应付生活中的事务，情绪波动小，因此他们会表现出稳定的情绪，表现出更多的内控特征。在此基础上进行的验证性因素分析结果显示，核心自我评价在大学生群体中是存在的，不论是一阶还是二阶模型的各种拟合指数都清晰地显示假设模型是可以接受的。

核心自我评价的二阶因素模型显示，核心自我评价决定了个体的四种人格倾向水平，而且载荷相当高（0.56～0.94），模型的χ^2/df为2.205，近似误差均方根和标准化残差均方根都在0.08以内，其他拟合指数均在0.92以上。增加的$\Delta\chi^2$（2）=4.85，不显著，虽然在部分指标上一阶因素模型拟合更佳，但是结合模型选取的简约原则和研究的理论基础，我们认为核心自我评价这一高阶因素是存在的，作为对自我的核心评价，它有利于我们用更为精简的方式描述相关概念、预测各种行为。正是由于个体拥有对自我的较高评价，他们的效能信念、水平和自尊水平自然表现得比较突出。效能和自尊水平高的人对自己的能力有信心，对生活的自我控制感也很强，会去尝试挑战性高的工作，设置较高水平的目标，并表现出较强的目标承诺，从而提高绩效。而效能和自尊水平低的个体对自己的能力常常持怀疑态度，因而对生活的自控能力也很弱，为自己设置的目标也较低，对目标的承诺也不高，从而影响到他们的绩效①。效能和自尊水平还影响人们的应激、焦虑和抑郁等情感过程，进而影响个体的活动及其功能发挥。效能和自尊水平低的个体会怀疑自己处理、控制环境的潜在威胁的能力，认为事件的发展不是自己所能控制的，因而体验到强烈的应激状态和焦虑，情绪的波动性大。研究中还发现不同专业大学生的四种人格倾向存在着部分差异，这可能预示大学生核心自我评价可能存在着一定的专业差异，当然这种假设仍有待于进一步的深入研究。

核心自我评价这一高阶因素的存在是一个令人鼓舞的结果，人们可以重新审视人格研究的有关取向，在对个体的行为预测上有了一条崭新的道路。在今后涉及人格变量的研究中，可以考虑将核心自我评价作为一个重要的指标。同时，核心自我评价的理论以及实践的本土化应该受到普遍的关注，不仅表现在结构、测量和本土关于“自我”的概念上，而且应该将核心自我评价的理论应用到本土心理学研究中，在实践的检验中不断修正，建立体现中国特色的核心自我评价的理论与实践体系。

---

① Appelbaum, S. H. , Hare , A. (1996) . Self-Efficacy as a Mediator of Goal Setting and Performance Some Human Resource Applications. Journal of Managerial Psychology. Bradford, 11: 33

四、核心自我评价的初步应用

通过对核心自我评价的概念以及结构的分析与验证，证实了在中国文化背景下自尊、一般自我效能、心理控制源和神经质四种人格特质可以整合为一个更高级的概念——核心自我评价。由于这四种人格特质都是对自我的看法与评价，在将来的相关研究中使用核心自我评价的概念可以大大简化研究的复杂程度。

（一）研究目的与假设

翻译并修订核心自我评价量表，作为了解大学生核心自我评价水平的测量工具。为了解核心自我评价的预测效度，进行核心自我评价的初步应用，研究核心自我评价与大学生专业承诺、学习满意度之间的关系。本研究假设：修订后的核心自我评价量表具有较好的信效度，可以作为核心自我评价的测量工具；不同核心自我评价水平的大学生其专业承诺和学习满意度的水平不同，核心自我评价对大学生专业承诺、学习满意度有一定的预测效力。

（二）研究方法

1. 研究对象

本研究采用整群随机取样的方法于2007 年10 月 ~12 月间对安徽师范大学、安徽理工大学、蚌埠医学院 3 所大学调查了 584 名大学生，其中大一 100 人，大二 168 人，大三 227 人，大四 89 人；平均年龄为 20. 59±1. 9 岁。进行探索性因素分析与验证性因素分析的数据应该是同一研究总体中近乎相等的两个数据样本①，因此我们将有效被试随机分为样本 A 和样本 B，其中样本 A 有 299 人（男 154 人，女 147 人），样本 B 有 285 人（男 141 人，女 142 人）。

2. 研究工具

(1) 核心自我评价问卷

研究首先将 Judge（2003）的核心自我评价原量表 12 个项目翻译为中文，并请通过英语专业八级的心理学专业研究生进行回译，并比较两种英文版本，分析差异，讨论确定中文译本，使其在最大程度上保持语义的一致，并根据中国大学生的实际情况，针对项目中的个别词句和表达方式做了改动。在经过两位心理学教授的评定后，最初核心自我评价问卷（中文版）包含了12 道题，采用 5 点记分，“1”——完全不符合；“2”——比较不符合；“3”——不确定；

---

① 李焰，张世彤，王极盛．中学生特质焦虑影响因素的问卷编制［J］．心理科学，2002，25（2）：191-193

“4”——比较符合；“5”——完全符合。其中偶数题反向记分。

① 项目分析

我们对样本 A 的数据采用求临界比率（Critical Ratio，简称 CR）的方法进行项目分析，即将核心自我评价总分按从高到低的顺序排列，得分前 27% 者为高分组（84 人），得分后 27% 的为低分组（92 人），然后对 12 个项目进行平均数差异检验，如果 CR 值没有达到显著性标准，则表明该条目不能鉴别不同被试的反应程度，应予以删除。结果（见表 12－8）发现，本问卷 12 个项目的 CR 值均达到显著性（$P<0.001$）。

表 12－8　高分组与低分组在各个项目得分上的差异检验

项目	高分组	低分组	t	项目	高分组	低分组	t
h1	4.63±0.58	3.64±.086	8.888***	h7	4.23±0.78	3.02±0.91	9.355***
h2	3.01±1.12	1.93±.089	7.085***	h8	4.38±0.66	2.90±0.98	11.611***
h3	3.94±0.65	3.13±0.88	6.905***	h9	3.36±0.90	2.50±0.86	6.465***
h4	4.36±0.72	2.79±1.08	11.146***	h10	4.29±0.65	2.61±0.93	13.786***
h5	4.10±0.55	3.46±.079	6.163***	h11	4.36±0.61	3.27±0.95	8.906***
h6	3.50±1.04	1.99±0.87	10.507***	h12	4.41±0.70	2.52±1.10	13.462***

② 探索性因素分析

基于样本 A 的测量数据，对经过项目分析获得的 12 个项目进行因素分析。为了检验数据是否适合做因素分析，首先进行 Bartlett 球形检验，结果显示 KMO 值为 0.819，Bartlett 球形检验发现 $\chi^2=755.242$，$df=66$，$P=0.000$，表明适宜对数据进行因素分析。采用主成分分析法进行因子提取，并进行正交旋转，根据因素结构的碎石图，结合特征值和构想假设，删除共同度在 0.30 以下以及因素负荷低于 0.30 的项目，最后删除 h9，保留项目 11 条。11 个项目聚成 2 个因素，共解释 47.129% 的变异量。结合项目表达的意思，我们将因素一命名为负向评价，因素二命名为正向评价。各因素负荷的情况见表 12－9，碎石图见图 12－6。

③ 信度分析

以内部一致性信度（Cronbach α 系数）和分半信度（Guttman Split-Half Coefficient）为指标，对核心自我评价问卷的信度进行分析。结果（见表 12　10）显示问卷各维度以及总问卷的信度均较为理想。

表 12-9 核心自我评价问卷探索性因素分析结果

项目	因素一	因素二	共同度
h2			0.431
h4			0.390
h6	0.648		0.542
h8	0.572		0.433
h10	0.733	0.737	0.427
h12	0.533	0.605	0.650
h1	0.581	0.724	0.552
h3	0.801	0.654	0.373
h5		0.576	0.525
h7			0.499
h11			0.361
特征值	3.572	1.657	
方差贡献率	32.064	15.065	
累积方差贡献率	32.064	47.129	

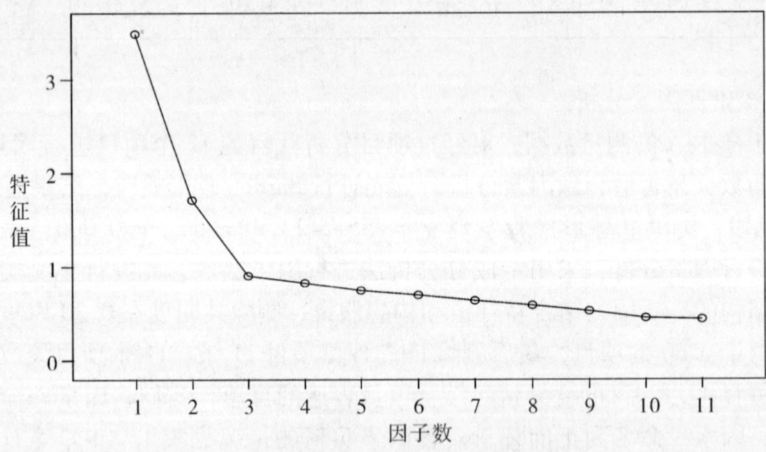

图 12-6 核心自我评价问卷因素分析的碎石图

表 12-10 核心自我评价问卷的信度

	消极评价	积极评价	总问卷
内部一致性信度	0.756	0.708	0.783
分半信度	0.774	0.691	0.814

④ 效度分析

采用专家评定法对问卷的内容效度进行检验。分别请从事心理统计与测量学、人格心理学研究的教授对核心自我评价问卷进行评定。专家经过评定认为，该问卷表述清晰、无歧义，反映了个体对自身的核心评价，可以有效地测量个体的核心自我评价特质，本问卷具有较好的内容效度。此外还计算了各项目与分量表（见表 12－11）、分量表与总量表的相关情况（见表 12－12），

结果表明问卷具有较好的项目区分度。

表 12－11　问卷各项目与所属分量表的相关分析

项目	消极评价	项目	积极评价
h2	0.589***	h1	0.724***
h4	0.652***	h3	0.633***
h6	0.704***	h5	0.678***
h8	0.630***	h7	0.720***
h10	0.649***	h11	0.638***
h12	0.788***		

表 12－12　分量表与总量表的相关矩阵

	消极评价	积极评价	总量表
因素一	1		
因素二	0.390***	1	
总量表	0.908***	0.741***	1

在此基础上我们使用 LISREL8.71 对样本 B 进行验证性因素分析，我们假定了单因素模型（模型一）、二因素独立模型（模型二）和二因素相关模型（模型三），分别检验模型与数据的拟合程度。单因素模型是把所有的 11 个项目看成核心自我评价的观测指标；二因素独立模型是将反向表述的 h2、h4、h6、h8、h10、h12 这 6 个项目作为因素一的观测指标，正向表述的 h1、h3、h5、h7、h11 这 5 个项目作为因素二的观测指标，并且设定潜变量因素一和因素二之间是相互独立的；二因素相关模型与二因素独立模型的不同之处在于设定潜变量因素一和因素二之间存在相关，结果显示二因素相关模型的拟合度最好（表 12－13）。

表 12－13　三种模型的拟合指数一览表

模型	χ^2	df	χ^2/df	GFI	NFI	CFI	IFI	RMSEA	SRMR
模型一	202.94	44	4.61	0.84	0.82	0.85	0.85	0.14	0.096
模型二	569.63	44	12.95	0.62	0.50	0.51	0.52	0.27	0.26
模型三	110.28	43	2.56	0.93	0.91	0.94	0.94	0.065	0.071

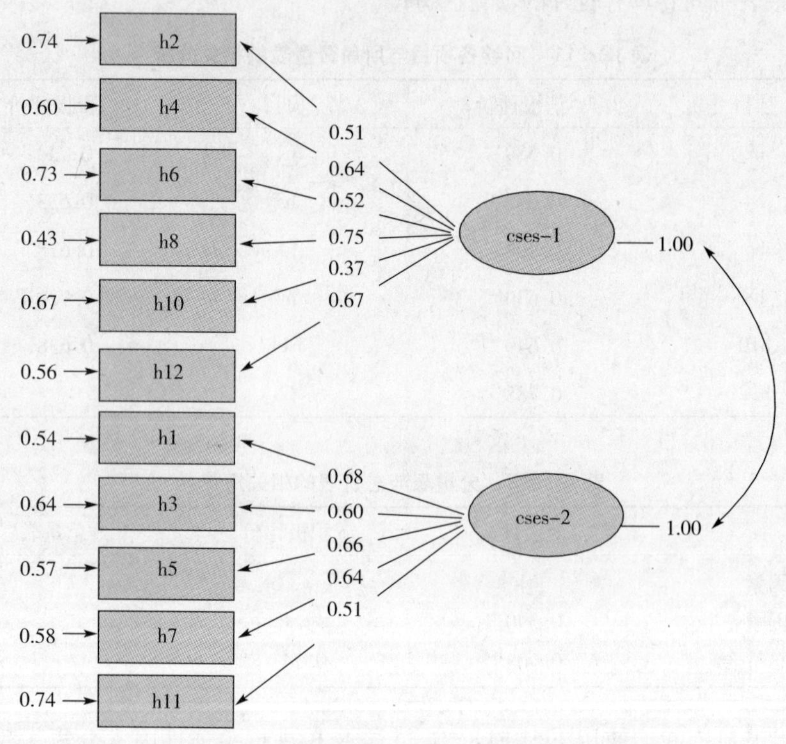

图 12－7　核心自我评价的二因素相关模型

（2）大学生专业承诺调查量表

专业承诺（Professional Commitment）是指大学生认同所学专业并愿意付出相应努力的积极态度和行为，包括情感承诺、继续承诺、理想承诺和规范承诺。《大学生专业承诺调查量表》① 由连榕等 2005 年编制。该量表共 27 题，分为四个维度。情感承诺，主要反映大学生对所学专业的感情、愿望；继续承诺，主要反映大学生出于自身素质、能力、就业机会以及与该专业相应的工资、待遇等经济因素而愿意留在该专业学习；理想承诺，反映大学生认为所学专业能发

① 连榕，杨丽娴，吴兰花．大学生的专业承诺、学习倦怠的关系与量表编制［J］．心理学报，2005，37（5）：632-636

挥自己的特长，有利于实现自己的理想和抱负；规范承诺，指大学生认同所学专业的规范和要求，留在所学专业是出于义务和责任的考虑。该量表采用从“完全不符合”到“完全符合”1～5级记分。总量表的 Cronbach α 系数为0.927。本研究中该量表的 Cronbach α 系数为0.873。

(3) 学习满意度的测量

学习满意度是一种学习活动感觉或态度，是学习者在学习活动中的主观感受，是衡量学生学校生活质量的重要指标之一，是学生主观幸福感的一个重要方面。本研究利用直接测量法测量大学生的学习满意度：“总的来说，您对自己目前的学习状况是否感到满意?”，采用从“很不满意”到“很满意”1～7级计分，被试根据自己的实际感受做出相应的选择。

(三) 研究结果

1. 大学生核心自我评价的现状

研究发现核心自我评价均分为3.44±0.54，不同被试变量核心自我评价的得分情况见表12－14。

表12－14　大学生核心自我评价的现状

	负向评价	正向评价	核心自我评价
男（n=295）	3.21±0.75	3.83±0.54	3.52±0.55
女（n=289）	3.03±0.68	3.68±0.56	3.35±0.52
大一（n=100）	3.33±0.72	3.89±0.55	3.61±0.51
大二（n=168）	3.13±0.69	3.65±0.55	3.39±0.54
大三（n=227）	3.04±0.73	3.74±0.59	3.39±0.55
大四（n=89）	3.05±0.74	3.83±0.46	3.44±0.51
文科（n=214）	3.02±0.67	3.65±0.58	3.33±0.54
理工科（n=198）	3.17±0.76	3.74±0.57	3.45±0.55
医科（n=172）	3.19±0.74	3.89±0.48	3.54±0.51
农村（n=351）	3.10±0.71	3.72±0.57	3.41±0.54
城市（n=233）	3.15±0.75	3.81±0.53	3.48±0.54

在研究中我们将核心自我评价以及两个因子作为因变量，年级、性别、专业和生源地作为自变量进行多元方差分析（MULTIVARIATE），结果显示，性别和生源地主效应显著，年级×专业以及年级×专业×生源地之间存在显著的交互作用（见表12－15）。为了有效的了解核心自我评价在各被试变量上的差异到

底有多大，我们计算了每个差异的偏 η^2（Partial Effect Size）和观测力（Observed Power）。η^2 是在考虑有无统计显著性的基础上衡量这种差异的程度大小，Cohen（1988）认为 η^2 大于 0.8 以上为大的效应值，在 0.5 左右为中等程度的效应值，小于 0.2 为较小的效应值①。观测力就是不犯 β 错误的可能性，观测力越大，越能够检测到小的差异的存在②。本研究中偏 η^2 较小，均在 0.03 以下；有差异的几个变量的观测力相对较高，都在 0.65 以上。

表 12－15　核心自我评价的多元方差分析

	SS	df	*MS*	*F*	偏 η^2	观测力
性别	3.530	1	3.530	12.98***	0.023	0.949
专业	0.732	2	0.366	1.347	0.005	0.291
年级	1.544	3	0.515	1.892	0.010	0.491
生源地	1.506	1	1.506	5.536 *	0.019	0.651
性别×年级	0.491	3	0.164	0.602	0.003	0.176
性别×专业	0.184	2	0.092	0.339	0.001	0.104
专业×年级	3.198	4	0.799	2.939*	0.021	0.789
性别×生源地	0.170	1	0.170	0.624	0.001	0.124
年级×生源地	0.383	3	0.128	0.470	0.003	0.145
专业×生源地	0.714	2	0.357	1.312	0.005	0.284
性别×专业×年级	0.321	2	0.160	0.590	0.002	0.148
性别×年级×生源地	0.736	3	0.245	0.903	0.005	0.249
性别×专业×生源地	0.462	2	0.231	0.849	0.003	0.196
年级×专业×生源地	3.244	3	1.081	3.975**	0.021	0.835
性别×年级×专业×生源地	0.033	1	0.033	0.122	0.000	0.064

鉴于年级、专业之间存在显著的交互效应，为了进一步弄清差异，我们进一步针对不同年级和专业进行单因素方差分析（ANOVA），结果显示大学生核心自我评价存在显著的年级、专业差异（见表 12－16）。

① Cohen, J. (1988). Statistical power analysis for the behavioral sciences (2nded.) New York: Academic Press.

② Harris, P. (2004). Designing and reporting experiments in psychology (2nd.) [M]. 北京：人民邮电出版社，165-168

表 12－16　核心自我评价的年级、专业差异

	年级		专业	
	组间误差	组内误差	组间误差	组内误差
SS	3.829	167.32	4.188	166.96
d*f*	3	580	2	581
MS	1.276	0.288	2.094	0.287
F	4.424**		7.286**	

2. 不同核心自我评价大学生的专业承诺、学习满意度的差异

根据核心自我评价量表所测得的分数，我们参照 Judge（2002）的方法以 M ±1SD 为划分标准将核心自我评价分为积极核心自我评价组（积极组）和消极核心自我评价组（消极组）。然后进行不同核心自我评价大学生的学习满意度、专业承诺及其四个维度的独立样本 *t* 检验。结果见表 12－17。

表 12－17　不同核心自我评价大学生的专业承诺、学习满意度的差异

	学习满意度	专业承诺	情感承诺	理想承诺	规范承诺	继续承诺
积极组（*n*＝95）	5.29±0.93	97.51±13.93	33.56±5.17	24.75±4.91	21.55±3.33	17.65±3.29
消极组（*n*＝85）	3.71±1.36	87.08±14.69	29.05±5.77	21.40±5.03	19.58±3.72	17.06±2.90
t	9.031***	4.884***	5.534***	4.512***	3.751***	1.279

3. 大学生核心自我评价与专业承诺、学习满意度的相关分析

为了进一步明晰核心自我评价与专业承诺、学习满意度之间的关系，我们对核心自我评价及其各维度、专业承诺和学习满意度进行相关分析。相关矩阵显示核心自我评价及其各维度与专业承诺、学习满意度均呈显著性相关（r＝0.129～0.436）。

表 12－18　大学生核心自我评价与专业承诺、学习满意度的相关矩阵

	专业承诺	学习满意度	负向评价	正向评价	核心自我评价
专业承诺	1				
学习满意度	0.412***	1			
负向评价	0.129 **	0.314***	1		
正向评价	0.436***	0.417***	0.418***	1	
核心自我评价	0.292***	0.417***	0.909***	0.759***	1

4. 大学生核心自我评价对专业承诺、学习满意度的预测效应

核心自我评价作为对自我的最基准评价，在对个体行为的预测方面有着独特的优势，国外大量研究已经证实了这一点。大学生的核心自我评价对其学习行为和信念的预测效果如何，成为本研究关注的焦点。

研究中我们分别以学习满意度、专业承诺、专业承诺的四个维度为因变量，以核心自我评价、年级、性别、专业、生源地为自变量，进行多元逐步回归分析，结果显示除继续承诺外，核心自我评价均进入了其他各因变量的回归方程，标准回归系数从0.254到0.444不等，解释量从7.5%到18.1%不等，回归方程均显著，见表12-19。

表12-19 大学生核心自我评价对专业承诺、学习满意度的多元逐步回归分析

	β	t	R	R^2	F
因变量：情感承诺					
核心自我评价	0.337	8.609***	0.343	0.117	70.215***
年级	0.098	2.508*			
因变量：理想承诺			0.290	0.084	53.248***
核心自我评价	0.290	7.297***			
因变量：规范承诺					
核心自我评价	0.254	6.259***			
性别	0.140	3.435**	0.274	0.075	15.638***
生源地	-0.089	-2.208*			
因变量：继续承诺			0.094	0.009	5.172*
性别	-0.094	-2.274*			
因变量：专业承诺			0.308	0.095	61.136***
核心自我评价	0.308	7.819***			
因变量：学习满意度					
核心自我评价	0.444	11.713***	0.439	0.181	46.185***
性别	0.077	2.020*			
年级	0.074	1.980*			

（四）分析与讨论

1. 核心自我评价问卷的修订

在对Judge（2003）核心自我评价量表（CSES）进行回译的过程中，充分

考虑了中国大学生学习生活以及自我评价的特点，力求使之符合中国文化背景。例如原来的11题“I am capable of coping with most of my problems”，如果直译为“我有能力处理生活中遇到的大部分难题”，则显得非常模糊，结合问卷的整体表述风格，我们将11题表述为“我能冷静地面对生活中遇到的困难”。

问卷的稳定性、一致性、可靠性（信度）是编制、修订问卷首先应该考虑的，一般认为针对个体决策、诊断而进行的测量信度应该在0.90以上，针对团体的测验信度可以低些。CSES（中文版）问卷的 α 系数为0.783，分半信度系数达到了0.814，表明问卷具有较好的信度。问卷两个因素的信度也可以接受（0.708～0.756）。

在理论建立和发展过程中，通过探索性因素分析建立模型，再用验证性因素分析来检验模型。一般先在一个样本中用探索性因素分析找出变量可能的因素结构，再在另一个样本中采用验证性因素分析去验证，这样保证了问卷的交互效度（Cross-validation），保证了所测量特质的确定性、稳定性和可靠性。本研究对样本A的探索性因素分析结果显示，提取2个因素的累积方差解释率达47.129%，结合碎石图我们发现在第2个因素之后下降的趋势逐渐变缓，说明提取两个因素是合理的。接着对样本B进行验证性因素分析，二因素相关模型的 χ^2/df 值为 $2.56<5$；GFI、CFI、NFI、IFI值都在0.90以上，RMSEA和SRMR均小于0.08，而二因素独立模型的各项拟合指标都不能被接受，因此，我们认为核心自我评价问卷得出的两个因素并非彼此独立，问卷具有较好的结构效度。此外，从各项目与因素的相关、各因素与总问卷的相关看，各项目与所属因素之间均有显著正相关（相关系数高达0.589～0.788），各因素之间的相关（0.390）要远远低于其与总问卷的相关（0.741，0.908），说明问卷的项目区分度较为理想。中文版CSES可以作为测量中国大学生核心自我评价的有效工具。

2. 大学生核心自我评价的现状

研究发现，大学生核心自我评价存在显著的性别差异，男生高于女生。个体对自我的认识经历了一个不断发展变化的过程，大学阶段到了追求自我一致的“自我统合”时期[①]。在探索自我内在的特质以及独特性的过程中逐渐形成了对自己的基准评价。由于中国传统的男尊女卑思想，男生可能表现出更多的自尊倾向（核心自我评价的中心特质之一），效能信念更为强烈；同时由于男性在社会中的主导作用，在较多的社会活动参与过程中体验了更多的成就感。在大学阶段，女生更多的受社会相关负面信息的影响（工作、就业的性别歧视，社会偏见等），这可能是导致女生核心自我评价水平比男生低的原因。

---

① 黄希庭．郑涌等．当代中国大学生心理特点与教育［M］．上海：上海教育出版社，1999：253

研究发现来自城市的大学生核心自我评价水平显著高于来自农村的大学生。已有诸多研究揭示了城乡差异给个体带来的影响。Rosenberg（1965）研究已证明，青少年时期的社会经济条件差异会导致个体自尊的差异。虽然近年来我国农村经济有了较大的发展，但在总体上仍与城市存在较大的差距。这种城乡差别以及与此相联系的个体的社会化经验的差异是导致学生自尊差异的主要原因[①]。农村学生进入大学校园后，需要经历一个较长的适应期；经济文化上的差异也带来了能力上的差异，组织、表演等能力可能都是农村大学生的弱项。因此在诸多外在环境因素的影响下，农村大学生的核心自我评价能力较低。

此外，研究发现核心自我评价具有显著的专业、年级差异。我们发现，医科大学生的核心自我评价水平最高，文科大学生的得分最低。这与我们的日常期望也比较一致，由于涉及未来的发展问题，文科类大学生普遍对自己的期望较低，而理工类和医学类相对要好一点。大学一年级学生的核心自我评价得分是最高的，可能是因为他们刚刚经历了高考的"胜利"，对自己的未来有着美好的期望，考上大学带来的荣誉感大大提升了他们的自尊和自我效能水平。当融入大学生活后，可能他们发现真实的生活和未来的发展并非象当初设想的那样美好，在不断的学习生活中，自我不断成长，对自己的评价也发展得更为真实、贴切，核心自我评价水平有所下降。令人不解的是：在本研究中大学四年级学生的核心自我评价水平有所提升，这可能与学校越来越重视大学生就业指导有关，在大学四年级，随着实践知识的积累、对自己的进一步认识（职业兴趣指导、职业生涯设计等）以及面对多样的社会选择机会，大学生们可能在清楚认识自己的基础上确定了适合自己的目标，因此核心自我评价水平有所提升。

3. 大学生核心自我评价与专业承诺、学习满意度的关系

国外相关研究对核心自我评价与职业承诺，工作、生活满意度进行了深入研究，揭示了核心自我评价可以对个体的工作、生活满意度产生直接或间接的影响[②]。本研究结果表明不同核心自我评价水平的大学生专业承诺与学习满意度之间存在显著差异，具有积极核心自我评价的大学生专业承诺以及学习满意度也高。其原因可能是具有积极核心自我评价的个体在人格特征上的独特优势。Erez，Judge（2001）发现，具有积极核心自我评价的大学生相对而言更多是被内在动机激发的，具有更高水平的任务动机（他们在完成任务的过程中能坚持更长的时间）。具有积极核心自我评价的个体善于利用他们的资源，能全身心地

① 姚本先，方双虎. 学校心理健康教育导论［M］. 合肥：中国科学技术大学出版社，2002：357-360

② Timothy A. J.，Joyce E. B.，Amir E，Edwin A. L.（2005）. Core Self-Evaluations and Job and Life Satisfaction：The Role of Self-Concordance and Goal Attainment. Journal of Applied Psychology，90，（2）：257-268

投入并坚持追求自己的目标，在工作中表现得更好。Judge，Bono 等（2005）发现具有积极核心自我评价的个体更可能选择自我一致性（Self-concordance）的工作目标，可以导致更为有效的工作行为，进而产生满意感。另外，具备积极核心自我评价的个体能乐观看待环境，规划更为困难的与自我一致性的目标，在追求目标的过程中更能坚持，能建设性的处理有关反馈信息，能很好的适应新环境①。这些行为反过来能够引导人们去做更复杂的工作，在工作中产生更大的满足感，执行工作更为有效。有积极核心自我评价的个体不仅能针对反馈信息进行建设性的反应，而且当他们在知道自己能够很好完成任务的情况下更能促使他们加强行为的改进。Bono，Colbert（2005）发现个体具有积极核心自我评价会更满意于多渠道的反馈，把投身于实现目标看成反馈过程的结果，在自我评定和他人评定存在差异的时候，更能坚持自己的既定目标。个体具有积极核心自我评价，在自我评定和他人评定相互一致的时候承诺感更高，中等核心自我评价水平的人不关注自我评定，当从他人那获得的评价高时，他们的承诺水平最高。相比之下积极核心自我评价者更能从反馈中获得成长，而不是自我感知，他们在学习过程中会将情境、任务看得相对积极，认为值得自己努力奋斗以获取收益，因此能取得较高的学习满意度，进而专业承诺水平也逐步得到增强。

核心自我评价与专业承诺、学习满意度存在显著的相关，并对学习满意度和专业承诺均有显著的预测作用。回归分析结果显示核心自我评价能分别解释 9.5% 专业承诺的变异（标准回归系数为 0.308）和 18.1% 学习满意度的变异（标准回归系数为 0.444）。Lyubomirsky 等（2005）在一项研究中对开心、快乐与成功之间的关系进行了探讨，他们认为积极的情绪和品质（自我效能、信心、乐观等）与成功有关。“这些特质能够引导人们以促进资源建设和投身于到达成功目标的方式来想象、感觉和行动。”他们根据一系列研究结果得出结论：具有积极品质的人更能够成功。Bono，Judge（2003）研究发现个体的核心自我评价对个体的职业成长以及随后的经济收入有着强有力的影响，核心自我评价在个体的背景变量（教育经历、社会声望、工作年限）和个体的收入之间起中介和调节作用。Erez，Judge（2001）在实验研究和现场研究中均发现核心自我评价与动机是联系在一起的，动机调节其与工作行为之间的诸多关系。另外，具有积极核心自我评价的个体能以一种导向积极结果的加工方式来影响工作满意度，而具有消极核心自我评价者则恰恰相反。核心自我评价在对生活满意度有直接影响的同时，还通过对工作特征的感知以及工作满意度对生活满意度产生间接效应。Sheldon，Elliot（1998）认为当个体不能正确评估自己的内在需求、

① Timothy A. J.，Charlice H.（2006）. The Benefits and Possible Costs of Positive Core Self-Evaluations：A Review and Agenda for Future Research，159-175

价值和兴趣的时候，他们会选择其他控制性目标。当个体缺少内在的自我信息的时候会根据感知的外在需求，或将他人的需要、价值融入自己的需要中来选择目标，因为这样的目标来自于外在控制的过程，并不能代表自己真实的兴趣，他们可能感到沮丧。我们认为核心自我评价可能通过影响学生的学习动机来影响学生的专业承诺水平，直接或间接对学习满意度产生影响，同时个体的目标设置情况还可能影响其专业承诺的水平。

五、核心自我评价研究的不足与未来研究的方向

关于在中国文化背景下进行大学生核心自我评价的相关研究，拓宽了核心自我评价的研究领域，促进了大学生人格影响作用研究的深入。但是核心自我评价的测量和应用仍需要进行深入的探讨与思考。

（一）核心自我评价的测量

值得一提的是核心自我评价的测量问题。在国外的研究中，对核心自我评价测量问卷的因素分析结果显示出问卷呈单维结构，国内张翔（2007）和任志宏（2006）分别修订的核心自我评价问卷也呈单维结构，而在本研究中中文版核心自我评价问卷呈现出二维结构。除了因研究研究对象、方法不一带来的差异，对此解释可能有三点。

其一，核心自我评价的一个重要特质就是自尊，而对自尊这一人格特质的争论由来已久，即“Rosenberg 自尊量表所测量的是单因素还是双因素的研究”。Rosenberg 认为自尊作为对个体的一般评价是单维的，但是 Kaplan&Pokorny、Shahani，Dipboye & Phillips、Hagborg、Goldsmith 的研究都支持自尊的二因素模型。李虹、杨烨（2007）利用中国被试所做的研究也支持自尊的二因素模型，可以用两个因素（自我肯定和自我贬低）来解释自尊，但实际上反映的是同一种人格特质[①]。张锋（2007）的关于中国大学生特质自尊的结构研究也支持包含“自我能力感”和“自我喜爱感”的自尊二因素结构模型[②]。因此，核心自我评价中文版测量问卷得出的二维结构可能与自尊量表的二维结构有很大关联，问卷测量的两个因素实际反映的是同一种人格特质。

其二，核心自我评价问卷的记分方式。CSES（中文版）有一半的题目是反向记分，在因素分析中我们发现所有正向记分的项目都负荷在积极评价因子上，

---

① 杨烨，王登峰．Rosenberg 自尊量表因素结构的再验证［J］．中国心理卫生杂志，2007，21（9）：603-604

② 张锋，杨晓岚．中国大学生特质自尊的结构维度探索［J］．应用心理学，2007，13（1）：80-86

所有反向记分的项目都负荷在消极评价因子上。已有研究发现反向记分能减少默认反应定势，但是会带来因素分析中人为的方法因素①；因为反向记分项目会使被试在反应过程中产生认知速度障碍。李红菊等（2007）论及在问卷编制或修订过程中的由于计分方式导致因素结构出现变化的问题，并针对人际信任——不信任量表的单因素和双因素之争，借鉴已有的“反向计分方法导致额外因素”的研究②，对信任——不信任行为问卷的结构进行分析得出单因素观的“方法——特质二因素”模型，因素之一是方法维度，因素之二是特质维度。因此本研究中得出中文版核心自我评价测量问卷的二因素相关模型仍需谨慎。

其三，文化背景的差异。社会文化背景对于个体是否表现出某一种人格特征具有重要的抑制或促进作用，不同文化背景下人格与环境的交互作用也存在着显著的差异。叶莲花、凌文辁在对前瞻性人格的回顾性研究中讨论了前瞻性人格的测量问卷（PPS）项目的跨文化普适性以及 PPS 单维结构的跨文化一致性问题，推测在其他文化背景下未必能验证原始量表的单维结构③。因此，在中国文化背景下应用国外的人格测量问卷，需要重新进行严格的项目分析与修订，使之与本土的文化背景相一致。Heine（1999）在对比了东方（以日本为代表）与西方（以美国为代表）的自我结构后发现，西方文化趋向于追求积极的自我评价，而东方文化则存在一种自我批评的倾向④。核心自我评价的测量问卷来自西方，问卷的编制及对其结构验证均取自西方文化背景，我们对原始问卷的翻译虽然尽可能的考虑文化的差异和语言表达的不同，但并不能尽善尽美，而且在实际施测过程中中国被试对项目的理解和作答的方式都有可能导致中文版 CSES 的结构不同于原始问卷。

核心自我评价作为人格研究的一种新取向，对这一人格特质的测量仍需更进一步的研究。在今后研究中可采取平行分析和相关特质相关方法（CTCM）的多质多法模型等来探讨核心自我评价的结构问题，以得出更为精确可靠的结论。除此之外，可以在国外问卷的基础上，结合中国文化背景和中国人的人格特性进一步分析问卷的具体项目质量，删除不恰当的项目并增加新的、反映本土文化的项目，以得出与中国的社会文化相一致的本土化核心自我评价测量

① Marsh, H. W. (1986). The bias of negatively worded items in rating scales for young children: a cognitive-developmental phenomenon. Developmental Psychology, 22 (1): 37-49

② 李红菊，许燕，郭永玉. 中国大学生的人际信任与不信任：单因素还是双因素［J］. 心理发展与教育，2007（3）：112-116

③ 叶莲花，凌文辁. 工业与组织心理学中的前瞻性人格［J］. 心理科学进展，2007，15（3）：498-504

④ Heine, S. J., Lehman, D. R., Markus, H. R., *et al.* (1999). Is There a Universal Need for Positive Self-Regard? Psychological Review, 106: 766-794

工具。

（二）核心自我评价的应用

国外关于核心自我评价的区分效度研究证明，核心自我评价比“大五”人格能更好的预测工作行为、工作以及生活满意度。核心自我评价的增益效度研究表明核心自我评价对结果的预测力比单个概念（自尊、自我效能、控制点和神经质）对结果的预测力要大。

本研究显示了核心自我评价对专业承诺、学习满意度有较强的预测作用。Best 等人（2005）认为：核心自我评价通过对工作环境的评价影响工作满意度，核心自我评价对倦怠有着直接的负效应（标准回归系数为-0.31）。Judge, Locke, Durham, Kluger（1998）指出，认为自己是有价值和能够应付生活中的困难的人会用“积极的框架”来解决它所遇到的问题和情境，拥有积极情感品质的人更倾向于经历更多的感恩。

但是关于核心自我评价影响专业承诺和学习满意度的内在机制仍需要进一步研究，给我们有关启示的是 Judge 和 Charlice Hurst（2006）的研究①。

首先我们应该关注个体的目标选择。越来越多的研究揭示人们选择的目标与他们的理念、兴趣和价值一致时更为开心（Elliot & Sheldon, 1998; Elliot, Sheldon, & Church, 1997）。发现感知自己为积极的人（高自尊和低神经质）比那些有消极自我映像的人更倾向于追求自我一致性目标。Judge, Larsen（2001）认为积极的个体更可能追求积极（成功）结果的目标，通过满足自己的渴望来体验成就感；相反，他们认为消极的个体更有可能追求避免失败的目标。因此将核心自我评价（积极的自我关注）与工作满意度联系在一起的可能是目标追求，比如趋向成功目标可能导致满意感，避免失败的目标更有可能导致不满意感（Roberson, 1990）。我们可以结合自我和谐理论（Self-concordance Theory，源自自我决定理论）来解释核心自我评价起作用的内在机制。当个体一定的目标与长期的兴趣和价值相符合时，自我和谐理论能预测到个体是最开心的。自我和谐能够引导到幸福感，这是因为它能使个体努力追求目标，因此增加了目标达到的可能性；人们达到了既定的目标，将会使他们更快乐（因为内在确定的目标能更好的满足个体长期的需要、兴趣和价值）。Sheldon, Elliot（1999）发现自我和谐的动机更有可能导致幸福感。当个体因为强烈的兴趣和个人认同而努力奋斗时，个体追求的目标与自我就很好地整合在一起了。如果个体仅仅是为了外在压力、负罪感和内疚而追求目标的话，目标与自我的整合就不统一了。核心自我评价是影响追求目标能力的重要因素，拥有积极核心自

① Timothy, A., Judge, Charlice Hurst（2006）. The Benefits and Possible Costs of Positive Core Self-Evaluations: A Review and Agenda for Future Research, 159-175

我评价的个体选择自我和谐目标的能力能够得到充分的证明，它代表他们内在兴趣、价值和成长的需求，从而对工作和生活更加满足。Judge 等人（2005）认为核心自我评价水平高的个体很少能受到外在压力的伤害，因此更有可能设置自我一致的目标。核心自我评价能引导个体对自我一致性目标的追求，这种追求将增加生活满意度和目标达成度。

（三）本研究的不足

通过对国内有关研究自尊、一般自我效能、控制点、神经质与学习成绩（就）、学习满意度之间关系文献的元分析，我们认为核心自我评价理论在中国文化背景下有一定的普适性。但是由于能力有限，在文献的搜集上还存在一些遗憾之处：有些没有报告相关数据指标的文献最终没有能联系上作者、文献质量良莠不齐等等。此外，在研究中我们仅使用相关系数进行了效应值估计，没有使用标准回归系数的平均效应值来考察核心自我评价四种特质的预测效果。

在整个研究过程中，采用了整群随机取样的方式对安徽省内的几所高校学生进行问卷调查，样本的代表性存在一定的问题。而且调查大多是委托他人代为执行，未能严格控制调查的环境、时间，因此可能导致调查过程中的偏差存在。

在《核心自我评价量表》（中文版）的修订过程中，我们发现信度都在 0.8 以下，不是非常理想；对于探索性因素分析得出的两个因子结构：负向评价与正向评价，问卷结构是单因素还是双因素仍存在相关争论①，有待于进一步的验证；此外关于中国人的善良、才干、关系等独特人格倾向，在本研究中没有加以考察，在将来的研究中应考虑能否作为问卷的结构因子之一。

（四）未来研究的方向

本研究只是初步进行核心自我评价的研究，在中国文化背景下此理论应结合中国国情以及中国人的人格倾向进一步深化、本土化。《核心自我评价量表》（中文版）是否还应该包括其他因子（乐观、善良等），量表的标准化、量表聚合区分效度是研究仍需关注的焦点。未来研究应当倾向于编制出能反映中国人特色的核心自我评价量表，在汲取国外理论精华的基础上，发扬光大，形成反映中国人特色的核心自我评价理论。在深化核心自我评价理论研究的同时，我们还可以使用核心自我评价量表开展相关预测研究，为埋论的深入发展提供坚实的实证基础；影响因素研究，弄清理论的来龙去脉，理清理论的形成与发展机制。

---

① 杜建政，张翔，赵燕．核心自我评价的结构验证及其量表修订［C］//第十一届全国心理学学术年会河南大学心理学系论文集，2007：32-41

第十三章

大学生网上自我表露与人际关系学习

据中国互联网络发展状况统计报告显示（2008），目前中国的网民群体以青年为主，网民中的31.8%都属于18~24岁的青年。而且，在这个年龄段的网民中，学生网民占据重要地位。近几年来有关大学生上网行为的调查研究也表明，上网聊天和网上交友已经成为大学生中普遍存在的行为。可见，大学生自我表露的对象不再仅仅包含显性同伴，如同学、老乡、室友等，还包括隐性的同伴，比如网友。而且，网友已经成为大部分大学生人际交往的重要组成部分。据调查，许多大学生还与网友建立了非常亲密的关系，如网恋。有的甚至还将这种虚拟关系发展到现实中来，如与网友见面等。中国台湾学者陈惠玲还由此提出了“网络同侪”的概念，泛指一切在网络上所认识的朋友，双方有情感上的支持，或资讯的互换、学习等经验者。

虽然有关自我表露的研究已相当广泛和深入。但是，针对大学生网上自我表露和人际关系的研究还很少，且以往的研究多偏重于强调沉溺于网络聊天或是网上交友的弊端，而忽略了网络在日常人际交流和交往上的重要角色。在内容上，当代大学生所表露的主题必定包含时代特色。大学生在网上向陌生人表露的内容也可能有别于与现实生活中朋友的交流。

另外，有关网上自我表露的程度是否与现实人际关系状况存在相关，网上人际关系的发展会不会给现实人际交往带来影响是目前争论较为激烈的且实证研究较少的部分。由于良好的人际关系是个体心理获得发展、个性保持健康、生活具有幸福感的重要前提，对此方面的探索有着重要的现实意义。

因此，本研究将：编制适合测量中国大学生网上自我表露的工具；了解大学生网上自我表露和人际关系的特点；将网上自我表露与人际关系的发展相结合，探索网上自我表露和网上、网下人际关系之间可能存在的关系和影响。从而，试图为大学生人际交往学习提供科学研究依据。

一、网上自我表露与人际关系的研究综述

（一）自我表露研究概述

1. 自我表露的概念

自我表露（self - disclosure）的概念是由人本主义心理学家朱拉德（Jourard）于1958年首次提出的。他认为自我表露就是个体让他人了解到自己的真实感受和想法。1971年，Jourard重新界定了自我表露的概念，他指出自我表露是指个体表达和展现自我，以使他人能够认识自己的行为。随后，有很多学者进一步精炼了自我表露的定义，从而使自我表露的特征更加明显。如Worthy（1969）等将自我表露定义为A有意识的向B传达自己不为人知的，以及B通过其他方式所了解不到的信息①。Cozby（1973）指出，可以将自我表露定义为A向B在口头交流中传达任何关于自我的信息②。Dindia（1997）认为自我表露是个体以言语的形式向他人暴露关于自己的信息（包括思想、情感和经历）③。我国学者李林英（2003）将自我表露界定为：个体与他人交往时，自愿地在他人面前将自己内心的感觉和信息真实地表现出来的过程④。这些定义的表述虽然各不相同，但都反映了自我表露的三个主要特点：自愿性、真实性和私人性。

综合以上观点，本研究将自我表露界定为：个体自愿地将自己的真实想法、情感、经历等信息以言语的形式传达给他人的行为。我们认为，在方式上，自我表露不仅可以通过口头言语实现，书面言语同样是个体表露自我的重要途径，比如以书信的方式倾诉。另外，交流并不一定是以面对面的方式进行，它可以通过电话、网络等间接方式进行；在内容上，个体表露的应该是有关自己的所有真实信息，而不只局限于那些特别隐秘的信息。因此，这一概念更能够突出自我表露的主要特点，体现出自我表露在方式上的可选择性，排除了除言语以外的（如肢体语言等）能够传递情感信息的方式。

2. 自我表露的价值

（1）自我表露有利于个体的健康

自我表露有利于维护个体的身体健康。一方面，它加深了个体对自我的了

---

① Worthy. M, Cary. A. L. , Kahn, G. M. Self-Disclosure as An Exchange Process. Journal of Personal and Social Psychology, 1969, 13: 59-63

② Cozby P. C. Self-disclosure: A Literature Review, Psychological Bulletin. 1973, 79 (2): 73-91

③ Dindia, K, Kenny, D. A. Self-Disclosure in Spouse and Stranger Interaction: A Social Relations Analysis. Human Commuication Research. 1997, 23: 388-412

④ 李林英. 大学生自我表露的比较研究［J］. 北京理工大学学报（社会科学版），2003，5（1）：12-15

解。弗洛伊德发现，当人们努力回避或了解自己时，他们就会生病。因为只有当人们通过向别人表露自我而逐渐了解自己后，他们才能变得健康或保持较健康的状态。另一方面，它使不良情绪得以宣泄。有关创伤性经历表露的研究有力地支持了这一点。1988 年，Pennebaker 等人对大学生的研究发现，书写个人对创伤性事件的看法和感受能够减少大学生去医务室门诊的次数，而且能够增强其免疫功能。

自我表露有利于促进个体的心理健康。Jourard（1971）认为自我表露与心理健康呈正相关，它是健康人格的一个重要标志，也是塑造健康人格的重要途径。研究者们发现，自我表露与焦虑、孤独、抑郁等负性情感呈负相关（Stephen，1985；李林英，2003）。Netta（2006）等人对有过自杀企图的和从未有自杀行为的青少年进行了比较，发现自杀与低水平的自我表露显著相关，且焦虑和抑郁在其中起中介影响作用①。李林英（2003）曾将主动到心理咨询室求助的大学生与普通大学生的自我表露情况作了对比，发现来访大学生的总体自我表露程度显著低于普通大学生，而他们对咨询员的自我表露程度却明显高于其他大学生，也明显高于对任何重要他人的表露程度，也说明了自我表露程度与心理困扰或较为严重的心理问题之间存在一定程度的相关。

（2）自我表露是表达和衡量亲密关系的重要指标

众多研究表明，个体的自我表露水平对特定的人际关系，如，亲子关系、友谊关系、爱情关系等，都具有显著的影响。刘登攀（2006）的研究发现，大学生对父母的自我表露反映了亲子关系的内涵和特点，即大学生对父母表露关于自己的学习、生活、交友等情况愈多，则表明其与父母的关系愈亲近融洽，反之愈疏远，冲突越大。很多研究都强调自我表露在发展亲密友谊中扮演着最重要的角色。Steinberg（1998）认为，自我表露、信任和关心是友谊发展的特征，尤其是青少年的友谊发展过程中，自我表露程度可显示友谊的深厚与否。Fehr（2000）也指出自我表露是决定友谊关系是否能够发展的二元因素。Susan（2004）等对 101 对情侣长达四年的跟踪研究发现，自我表露与爱情关系的质量（满意度、爱和责任感）有着积极地联系。

表露②的互惠性是人际交流和社会联结发展的核心（Jourard，1959）。自我表露在人际交往中的重要作用主要是通过互惠性原则实现的。自我表露的互惠性原则是指当一方在自我表露的时候，另一方也会相应的表露他或她的想法、情感等私人信息。也就是说，如果一个人愿意敞开心扉表露自己，另一个很有

---

① Netta，H. Alan. A. Self-Disclosure. Depression，Anxiety and Saicidal Behavior in Adolescent Psychiatric Inpatients. The Journal of Crisis Intervention and Suicide Prevention，2006，27（2）：66-71

② Susan. S. Susan. S. H. Self-Disclosure in Intimate Relationships：Associations with Individual and Relationship Characteristic Over Time. Journal of Social and Clinical Psychology，2004，23（6）：857-877

可能也是坦荡直言。如果一个人是“低表露者”，那么另一个人就不可能向他倾吐肺腑之言。

自我表露是表达和衡量亲密关系的重要指标。同时，它在发展、保持和深化人际关系方面扮演着重要的角色。根据社会渗透理论（Altman&Taylor，1973），当人们第一次接触某人时，自我表露的水平往往是肤浅的、表面的。在人们互相熟悉的过程中，为了关系的发展，双方自我表露的亲密度，也就是自我表露的广度（探讨广泛多样的话题）和深度（探讨更多个人话题）会逐渐增加。这样，个体通过自我表露在加深对自己的了解、获取他人信息的同时，也可以使他人更了解自己。由此减少了人与人之间的神秘感，并导致信任感的产生。而信任感的产生反过来又会增加人们自我表露的勇气，这样就形成了一个良性循环，最终就拉近了两者之间的关系。在已经形成的亲密关系中，当个体真实的自我被他人所接受时，个体通过自我表露能够获取支持感和对自我价值的肯定。同时，这种接纳还导致了爱、信任、责任感和亲密感的产生，而这些都是成功维系和巩固亲密关系的重要条件。

3. 自我表露的影响因素

（1）性别与性别角色

在对个体自我表露影响因素的探究上，性别因素是最早引起研究者注意的，有关性别差异的研究成果也是最多的。

1992 年，Dindia 等人对 205 项研究的元分析发现，总体上，女性比男性表露的更多①。性别差异表现在具体方面为：在表露对象上，Jourard（1971）指出，女性对同性（母亲和朋友）的表露比男性多，而男性对同伴（男性和女性）的表露比父母多。也就是说，女性一般以同性作为首选的表露对象，而男性则是同伴。当与陌生人接触时，男性自我表露的水平要显著高于女性。当与亲密的人接触时，女性比男性表现出更多的自我表露（Dindia，1992）。在表露内容上，Derlega（1981）等研究表明，在不同的话题上，自我表露存在性别差异。在“女性”话题上，男性表露较少，而在中性话题上，男女没有差异②。这可能是因为女性倾向于谈论有关情感、个性等话题。有研究者在对大学生网上自我表露行为的调查中也发现了明显的性别差异，男女大学生在自我表露的意愿、数量、内容上都存在差异。女生自我表露的意愿要强于男生，表露的数量以及内容的积极性、真实性和私人性都高于男生③。

---

① Dindia, K. Allen, M. Sex Differences in Self-Disclosure: A Meta-Analysis. Psychological Bulletin, 1992, 112 (1): 106-124

② Derlega, V. J. Durham. B. etal. Sex Differences in Self-Disclosure: Effects of Topic Content. Friendship and Partner's Sex. Sex Roles, 1981, 7 (4): 433-447

③ Carter P. Maria. N. Analysis of College Students' Self-Disclosure Behaviors on hte Internet. College Students Journal, 2006, 40 (2): 329-331

也有研究者得出完全相反的结论，比如，2003 年 Horenstein 等人的一项跨文化研究发现，美国和阿根廷两个国家男性自我表露的水平都高于女性①。

当一些研究者认为性别可以独立解释男女在自我表露行为上的差异时，另一些研究者却提出了不同的观点，他们指出性别并不能预测个体自我表露的行为。1977 年，John 等人就指出自我表露的性别角色差异比性别差异定义更明确。他们于 1981 年的研究发现：双性化的女性把同伴作为自我表露的首选对象；双性化的男性比性别角色刻板的男性表露的要多，尤其是在亲密话题上；从而说明了性别角色比性别能更好的预测自我表露。1984 年，他们的研究进一步证实了自我表露的数量与性别角色而不是性别有关。其中，双性化的被试表露最多，其次为传统类型的（男性化、女性化）以及未分化的被试。而且，双性化女性向最好男性朋友的表露多于母亲。他们的研究也得到了其他实证研究的支持。比如，David（1992）等人发现双性化的女性表露最多，且女性特点增加了社会背景下的自我表露，男性特点增加了实验背景下的自我表露。

1981 年，Bem 在性别角色的基础上提出了性别图式理论。根据这一理论，社会文化通过性别角色来强调女人和男人之间的区别，使处于某一文化之中的个体逐渐学会用性别来加工自我、他人及周围事件的信息，形成性别图式，从而指导人们产生性别差异行为。因此，我们认为自我表露的性别差异并不是由生理性别决定的，而是社会文化影响下的性别角色差异造成的，应该从社会文化的角度来考察自我表露的性别差异。

（2）年龄

Jourard 等人在 1961 年的研究发现，随着年龄的增长，人们对父母和同性朋友表露的数量逐渐减少。从 17 岁开始到 50 岁左右，人们对异性朋友或配偶的表露增多，50 岁以后逐步下降。研究者们在对青少年自我表露的研究中发现，在不同的年龄阶段，青少年的自我表露会呈现不同的变化。总的趋势是随着年龄的增长，青少年向同伴表露增多，而向父母表露减少。Rivenbark（1971）在比较了四、六、八、十和十二年级的学生后发现，男孩在十年级时，对父母的表露显著降低，在十二年级时又恢复到原来的水平，而女孩对父母表露的水平在整个青春期都比较稳定②。Snoek 和 Rothblum（1979）发现，大学生总体上的自我表露水平要高于高中生，但是对父母和同伴表露的数量没有显著差异③。我国学者李林英（2004）等人对大一至硕士研究生的学生调查发现，高年级的

---

① Horenstein V. D. Downey J. L. A cross-Cultural Investigation of Self-Disclosure. North American Journal of Psychology, 2003, 5 (3): 373-386

② Rivenbark, W. H. Self-Disclosure Patterns among Aololescents. Psychology Report, 1971, 28: 35-42

③ Snoek. D. Pothblum. E. Self-Disclosure among Adolescents in Relation to Parental Affection and Control Patterns. Adolescence, 1979, 14 (5): 333-340

表露多于低年级的表露，研究生对男女朋友的表露多于对父母的表露[①]。李董平（2006）等人对初一至大四学生的自我表露特点的研究表明：初中生对母亲的表露高于高中生；中学生对最好同性朋友的表露低于大学生；青少年对最好异性朋友的表露随年级增长而提高[②]。邱莉（2006）等人以初一、初二、高一、高二年级的中学生为对象，考察了自我表露的6个维度在中学阶段的发展趋势，结果表明：中学生在态度、爱好、学习、金钱、个性、和身体6个维度的自我表露水平上，从初中到高中均呈上升趋势；初二到高一是中学生自我表露发展的转折年龄[③]。

（3）表露情境

表露情境一般包括表露对象以及表露方式。对表露对象越喜爱，个体表露的也就越多。人们对那些他们原先就喜爱的人有更多的表露。而且，当知觉到被表露对象所理解和接纳时，个体表露的也越多。比如，青少年之所以对母亲的表露要多于父亲，跨文化研究结论一致指出，这是因为母亲被知觉为更能认可和接受青少年的观点。Martin（1999）等人的研究发现，在继父母与子女的关系中，子女对继父母的表露与其知觉到的理解成正相关，尤其是自我表露的诚实性。表露者与表露对象的关系也是影响自我表露的因素之一。Kito（2005）的跨文化研究表明，个体在爱情关系中的自我表露高于在友谊关系中。Jourard（1971）也曾指出，父母、最亲密的朋友和配偶这三者中，个体对配偶的表露最多。

在表露方式上，近年来越来越多的研究者指出，以计算机为中介的交流比面对面的方式更能促进个体表露自我。如Joinson（2001）的研究发现，在以计算机为中介的交流中，个体自我表露的水平显著高于面对面的方式，且视像隐藏者表露的更多[④]。

（4）文化

文化是影响人们日常生活和人际关系的深层次因素。不同文化背景下人们的交往行为会存在差异。很多学者对自我表露开展了跨文化研究。尤其是对集体主义和个人主义这两种截然不同的文化背景下人们自我表露的模式进行比较。1992年，陈国明对美国人和中国人自我表露的模式进行了比较研究，发现美国人在不同的话题上以及在面对不同的目标人时，表露水平都要高于中国人。美

---

① 李林英，陈会昌．大学生自我表露的调查研究［J］．心理发展与教育，2004，3：62-67

② 李董平，余苗梓，王才康等．青少年自我表露和自我隐瞒的特点及其与主观幸福感的关系［J］．心理发展与教育，2006，4：83-90

③ 邱莉，陈会昌，岳永华．中学生自我表露的发展［J］．心理发展与教育，2006，1：43-46

④ Joinson，A. N. Self-disclosure in Computer-Mediated Communication：the Role of Self-Awareness and Visual Anonymity. European Journal of Social Psychology，2001，31：177-192

国人在对熟悉男性的表露上存在显著的性别差异，而中国人在对亲密女性朋友的表露上存在显著的性别差异。2005 年，Kito 对美日两国学生的调查发现，日本学生自我表露得分低于美国学生。美日两国学生在同性别友谊关系中的自我表露水平都要高于在异性友谊关系中，在爱情关系中的自我表露都要高于在友谊关系中①。

（二）大学生人际关系研究概述

1. 大学生人际关系的内涵及特点

人际关系是人与人之间心理上的关系。它表现为人与人之间心理上的距离，反映着人们寻求满足、需要的心理状态。大学生的人际关系也就是大学生个体在人际过程中由于相互认识和相互体验而形成的以感情亲疏为特征的直接心理关系，它表现为交往双方心理相容或心理冲突的主观体验状况，是形成特定群体心理气氛的重要因素。大学生的人际关系有广义和狭义之分。广义的大学生人际关系是指大学生和与之有关的一切人的所有的人际联系；狭义的大学生人际关系是指大学生在校期间和周围与之有关的个体或群体的相处及交往关系，其中最主要的是师生关系和同学关系。

有关大学生人际关系的特点，黄希庭（2000）认为，大学生人际关系的对象是以系级为主要线索；人际关系的亲疏以时空为主要参照；人际关系的交往以需要为主要动力；人际关系的相处以适应为主要任务②。孔燕（1998）认为：第一，大学生之间相互关系是一种团结友爱、平等互助的关系。第二，大学生的人际关系具有浓厚的理想色彩，比较理性、纯洁、真诚。第三，大学生人际关系相对比较简单、稳定。第四，认知因素在大学生的人际关系中起着主导作用。大学生在人际交往中有较强的主见和选择能力③。杨爱花（2006）指出大学生人际关系具有以下特点：①重横向联系：大学生的横向人际关系指大学生在同龄的同学与朋友之间建立的人际关系，纵向关系指他们与父母、师长等不同年龄人之间建立的人际关系。大学生对同辈关系的重视程度超过与父母或其他成年人的交往。②小群体多：小群体指那些由于成员彼此认同而自发形成的群体，其主要特征是以情感因素来调节人际关系。③自我选择：与中小学生的结伴上学、共同游戏为基础的人际关系不同，大学生与同学朋友的关系更多地表现在思想政治、价值观念、文化知识等方面的相互作用上。他们人际关系的建立是自觉选择的结果。而与自己亲属的关系反而淡薄。④深刻持久：大学阶

---

① Kito, M. Self-Disclosure in Romantic Relationships and Friendships Among American and Japanese College Students. Journal of Social Psychology, 2005, 145 (2): 127-140

② 黄希庭，郑涌．大学生心理健康与咨询［M］．北京：高等教育出版社，2000：150

③ 孔燕．大学生心理健康教育［J］．合肥：安徽人民出版社，1998：226

段是人生交友的高峰期，也是最重友谊和最重交往的时期。他们珍惜大学时代的友谊，广交朋友，持续时间较为长久①。

另外，随着互联网的普及，越来越多的大学生通过网上交往与一些陌生人建立了虚拟人际关系，这也是当代大学生人际关系的一大特点。在陈凌（2002）的研究中，占被调查人数67.4%的大学生上网的首要目的是交友聊天。2006年，于光辉对大学生网上交际行为的调查发现，有网友的大学生占到了调查总人数的77%。这些都说明，大部分的大学生都存在网上交往行为，并且他们中的很多人已经与网上的陌生人建立起了一定亲密程度的关系。

因此，我们认为当代大学生人际关系具有以下特点：以同伴关系为主；人际交往有较强的意识性和自主性；人际关系简单、稳定和持久；网上人际关系广泛发展。

2. 人际关系与大学生心理健康

大学生的人际关系状况不仅影响到其在校期间的学习和生活，而且直接关系到其心理健康。因为良好的人际关系能使人获得安全感和归属感，得到理解与支持，给人精神上的愉悦和满足，促进心理健康；不良的人际关系使人感到压抑和紧张，承受孤独与寂寞，引起心理失衡，从而导致心理问题的出现。

研究表明，在人际交友、交谈方面处理得较好的学生，会有较高的积极情感体验和生活满意度，从而有较高的主观幸福感体验。而人际关系方面的困扰是大学生心理障碍与心理疾病最重要的起因之一。黄希庭等人于1995年的调查结果显示，高校咨询员在心理咨询中最常见的大学生的问题依次是“人际关系问题（84%）”、“恋爱问题（57%）”、“神经症（44%）”，“情绪问题（36%）”和“学习问题（36%）”。马建青（2003）也曾指出，高校心理咨询中心接待的来访者的许多问题直接或间接地与人际交往失调有关。其中，严重的会在行为上表现出自我封闭、逃避现实、玩世不恭、自暴自弃、郁闷不安，或与外界冲突、对抗等，更有甚者发展到危害自我或危害他人，例如自杀或伤人。有关调查还发现，目前大学生人际关系不良、社会障碍等方面的问题在日常心理咨询中占近50%，已和学习问题、性爱问题共同构成影响大学生心理行为健康发展的三大问题。

3. 影响大学生人际关系的因素

有关大学生人际关系影响因素的研究结论很多，主要有：

黄希庭（1999）认为人际关系的建立受各种人际吸引因素的影响，影响大学生人际关系密切程度的主要因素有：接近且相纳、相似或互补、外表与个

① 杨爱花．浅议大学生和谐人际关系的价值［J］．西安文理学院学报（社会科学版），2006，9（4）：100-104

性[①]。李宏翰（2004）指出，在大学生之间有某些因素影响大学生的人际关系，它们一般是个体自身难以选择和避免的，称为客观因素，包括：时空接近、态度相似、需求互补、外表相悦、个性吸引；还有某些因素特异性地影响大学生的人际关系，即个体的心理感受起了决定性作用，称为主观因素，包括：人际安全、人际期望、人际张力、人际报复[②]。其中，所谓人际安全是指个体在人际相处和交往中对自身状况保持有利地位的肯定性体验。人际期望是个体对人际双方在一定条件下心理、行为的预期和愿望。人际张力是指个体在特定人际关系中所体验到的一种心理紧张状态。赵崇莲（2006）的调查结果也表明，影响大学生人际关系的主观因素涉及人际安全、人际疑虑、人际张力和人际报复[③]。

总的来说，大学生的人际关系受到自身因素和外界因素的影响。其中，自身因素主要包括需求、个性和对人际情境的感知。外界因素主要包括空间距离、交往对象的外表、特定情境等。

目前众多研究表明，大学生的人际关系状况不很理想，人际关系问题日趋突出。研究者们从理论和实证方面进行了大量的探讨。综观这些研究，我们发现，在阻碍大学生与他人建立良好人际关系的原因中所包含的，如个体的人格特征：羞怯、孤僻、冷漠、自卑、自负、猜疑、嫉妒等；个体的能力方面，如缺乏沟通技巧，人际交往知识等，这些因素主要是阻碍了大学生与他人的交流和沟通，从而影响了良好人际关系的建立和发展。

二、大学生网上自我表露与人际关系研究

（一）研究方法

1. 研究对象

采用整群随机取样法分别从中国矿业大学、南京师范大学泰州学院、安徽师范大学、安徽农业大学、淮北煤炭师范学院、皖南医学院等高校选取一至四年级部分大学生为研究对象，共获得有效被试627名，其中男生286人，女生341人；文科299人，理科328人；一年级206人，二年级196人，三年级150人，四年级75人。

---

① 黄希庭，郑涌．当代大学生心理特点与教育［M］．上海：上海教育出版社，1999：160-163

② 李宏翰，赵崇莲．大学生的人际关系：基于心理健康的分析［J］．广西师范大学学报（哲学社会科学版），2004，40（1）：116-121

③ 赵崇莲，郑涌等．影响大学生人际关系的主观因素的初步研究［J］．心理科学，2006，29（6）：1431-1433

2. 研究工具

采用自编的《大学生网上自我表露问卷》。该问卷共33个项目，每个项目针对1个目标人，即网友，回答自我表露的程度，0表示对他人说谎或不正确地表达自己；1表示不向他人表露；2表示向他人说了一些；3表示非常详细地告诉他人。分别以1、1、2、3分进入统计。本研究中，该问卷的内部一致性系数为0.909。

采用《网上人际关系发展水平量表》。该量表为Parks与Roberts于1996年编制的，本研究采用了其1997年的缩略版。该量表共包括29个项目，分为8个维度：依赖关系、话题广度、话题深度、信息交流、了解程度、专注程度、网上共同朋友、网下共同朋友。从“完全不赞同”到“完全赞同”，分别记作1–7分。本研究中，该量表的内部一致性系数为0.832。

采用由郑日昌等人编制的《大学生人际关系综合诊断量表》。这是一份人际关系行为困扰的诊断量表，共28道题，每道题作“是”、“否”回答。回答“是”得1分，“否”得0分，分数越高，说明其受到人际关系行为困扰越严重。量表从四个方面考查了与人相处时存在的困扰程度，分别是人际交谈困扰、人际交友困扰、待人接物困扰与异性交往困扰。本研究中，该量表的内部一致性系数为0.730。

3. 数据收集与处理

采用以班级为单位集体施测的方式。由主试向被试说明指导语，待他们完全理解要求后发放问卷开始作答。测查过程中，被试在遇到不理解的项目时可随时向主试个别询问。测查过程约20分钟。填写完毕后，由主试收回问卷，逐一审查，剔除无效问卷和没有网友的大学生的问卷。

运用SPSS 13.0 for Windows和LISREL8.7统计软件进行统计分析。统计方法有：描述性统计、t检验、方差分析、相关分析、回归分析等。

（二）结果与分析

1.《大学生网上自我表露问卷》的信效度分析

（1）问卷编制过程

广义的网上自我表露包含了以网上任何人为表露对象的行为，而狭义的网上自我表露则专指以网上陌生人为表露对象的行为。在本研究中，网上自我表露主要指个体向网上陌生人展示自己真实信息的行为。因为，我们认为当以现实生活中的熟人为网上交流对象时，网络只是现实的延伸而已，这与面对面地交流并不存在本质的区别和特殊的意义。所以，本研究从网上陌生人这个群体中选取了已经具有一定的熟悉程度，建立起一定亲密关系的人——网友（指通过网络认识的，有一定熟悉程度的人），作为大学生网上自我表露的目标人。另外，我们以朱拉德自我表露问卷（JSDQ，1971）为基础编制问卷，步骤如下：

首先，对朱拉德自我表露问卷（JSDQ，1971）进行了翻译，翻译好的问卷请两位英语专业研究生对测试项目进行了核查并在部分项目上进行了回译。由于朱拉德自我表露问卷编制的年代较久，且存在大量不符合中国国情和大学生现实状况的项目，因此从中只选取了45个项目，并针对个别不符合中国文化背景的项目进行了调整。其次，发放开放式问卷130份，结构式访谈30人，并通过QQ聊天的方式对5名大学生进行了深入的半结构式访谈。另外，通过查阅文献和网络信息搜集当前大学生较为关注和喜欢的话题。最终形成85个条目的初测问卷。

经过预试、项目分析、因素分析等过程形成33个条目的正式问卷。

（2）探索性因素分析

为了检验调查数据是否适合做因素分析，首先采用Kaiser - Meyer - olkin（KMO）和Bartlett Test of Sphericity进行度量，KMO值为0.921，Bartlett球形检验统计量为12559.03，$P=0.000$，说明数据非常适合做因素分析。

采用主成分因素分析法，并进行正交旋转，根据因素结构的碎石图（见图13-1），结合特征值和构想假设，删除因子负荷在0.40以下或在两个以上因素上的负荷均超过0.35的条目，最后保留项目33条，33个项目聚成8个因子，共解释56.478%的变异量。各因素负荷的情况见表13-1。

表13-1　大学生网上自我表露问卷因素分析结果

因子1	因子2	因子3	因子4	因子5	因子6	因子7	因子8
a69	a29	a32	a80	a20	a6	a7	a23
0.743	0.703	0.758	0.723	0.748	0.737	0.722	0.611
a77	a38	a42	a55	a5	a2	a13	a36
0.706	0.627	0.719	0.661	0.616	0.662	0.684	0.587
a78	a44	a10	a61	a56	a12	a24	a39
0.693	0.611	0.691	0.554	0.589	0.571	0.588	0.517
a70	a53		a67	a34			
0.648	0.532		0.460	0.531			
a72	a30						
0.625	0.514						
a66	a54						
0.557	0.469						

（续表）

	因子 1	因子 2	因子 3	因子 4	因子 5	因子 6	因子 7	因子 8
	a50							
	0.455							
特征值	3.646	2.827	2.449	2.157	2.066	1.960	1.883	1.654
方差百分比（%）	11.040	8.566	7.420	6.535	6.259	5.939	5.707	5.011
累积百分比（%）	11.040	19.606	27.026	33.561	39.821	45.760	51.467	56.478

［注：a69 代表问卷中第 69 条目，余类推］

根据各个因子所包含项目的主要内容，我们将其分别命名为学习、观点、爱好、情感、身体、计划、金钱和交友。

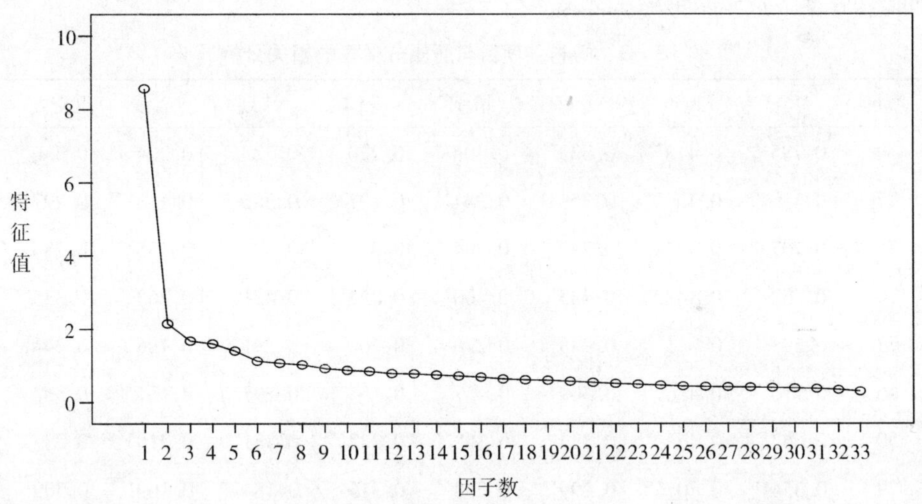

图 13－1　碎石图

（3）信度分析

运用统计软件 SPSS13.0 对大学生网上自我表露的分半信度和 Cronbach´sAlpha 内部一致性信度进行分析。如表 13－2 所示，结果表明问卷各维度及其总问卷的信度较为理想。

表 13－2　问卷的各维度及其总量表的信度

	学习	观点	爱好	情感	身体	计划	金钱	交友	总量表
内部一致性信度	0.837	0.750	0.735	0.675	0.650	0.647	0.626	0.609	0.909
折半信度									0.909

(4) 效度分析

① 内容效度

采用专家评定法对问卷的内容效度进行检验。请心理统计与测量学和社会心理学的专家对大学生网上自我表露问卷进行评定。专家们认为，该问卷反映了大学生网上自我表露的基本内容，行为样本具有代表性，可以有效地对大学生网上自我表露进行测量。因此，该问卷具有较好的内容效度。

② 结构效度

量表内部一致性。首先，从各项目与分量表的相关情况看，各项目与所属分量表均呈显著正相关，而与另外的分量表相关较低，这表明问卷具有较好的结构效度（见表13-3）；其次，从各分量表之间相关以及与总量表的相关看，八个分量表之间相关较低，而各分量表与总量表之间的相关均较高，这表明该问卷具有八个独立的维度（见表13-4）。

表13-3 问卷各项目与所属分量表的相关分析

项目	学习	观点	爱好	情感	身体	计划	金钱	交友
69	0.785**	0.418**	0.333**	0.406**	0.220**	0.329**	0.204**	0.336**
77	0.759**	0.406**	0.359**	0.344**	0.197**	0.386**	0.183**	0.297**
78	0.707**	0.404**	0.212**	0.294**	0.238**	0.373**	0.235**	0.286**
70	0.752**	0.447**	0.433**	0.400**	0.254**	0.421**	0.263**	0.335**
72	0.593**	0.311**	0.243**	0.270**	0.267**	0.291**	0.196**	0.244**
66	0.710**	0.456**	0.309**	0.437**	0.163**	0.297**	0.131**	0.302**
50	0.662**	0.453**	0.354**	0.382**	0.232**	0.381**	0.218**	0.287**
29	0.354**	0.707**	0.299**	0.238**	0.315**	0.184**	0.169**	0.309**
38	0.321**	0.647**	0.175**	0.165**	0.239**	0.181**	0.170**	0.250**
44	0.346**	0.625**	0.292**	0.238**	0.202**	0.270**	0.162**	0.240**
53	0.458**	0.719**	0.405**	0.276**	0.307**	0.308**	0.211**	0.359**
30	0.371**	0.633**	0.385**	0.278**	0.214**	0.200**	0.220**	0.402**
54	0.482**	0.670**	0.382**	0.384**	0.288**	0.245**	0.160**	0.316**
32	0.376**	0.403**	0.829**	0.380**	0.220**	0.233**	0.194**	0.403**
42	0.411**	0.461**	0.821**	0.336**	0.254**	0.281**	0.197**	0.375**
10	0.307**	0.305**	0.777**	0.311**	0.153**	0.356**	0.224**	0.376**
80	0.277**	0.094	0.200**	0.736**	0.254**	0.187**	0.275**	0.264**
55	0.290**	0.257**	0.245**	0.693**	0.301**	0.257**	0.229**	0.281**

（续表）

项目	学习	观点	爱好	情感	身体	计划	金钱	交友
61	0.408**	0.361**	0.438**	0.711**	0.219**	0.270**	0.115*	0.350**
67	0.487**	0.428**	0.336**	0.706**	0.219**	0.346**	0.142**	0.373**
20	0.211**	0.248**	0.241**	0.222**	0.755**	0.245**	0.313**	0.350**
5	0.220**	0.302**	0.152**	0.22**	0.640**	0.243**	0.257**	0.242**
56	0.254**	0.360**	0.205**	0.254**	0.739**	0.197**	0.301**	0.252**
34	0.187**	0.173**	0.120*	0.284**	0.654**	0.098	0.310**	0.275**
6	0.342**	0.188**	0.249**	0.286**	0.171**	0.788**	0.271**	0.279**
2	0.405**	0.308**	0.275**	0.318**	0.254**	0.770**	0.270**	0.270**
12	0.399**	0.300**	0.296**	0.251**	0.224**	0.743**	0.216**	0.361**
7	0.254**	0.221**	0.232**	0.206**	0.277**	0.311**	0.757**	0.266**
13	0.204**	0.184**	0.151**	0.242**	0.288**	0.249**	0.793**	0.283**
24	0.200**	0.222**	0.202**	0.161**	0.401**	0.192**	0.724**	0.267**
23	0.332**	0.325**	0.361**	0.320**	0.357**	0.370**	0.256**	0.779**
36	0.233**	0.288**	0.256**	0.244**	0.271**	0.199**	0.299**	0.706**
39	0.375**	0.441**	0.447**	0.432**	0.266**	0.314**	0.256**	0.762**

表 13-4　八个分量表之间及其与总量表的相关

	学习	观点	爱好	情感	身体	计划	金钱	交友	总量表
学习	1								
观点	0.584**	1							
爱好	0.453**	0.485**	1						
情感	0.511**	0.396**	0.423**	1					
身体	0.313**	0.392**	0.260**	0.350**	1				
计划	0.499**	0.347**	0.357**	0.371**	0.282**	1			
金钱	0.287**	0.273**	0.253**	0.270**	0.422**	0.329**	1		
交友	0.420**	0.468**	0.475**	0.444**	0.400**	0.398**	0.359**	1	
总量表	0.818**	0.771**	0.674**	0.694**	0.582**	0.638**	0.522**	0.694**	1

(5) 验证性因素分析

本研究选用 LISREL8.7 统计软件，采用极大似然法对大学生网上自我表露问卷的因素结构进行验证性因素分析，从而检验理论构想模型的正确性。结果(见表13-5) 显示，χ^2/df 的值小于2，GFI，CFI，NFI，NNFI 的值都在0~1之间，且基本上都接近于1，RMSEA 处于0.05~0.08之间。这说明，该问卷具有较好的结构效度。

表13-5 模型的拟合指数摘要

χ^2	df	χ^2/df	GFI	CFI	RMSEA	NFI	NNFI
886.84	467	1.90	0.85	0.97	0.056	0.93	0.96

2. 大学生网上自我表露特点的分析

(1) 大学生网上自我表露的总体状况

从网上自我表露的原始得分(见表13-6)看，大学生表露最多的主题是学习和观点。除了学习和观点，大学生网上自我表露的主题按照表露程度从高到低排序，依次为情感、爱好、身体、交友、计划和金钱。

表13-6 大学生网上自我表露的总体状况

	学习	观点	爱好	情感	身体	计划	金钱	交友
平均数	10.95	10.03	5.90	6.60	4.80	4.60	3.82	4.79
标准差	3.17	2.92	1.67	1.88	1.34	1.40	1.17	1.50

(2) 大学生网上自我表露的差异分析

为进一步了解不同背景条件的大学生在网上自我表露以及相关研究变量上的差异，采用多变量方差分析(Multivariate)分别对网上自我表露的性别、专业和年级差异进行考察。

表13-7 大学生网上自我表露的多变量方差分析

(网友) 变量	F	P	(现实中的朋友) 变量	F	P
性别	1.39	0.238	性别	14.57	0.000
专业	0.52	0.471	专业	0.69	0.010
年级	5.77	0.001	年级	1.35	0.257
性别×专业	0.27	0.604	性别×专业	0.01	0.921
性别×年级	1.98	0.117	性别×年级	0.90	0.441
专业×年级	2.11	0.098	专业×年级	0.04	0.990
性别×年级×专业	0.05	0.985	性别×年级×专业	0.94	0.421

研究结果如表 13－7 所示，大学生的网上自我表露具有显著的年级主效应，而性别、专业的主效应不显著，且在性别、年级、专业之间都不存在交互作用。进一步单变量（Univariate）方差分析结果表明，大学生的网上自我表露在学习、观点、爱好、情感、身体、计划方面有显著的年级差异，而在金钱和交友方面均无显著差异。事后多重比较（Post Hoc Tests）发现，大一学生的网上自我表露程度显著高于大三、大四学生，见表 13－8。

表 13－8 大学生网上自我表露的年级差异

变量	大一		大二		大三		大四		*F*	*P*
	M	*SD*	*M*	*SD*	*M*	*SD*	*M*	*SD*		
学习	11.52	3.41	11.11	3.14	10.23	2.82	10.40	2.95	5.85	0.001
观点	10.35	3.02	10.20	3.00	9.50	2.71	9.73	2.71	2.98	0.031
爱好	6.29	1.67	5.90	1.77	5.57	1.53	5.49	1.42	7.30	0.000
情感	6.81	1.82	6.83	2.01	6.20	1.70	6.21	1.90	5.24	0.001
身体	4.74	1.38	4.91	1.42	4.59	1.17	5.07	1.28	2.77	0.041
计划	4.80	1.41	4.64	1.49	4.37	1.36	4.43	1.12	3.27	0.021
金钱	3.89	1.28	3.91	1.19	3.63	1.01	3.79	1.04	2.00	0.113
交友	4.93	1.60	4.82	1.57	4.59	1.31	4.71	1.32	1.64	0.178

3. 大学生人际关系特点的分析

（1）大学生人际关系的总体状况

表 13－9 大学生网上人际关系的总体状况

	依赖关系	话题广度	话题深度	信息交流	了解程度	专注程度	网上共同朋友	网下共同朋友	总量表
平均数	10.81	12.35	17.28	12.57	14.03	15.36	7.67	9.10	99.18
标准差	4.45	3.75	5.41	4.63	4.24	3.62	3.04	3.65	21.31

从大学生网上人际关系发展水平的原始得分看（见表 13－9），大学生得分最高的维度是话题深度，其次为专注程度、了解程度、信息交流、话题广度、依赖关系、网下共同朋友和网上共同朋友。

为进一步了解大学生网上人际关系的发展水平，本研究采取《网上人际关系发展水平量表》的编制者 Parks 与 Roberts 所使用的方法，即将各分量表的得分与其理论中数相比较，得分高于理论中数就被认为是发展水平高的，反之则为低的。

研究结果表明，与网上人际关系发展水平各分量表的理论中数相比，除了话题广度外，大学生在依赖关系、话题深度、信息交流、了解程度、专注程度、网上共同朋友和网下共同朋友7个维度上的平均分均显著低于各分量表的理论中数。而且，大多数大学生在各个维度上的得分均低于中等水平。这说明，大学生的网上人际关系发展水平在总体上是较低的（见表13-10）。

表13-10　大学生网上人际关系发展水平的总体分布

维度	理论中数	平均数	t检验	得分高于理论中数的人数分布
依赖关系	16	10.81	$P<0.001$	10.7%
话题广度	12	12.35	$P<0.05$	47.7%
话题深度	20	17.28	$P<0.001$	28.1%
信息交流	16	12.57	$P<0.001$	18.0%
了解程度	16	14.03	$P<0.001$	28.5%
专注程度	16	15.36	$P<0.001$	38.9%
网上共同朋友	8	7.67	$P<0.01$	38.9%
网下共同朋友	12	9.10	$P<0.001$	17.4%

根据《人际关系综合诊断量表》对测查结果的解释：总分在0~8之间（各维度在0~2分之间），说明人际关系困扰较少；总分在9~14之间（各维度在3~5分之间），说明与人相处存在一定程度的困扰；总分在15~28之间（各维度在6~7分之间），说明人际关系困扰较严重。

从表13-11可以看出，大学生在现实中的人际关系困扰总分得分是8.85，这说明他们在人际关系方面存在一定程度的困扰，人缘一般，与朋友关系不稳定。他们在待人接物困扰维度上的得分小于2，而在人际交谈困扰、人际交友困扰和异性交往困扰三个维度上的得分均大于2小于5，这说明他们在交谈、交友和异性交往这三个方面存在一定的困扰。他们在待人接物方面基本不存在困扰，已经掌握一定的技巧。

表13-11　大学生网下人际关系的总体状况

	人际交谈困扰	人际交友困扰	待人接物困扰	异性交往困扰	总量表
平均数	2.35	3.00	1.43	2.07	8.85
标准差	1.64	1.79	1.22	1.63	4.72

从大学生在人际关系困扰不同程度上的人数分布来看，得分在0~8分之间

的大学生占 52.5%，9～14 分之间的占 32.4%，这说明多数大学生的人际关系困扰程度较轻，只有 15.2% 的大学生人际关系困扰程度较重，得分在 15～28 分之间。

（2）大学生人际关系的差异分析

为进一步了解不同背景条件的大学生在人际关系以及相关研究变量上的差异，采用多变量方差分析（Multivariate）分别对大学生人际关系的性别、专业和年级差异进行考察。

表 13－12　大学生人际关系的多变量方差分析

（网上人际关系）变量	*F*	*P*	（网下人际关系）变量	*F*	*P*
性别	30.73	0.000	性别	7.21	0.007
专业	5.21	0.015	专业	0.22	0.637
年级	4.83	0.002	年级	1.79	0.149
性别×专业	0.82	0.366	性别×专业	0.10	0.748
性别×年级	1.32	0.268	性别×年级	2.07	0.103
专业×年级	1.25	0.290	专业×年级	0.55	0.648
性别×年级×专业	0.19	0.906	性别×年级×专业	0.83	0.477

研究结果如表 13－12 所示，大学生的网上人际关系具有显著的性别、专业和年级主效应，而性别、年级、专业之间的交互作用都不显著。大学生的网下人际关系具有显著的性别主效应，而年级、专业的主效应不显著，且在性别、年级、专业之间都不存在交互作用。

为进一步考察大学生人际关系的性别、专业主效应，通过独立样本 t 检验，得出结果如下：

表 13－13　大学生人际关系的性别差异分析

变量	男		女		*t*	*P*
	M	*SD*	*M*	*SD*		
网上人际关系						
依赖关系	11.60	4.30	10.14	4.46	4.15	0.000
话题广度	12.72	3.54	12.04	3.89	2.27	0.024
话题深度	18.43	5.21	16.32	5.40	4.95	0.000
信息交流	13.66	4.27	11.66	4.74	5.50	0.000

（续表）

变量	男		女		t	P
	M	SD	M	SD		
了解程度	14.95	3.83	13.26	4.41	5.07	0.000
专注程度	16.10	3.37	14.74	3.70	4.76	0.000
网上共同朋友	8.00	2.72	7.39	3.26	2.53	0.012
网下共同朋友	9.94	3.52	8.40	3.62	5.35	0.000
网下人际关系						
人际交谈困扰	2.56	1.64	2.18	1.62	2.88	0.004
人际交友困扰	2.88	1.72	3.10	1.85	−1.48	0.140
待人接物困扰	1.56	1.31	1.32	1.13	2.50	0.013
异性交往困扰	2.36	1.71	1.83	1.53	4.13	0.000

无论是在网上人际关系还是网下人际关系方面，都存在显著的性别差异。在网上人际关系发展的各个维度上，男生的得分都要显著高于女生。在网下人际关系方面，男生在人际交谈、待人接物以及异性交往方面的困扰都显著高于女生。

表 13－14　大学生网上人际关系的专业差异分析

变量	文科		理科		t	P
	M	SD	M	SD		
依赖关系	10.64	4.53	10.96	4.38	−0.90	0.367
话题广度	12.12	3.70	12.55	3.78	−1.45	0.147
话题深度	17.21	5.47	17.35	5.36	−0.32	0.746
信息交流	12.22	4.80	12.89	4.46	−1.83	0.068
了解程度	13.76	4.23	14.28	4.24	−1.56	0.120
专注程度	15.10	3.61	15.60	3.61	−1.72	0.086
网上共同朋友	7.37	3.04	7.94	3.01	−2.36	0.019
网下共同朋友	8.59	3.78	9.57	3.47	−3.38	0.001

从表 13－14 可以看出，大学生在网上人际关系发展水平上存在显著的专业差异。理科大学生的网上人际关系发展水平显著高于文科大学生，尤其是在网上共同朋友和网下共同朋友的这两个维度上。多变量方差分析结果表明，大学

生网上人际关系具有显著的年级主效应。进一步单变量（Univariate）方差分析结果（表13－15）表明，在话题广度、了解程度、专注程度、网上共同朋友和网下共同朋友方面有显著的年级差异，而在依赖关系、话题深度和信息交流方面均无显著差异。事后多重比较（Post Hoc Tests）发现，在依赖关系、话题广度、信息交流、专注程度、网上共同朋友和网下共同朋友方面，大一学生的得分显著高于高年级学生。大四学生在对网友的了解程度上显著高于其他三个年级，而在专注程度上却低于其他年级。

表13－15　大学生网上人际关系的年级差异

变量	大一		大二		大三		大四		F	P
	M	SD	M	SD	M	SD	M	SD		
依赖关系	11.36	4.35	10.69	4.43	10.09	4.57	11.04	4.37	2.52	0.057
话题广度	12.98	3.67	11.96	3.88	11.93	3.60	12.45	3.76	3.28	0.021
话题深度	17.32	4.87	17.59	5.70	16.65	5.98	17.61	4.80	0.99	0.398
信息交流	13.17	4.61	12.18	4.30	12.08	5.00	12.93	4.66	2.31	0.075
了解程度	13.83	3.91	14.33	4.36	13.01	4.36	15.88	3.91	8.45	0.000
专注程度	15.78	3.78	15.60	3.50	14.84	3.62	14.65	3.27	3.23	0.022
网上共同朋友	8.34	3.02	7.15	3.12	7.41	2.89	7.72	2.86	5.71	0.001
网下共同朋友	9.41	3.55	9.02	3.91	8.20	3.43	10.29	3.25	6.41	0.000

4. 大学生网上自我表露与人际关系的关系

通过独立样本t检验法对网上自我表露高低分组大学生的人际关系进行了比较。结果表明，网上自我表露高分组和网上自我表露低分组的大学生在网上人际关系发展水平上存在显著差异（$t=10.58$，$P=0.000$），在现实人际关系困扰方面不存在显著差异（$P=0.873$）。

在本研究中，我们还用单因素方差分析法比较了人际困扰程度轻中重三组大学生之间的网上自我表露程度。结果显示，人际关系困扰程度不同的大学生在网上自我表露方面不存在显著差异（$P=0.998$）。

（1）大学生网上自我表露与人际关系的相关分析

用大学生网上自我表露的得分与其网上人际关系、网下人际关系进行相关分析。结果表明（见表13－16和表13－17），大学生的网上自我表露程度与网上人际关系发展水平呈显著正相关（$r=0.38$），与网下人际关系不存在显著相关（$r=-0.01$）。其中，网上自我表露各个维度与网上人际关系发展水平的各个维度基本上相关都很显著（$r=0.37\sim0.09$）。

表 13－16 三个问卷之间的相关分析

	网上自我表露	网上人际关系	网下人际关系
网上自我表露	1		
网上人际关系	0.380**	1	
网下人际关系	-0.010	0.073	1

表 13－17 网上自我表露与网上人际关系的相关分析

	学习	观点	爱好	情感	身体	计划	金钱	交友
依赖关系	0.191**	0.163**	0.191**	0.227**	0.172**	0.220**	0.213**	0.225**
话题广度	0.313**	0.261**	0.302**	0.285**	0.232**	0.263**	0.202**	0.264**
话题深度	0.308**	0.271**	0.287**	0.356**	0.243**	0.349**	0.273**	0.366**
信息交流	0.173**	0.125**	0.178**	0.177**	0.167**	0.221**	0.175**	0.204**
了解程度	0.142**	0.151**	0.133**	0.130**	0.239**	0.180**	0.172**	0.179**
专注程度	0.139**	0.108**	0.116**	0.199**	0.077	0.144**	0.141**	0.155**
网上共同朋友	0.074	0.056	0.091*	0.011	0.006	0.009	0.034	0.090*
网下共同朋友	0.174**	0.118**	0.049	0.128**	0.209**	0.149**	0.147**	0.121**

（2）大学生网上自我表露对人际关系的回归分析

为了考察网上自我表露对大学生网上人际关系发展水平的预测作用，以网上自我表露的八个维度作为自变量，网上人际关系发展水平作为因变量，采用多元逐步回归法进行回归分析，研究结果（见表 13－18）表明，大学生在交友、计划、身体、学习方面的网上自我表露程度可以显著的预测其网上人际关系发展水平，四者的联合解释效应为 15.9%。

表 13－18 网上自我表露各维度对网上人际关系各维度的回归分析

因变量	预测变量	R	R^2	F	B	β	t
网上	方程模型	0.398	0.159	29.346***			
人际	交友				1.933	0.136	2.818**
关系	计划				2.311	0.152	3.389***
发展	身体				1.914	0.120	2.890**
水平	学习				0.750	0.112	2.413**

三、分析与讨论

（一）大学生网上自我表露的特点

大学生网上自我表露存在显著的年级差异，大一学生网上自我表露程度在大多数维度上都显著高于高年级学生，且从大一至大三，大学生的网上自我表露程度呈逐渐下降趋势，大三时达到了最低点，大四时有所回升。这可能是因为在不同的阶段，大学生所经历的主要生活事件不同造成的。由于高中和大学的巨大差异，大学一年级对很多学生来说是个艰难的适应阶段，而且周围都是陌生的面孔，为了更好的调整自己以适应新环境，大一新生会有更多的心事或情绪需要宣泄，他们在此阶段的情感体验较为深刻。另外，脱离了高三时期的紧张迎考，大一学生有了更多空闲的时间接触网络。随着年级的增长，大学生们适应了学校环境后，他们开始将更多的精力投入到了学习、自身的兴趣和对自己人生的规划中：网上聊天就相应的减少了。三年级，正值大学阶段的忙碌期和转折期，既有繁重的学业，又要面临着人生的重大抉择，大三学生很少再有时间与网上的陌生人交流。而到了大四，面临找工作的巨大压力，很多大学生又开始在网上寻求精神安慰。这从网上自我表露高低分组大学生人数的分布上也可以窥见一斑，高分组中一年级的占多数，而低分组中三年级的占了多数。另外，本研究显示，网上自我表露高低分组的大学生在表露内容上的差异主要体现在交友方面。这说明，这方面的内容是较为隐私的，比如，对女性魅力的评价，喜欢的异性类型等，都是人们很少明确、公开谈论的。

（二）大学生人际关系的特点

1. 大学生网上人际关系的特点

大学生在网上人际关系发展水平各个维度上的得分大多低于各分量表的理论中数，这说明中国大学生与网友之间的关系亲密度较低。大学生对于网友仍然抱有戒备心理，存在距离感，并不能像对待现实中的朋友一样信任。

在网上人际关系发展水平上，大学生之间存在着显著的性别、专业和年级差异：①男生的网上人际关系发展水平显著高于女生。这与二者的性别特点有关，一般来说，男生做事较勇敢、主动、顾虑少，而女生则更胆怯、害羞，做事较被动。以往的研究也曾指出，男性在网络使用时间和经验上均高于女性，男性比女性对网络交往更积极和主动，也给予更正面的评价；②理科大学生的网上人际关系发展水平显著高于文科大学生。由于专业特点，理科大学生的网络技能水平较高，而且他们接触网络的机会也要多一些。另外，由于在现实生活中，理科大学生不太善于与人交流，所以为了弥补现实人际交往技能的缺乏，他们倾向于从网上寻求补偿；③在年级上，大一学生在网上人际关系发展绝大多数维度上的得分均高于高年级学生。另外，从年级趋势来看，一年级到三年级，大学生网上人际关系发展的总体水平呈逐渐下降趋势，三年级最低，四年级时有所回升。这是因为经历了高三的苦读，进入大学后，很多新生出现了一个放松阶段，有更多的时间上网。另外，由于新生很难很快适应大学的环境，而且对周围同学的了解不多、比较陌生，暂时没能建立起较亲密的关系，所以他们倾向于选择网友作为吐露心声的对象，从而促进了网上人际关系的发展。到了二年级和三年级，大学生逐渐适应了新的环境，已经与周围的同学建立了新的人际关系，不需要依赖网络来满足情感和社交的需求。到了四年级，由于就业压力的增大，大学生又开始向网友宣泄自己的负面情绪，从网上寻求精神安慰。或是由于已经找到工作，有的大四学生就沉迷于网上聊天、交友来消磨时光。

2. 大学生网下人际关系的特点

研究结果显示，大多数大学生的人际关系困扰还是比较低的，只有极少数大学生存在较严重的困扰，这与国内的研究结论是基本一致的。这表明，在现实生活中，大多数大学生都能较好的与他人相处，与周围的人建立起良好的人际关系。

大学生的人际关系困扰具有显著的性别主效应，男生在人际交谈困扰、待人接物困扰以及异性交往困扰的程度都要显著高于女生。这与汪雪莲、陈凤梅等人的研究结论并不一致，究其原因，除了所选样本的差异外，我们认为男生的人际关系困扰之所以高于女生，主要是受社会性别角色认同的影响。在传统观念里，男性应该是沉稳、冷静、感情不轻易外露的。如果一个男的动辄将自己的苦恼、悲伤表现出来，就会被认为是怯懦的、无能的。这种角色期待限制了男性将自己的不良情绪宣泄出来，阻碍了他们与他人的交流。唯有不断的沟通方能促进人际关系的发展，所以，相较于喜欢表达自己情感的女生来说，男生的人际关系困扰就较高。

大学生的人际关系困扰不存在专业和年级主效应，这说明专业和年级特征并不是大学生人际关系困扰程度的影响因素。这与以往的研究结果相一致。人际困扰产生的原因多源于个体的内在特质，比如性格、专业、年级这些外在因素并不会对人际关系产生影响。

（三）大学生网上自我表露与人际关系的改善

本研究发现，大学生网上自我表露程度与网上人际关系发展水平呈显著正相关，并且，它能够显著预测网上人际关系发展水平，这与国外的研究结论是一致的。这表明，自我表露在现实社会人际关系建立和发展中的重要作用同样适用于虚拟的网络社会。表露真实的自我信息之所以在网上人际关系发展中占据极其重要的地位，是因为在现实交往中如果暴露过多可能会给自身带来一定的危险，但是虚拟的网上交往不存在现实中可能潜在的威胁，个体也不必有过多的顾虑。在网上，在缺乏现实人际交往线索的情况下，如果保留过多反而会妨碍自己与网友的交流。因此，要想获得对方的信赖，与其建立更亲密的关系，就必须展示更多的个人信息，才有可能在网上与他人建立起稳定、亲密的关系。所以，网上自我表露高分组大学生的网上人际关系发展水平就显著高于网上自我表露低分组的大学生。

研究结果显示，网上自我表露与大学生的网下人际关系不存在显著相关，网上人际关系与网下人际关系之间也不存在显著相关。这表明，大学生在网络虚拟世界的交往行为与其在现实社会的人际交往没有关系，也不会对其产生影响。究其原因，可能是因为大学生对于虚拟和现实两个完全不同的社交环境有着清晰的认知和明确的区分，并会相应做出不同的反应和行为。在虚拟的网络世界里，摆脱了现实的束缚，可以隐藏自己的真实身份，自由扮演喜欢的角色，挑选交往的对象。所以一些人在网上和现实中的表现可能存在巨大反差。比如，一些性格内向、比较羞涩的人，由于不善于与人交流，在现实人际交往中会遇到很多挫折和困境。但是他们在与网上陌生人的交往却表现得游刃有余，能够结交很多网友。

网上自我表露高分组和低分组的大学生在人际关系困扰方面不存在显著差异，人际关系困扰程度不同的大学生在网上自我表露水平上也不存在显著差异。这些都表明，并不是网上自我表露程度高的大学生在现实人际交往中的困扰程度上就高，也不是人际困扰程度越高的大学生就越倾向于与网友交流。可见，大学生们是将网络作为拓展自己人际关系范围的一条重要途径，而并不只是逃避现实人际困境的避风港，现实人际交往中的困扰并不是促使他们进行网上交友行为的决定因素。

有些研究者曾指出，网上人际关系的发展会增长个体的人际交往能力，降低现实人际关系困扰，或是网上人际交往会减少个体参与现实交往的时间，造成现实人际关系困难。然而，这样的结论多数来源于理论探讨而非实证研究。虽然也有少数是建立在实证研究的基础上，但是一些研究者采用的调查问题比较主观，比如让被试自己回答网上人际交往是否影响到他们的日常人际交往等。在这种情况下，被试的回答可能会受到社会期望的影响。另外，有很多研究者指出网络会对个体的现实人际关系造成不良影响，但是他们关注的多为网络的过度使用者而非正常使用者，比如沉溺于网络聊天的人，网络成瘾的人。当然，本研究只是采用了比较客观的问卷调查方式对大学生的网上人际关系与网下人际关系之间的联系进行了初步的探索，结论还有待于进一步的完善和证实。

（四）结论

《大学生网上自我表露问卷》具有较好的测量学指标。大学生网上自我表露存在显著的年级差异，具体表现为：大一学生的网上自我表露程度显著高于大三、大四学生。大学生对现实中朋友的自我表露存在显著的性别、专业差异，具体体现为：女生的自我表露程度显著高于男生；文科生的自我表露程度显著高于理科生。另外，大学生对现实中朋友的自我表露程度显著高于对网友的。大学生网上人际关系发展水平存在显著的性别、专业和年级差异，具体表现为：男生的网上人际关系发展水平显著高于女生；理科生的网上人际关系发展水平显著高于文科生；大一和大四学生的网上人际关系发展水平显著高于其他年级。大学生网下人际关系存在显著的性别差异，具体表现为：男生的人际关系困扰程度显著高于女生。大学生网上自我表露程度与网上人际关系发展水平之间呈显著正相关。网上自我表露程度对网上人际关系发展水平具有显著的预测作用。网上人际关系发展水平与现实人际关系困扰程度不存在显著相关。